「革共同五〇年」私史

中核派の内戦戦略＝武装闘争路線をめぐって

尾形史人 著

社会評論社

「革共同五〇年」私史——中核派の内戦戦略＝武装闘争路線をめぐって＊目次

序章　何故この小史を書くのか

この著作を、この時期にあえて世に出すのは、以下の理由である。

それは、歴史に真摯な態度で向き合うためである。

または、「七〇年世代」が残したものを功罪含めて明らかにするためである。

特に、「七〇年闘争(*)」に党派として関与した中で最大組織勢力は中核派であった。しかるに革命的共産主義者同盟・全国委員会（以下「革共同」ないし「中核派」と略）については、書かれているものが極度に少ないという現実がある。『現代革命への挑戦　革命的共産主義運動の五〇年』（以下『革共同五〇年史』あるいは単に『五〇年史』と略）という革共同の著作が世に出たが、中核派の基本路線であった革命戦争論には触れていない。だから、その部分を対象化して本論を展開したいと思う。

＊狭義の意味では七〇年安保闘争を指すが、単に「七〇年闘争」または「七〇年闘争過程」と記すときは、広義の意味で六七年一〇月八日の羽田闘争から七二年五月一五日の沖縄「返還」施行の日までを指す。

また、私の七〇年から二一世紀までの人生に記録させたものは、多くの方々の歓喜と無念の思いの数々である。私には、次のような方々の存在が忘れられない。心ならずも闘争に参加できず陰で支援に回っていた人々、家庭の事情で運動を途中で切り上げ田舎の実家に帰省した人々、無念にもデモなどで負傷した人々、運動・組織の論理と個人の思いのはざまで悩みぬき心ならずも精神的病いに陥った人々、獄中闘争に最後まで付き合えず力尽きた人々、理想と闘争目標のかい離のもとで情熱を失った数多くの人々、親を支えるために就職しフォローされなかった人々、所属する組織の人間関係を整頓できなかった人々、等々。中核派の学生組織だけでも万単位に及ぶこうした人々の悩みを踏みしだいて、革共同は四十数年を過ごしてきたのである。

万単位の精神のほとばしりの周辺には、デモ時だけ出動するか、または財政支援などをする膨大なシンパ層が存在していた。こうした多くの人々が、中核派とは何であったのか、自分の人生は何であったのか、と今日考えている。こうした方々の気持ちを、少しでも汲み取りたいと思っている。

最近、革命的共産主義者同盟・全国委員会が前記『革共同五〇年史』を発表した。その骨子は、二〇一四年夏の革共同集会での天田書記長の基調報告で明らかにされていたといっていい。

しかし、その内容は、五〇年を真摯に総括したものとはとても言いにくい代物となった。

第一に、天田氏は、党の五〇年を「勝利の五〇年の歴史」として高らかに展開しているが、私には違和感を禁じえない。党の無謬性を語ることが、真の党史ではないはずである。党の無謬性を強調したところで、では何ゆえに極小勢力になり下がってしまったのか、という問題から逃げるわけには行かないであろう。党史は、正否も、到達点も、未踏の領域も含めて、社会変革をめざす労働者大衆のためにささげられなくてはならない。

第二に、『五〇年史』の最大の問題点は、革命戦争論の是非と総括に触れていないことである。仮にも、革命的左翼は既成左翼と違い、その特徴が武装闘争による暴力革命に据えられていた。「先制的内戦戦略」(*)路線で、恒常的地下革命軍を建設しつつ、武装闘争をたゆまず推進、かつエスカレートさせていくという軍事中心の階級闘争論について語ることなくして、何の『五〇年史』であろうか。革共同は、武装党派として歴史に刻まれているのである。

＊七〇年代を本質的に「内乱的死闘の時代」に入ったとする認識の下、民間反革命革マル派との戦争を革命派側から積極的に仕掛けて内戦を激化、発展させ、日本帝国主義打倒に至る革命戦争として遂行しようとした革共同の革命戦略。

ところが、革マル派によって強制された「二重対峙・対カクマル戦」(*)については語っているが、革マル派に対して勝利の宣言をした一九八一年以降の、対国家権力に対する武装闘争への着手の領域については、『五〇年史』からはかき消されている。『五〇年史』本の目次では、「八〇年代中期の蜂起戦」という項目があるが、それは国鉄闘争と三里塚闘争に関連した実力闘争として語られているに過ぎない。

＊ 国家権力と反革命革マル派との二重の戦争であり、当面革マル派との戦争を重視するとした戦争指導路線。

そうではなかった。党と多くの支持者たちの諸人材、財物を投入していた分野こそ、革命軍の維持とゲリラ戦方式による武装闘争の遂行であった。恒常的武装部隊が帝国主義権力の暴力装置、権力機構、諸施設にいかにして打撃を与えるか、権力に与える打撃がもたらす労働者大衆の政治的快感、爽快感が人民を自主的決起へと促し、革命へのプログラムに導いていくものと構想されていた。軍事的勝利が、人民の大衆的決起を創造するものだとイメージされていた。

　九〇年天皇決戦は、昭和天皇の死去にともなう代替り儀式を治安問題として遂行し、併せて天皇制思想を流布することに対する闘いであった。天皇決戦は、先制的内戦戦略、恒常的な武装闘争によって、労働者大衆の一斉武装蜂起を勝ち取るという戦略の総仕上げであった。地下革命軍による破壊工作と、大衆的蜂起の結合をめざしていた。七〇年安保・沖縄闘争や八五年の三里塚大衆的実力闘争と、一大ゲリラ戦の一体的遂行を追求していたのである。ロシア革命に類似した大衆的一斉武装蜂起の戦略である。九〇年代に入って革共同は、大衆運動路線へ転換したとされているが、これを「レーニン的オーソドキシー（＊）」と称して、依然として武装闘争路線の堅持を企図していたのである。

＊ 『第二インターナショナルの崩壊』でレーニンが示した、革命的情勢の規定とその下で革命

党が果たすべき任務を、「革命的情勢の接近」という情勢認識に踏まえて実践的に適用しようとした革共同の方針を、自ら「レーニン的オーソドキシー」と呼んだ。

私は、一般論として、武装闘争は暴力であるからそんなことをしてはならない、と言おうとしているわけではない。いかような状況においても、暴力とは卑怯なもので正当な闘い方ではない、と考えているわけではない。武装闘争が闘う側の堕落である、とは思っていない。歴史を振り返ってみれば分かるではないか。抵抗の手段として、現在の沖縄は辺野古のように非暴力的方法、良く知られているインド独立運動でのガンジーの闘い方などもある。しかしまた、圧倒的武力による侵略や弾圧に対して、人民の側が武力を養い武装抵抗に至ることも数多い。一九世紀から二〇世紀に至る民族解放の闘い、また、帝国主義国における、労働者民衆の支持を背景とした武装闘争や武装蜂起なども同様であろう。

だが、民衆の側の暴力といえども、暴力の持っている厳しい実態、時には残酷な現れ方が伴っている。概して人間は平和的であり、穏健な人間関係を求めているものでもある。したがって、民衆の側が抵抗手段として暴力を発動するとき、それはよほどの民衆基盤が伴っていなければならないだろう。感情面からもそうだろうし、国家権力との力関係にあっても、相当な支持基盤がないことには、武装闘争勢力が弾圧され、しかも、その結果として民主運動が根絶やしにされることもある。

「怒りと誇りの人間的表現としての武装抵抗」──という歴史に彩られているのも事実だ。たとえ勝利の展望が無くても、民族としての誇りにかけて抵抗する事例も数多ある。人々はしばしば、支配されている民族が命がけの武装抵抗をしてきたことを称賛してきた。それが、たとえ敗れて辛酸をなめることがあっても、数世紀後に自由と解放につながった例も多い。

世界史はこうした事例に事欠かない。一九世紀の偉大な軍事理論家であるプロイセンのクラウゼヴィッツ(*)は、「戦争とは別の手段をもってする政治の継続である」と語っている。暴力が堕落なのか正義の高揚なのかの評価は、暴力の発動主体の政治目的がなんであるかによってはかられる。

＊ 初めての「近代戦争」といわれるナポレオン戦争に従軍したプロイセンの将校で、主に近代戦争の研究に従事した。一八三一年、彼の死後に発表された『戦争論』は、近代戦争の本質や戦略、戦術、戦闘などの特徴、諸要因などを明らかにしたものとして、近・現代戦争論の基礎と評された。

六〇年代後半から七〇年代を彩り、その後もゲリラ戦という形で続いた武装闘争について歴史評価をすることは、現代人の避けられない仕事であると考える。革命的共産主義者同盟・全国委員会（中核派）はその渦の中心にいたのであるから、その領域についての評価に積極的に立ち向かうべきだと考える。

この過程では、党内外の多くの人々がかかわり、人生を左右されてきた。獄中の人となり、指名手配の厳しい探索と対峙してきた人も多い。あるいは権力との武装闘争、革マル派との闘争において命を落とした有為の若者たちがどれだけ存在することか。

現在の革共同が路線転換したとしても、この事実を消し去ることは許されない。それは、歴史と死者への冒瀆というものである。

本論を執筆する最大の動機は、以上の点にある。

七〇年から二〇年ほど過ぎたころから、全共闘を語る文献などもちらほら出始めている。作家の赤坂真理氏は、『愛と暴力の戦後とその後』という近著の中で、七〇年闘争について触れながら、その時期を過ぎたら「世の中から消えてしまった」と素描している。そして、いわゆる「内ゲバ」と「ゲリラ戦」が大衆運動の後に展開されたものだから、第三者からも七〇―八〇年代の武装闘争は「悪である」といった評価がなされ、まともに対象化もされてこなかった。

しかも、今日その過程の最大党派の革共同すら、その点について沈黙を守り、歴史から抹消しようとしているのだから、大変なことであると考えてもおかしくはないだろう。

武装闘争に光を当てながら、運動史を語るほど困難なことはない。権力との緊張はさすがに和らいできたが、絶無とは言えないし、何しろ記録というものがなされていない。記録がないのは非公然活動の宿命である。それぞれのゲリラ戦争の直接の担い手たちは、自分が経験した事実を語るはずもなく、それこそ墓場まで持っていこうとしている。それはやむをえない。

したがって、武装闘争の評価は、公知の事実を素材にして、政治的評価を与えるという手法を取らざるをえない。たぶんそれは、読者に了承していただけるであろう。

さらに、「七〇年が過ぎたら歴史の日常舞台から消えてしまった」（赤坂真理氏）新左翼の闘いと存在に、正当な評価を与えることが必要だとも感じている。ブルジョアジャーナリズム的には「テロとゲリラ、暴力」という極めて悪意に満ちた表層的な、しかも多分に脚色をされて語られることが多く、冷静な位置づけがなされていない。闘争への参加規模、問題提起の深さなどから、七〇年闘争は歴史に大きな「申し立て」をした、と私は考えている。したがって、その壮大な闘争を矮小化し、曲解することに、私には大きな疑問がある。いわば、私は七〇年闘争を、その歴史を消したいと願っている権力から救うことを試みたいと切望している。

権力との闘いは、いつの時代になっても続くものであろう。そうだとすれば、七〇年闘争が何を残し残さなかったか、これを記録することは闘いを担った人間の責任でもあろう。

第Ⅰ部 「七〇年世代」としての私の歩み

第一章　ブラジル移民と世界一周

　さて、私の個人的経緯について簡単に触れておこう。

　私は、一九五〇年、茨城県の土浦市で生を受け、幼稚園時代から小学校三年生までを日立市は初崎で過ごした。初崎の家は、砂浜と陸との境あたりに建てられた平屋であった。夏は水着に着替えればすぐに水泳ができた。日の出を水平線に、毎日見るような生活であった。誰でもそうであるが、友達と遊ぶのが学校以外の時間の過ごし方で、砂浜遊び、木登り、崖登りなど、遊びには事欠かなかった。母の話では、おやつ用におにぎりを作ると、いつも友達の分も用意させたということである。

　小学校三年生の時に、父が日伯《にっぱく》（日本・ブラジル）合弁の製鉄会社に技術移民するというので、ブラジルに移民することになった。二ヶ月近くの歳月をかけて西回りのコースで、シンガポール、ケープタウンを経由して、リオデジャネイロからサントスに着岸した。印象に残り、子ども心に今でも覚えている事柄がある。ひとつは、那覇港に停泊したとき、「浅黒い」顔をした沖縄の人々が大量に同じ移民として乗り込んで来た。彼ら同士の会話は、方言のために聞き取れなかった。彼らと結構鬼ごっこなどして遊ぶことができた。今日、沖縄の問題を勉強して振り返って想像することは、彼らの中には、米軍に農地を取り上げられた伊佐浜の人々(*)がいたのではないかということだ。土地を銃剣とブルドーザーで強奪された彼らは、琉球政府前での座り込みなどあらゆる合法的手段を使って非を世論に訴えた。力及ばずして土地から放り出されたものの、何の保証もなく、コーラ一本で一坪という買い取り価格を提示されたに過ぎない。島内に生活基盤を作れなかった彼らは、数年後にブラジルに向かったというのである。

＊一九五三年ころまでに、沖縄の米軍は基地用の土地強奪のために、一方的な布令・布告を発して、米軍が自由に沖縄の人々の土地を強制収用できるようにした。そして、いわゆる「銃剣とブルドーザー」による土地強奪を、真和志村（現那覇市の一部）、宜野湾村伊佐浜、伊江島などで強行した。それに対する地元住民の命がけの抵抗を中心に、「島ぐるみ闘争」へと発展した。

もうひとつは、アフリカの、今はモザンビークで、当時はポルトガルの植民地の主要港ロレンソマルケス（今はこの名称ではない）での出来事である。立ち入り禁止の岸壁エリアにやってきて、倉庫の横から船が出す残飯を狙っていた、黒人たちのその顔である。幼児を抱えていた。ダーバンでは、白人用のベンチとトイレがあり、黒人用は別に作られている。当時としては当たり前の公園風景である。「ホワイトオンリー」表示だから、日本人は黒人と同じ扱いである。また、罪を犯した黒人の受刑者を、港の業務に駆り出して監視する看守は、ライフル銃で武装していた。彼ら囚人は、赤いパンツだけ身に着け、足は裸足であった。ケープタウンでは二階バスに乗車、白人用の一階部分は、白いシートで覆われた、ゆったりとしたソファであった。日本人は二階行きとなったが、木製のベンチが並んでいた。さらに、南極へと向かう「宗谷(*)」と遭遇し、しばしの交流の中で興奮したのを覚えている。アフリカ航路の中で、航海士がいうには、「人種差別のアパルトヘイトといって緊張している」とのことであった。アパルトヘイト施行後、まだ一〇年もたっていない時期である。あちらこちらに、デモ等を警戒する兵士が銃を手に警戒に当たっていた。

＊もともと商船として建造されたが、戦時中は海軍の特務艦として使用された。戦後、海上保安庁の巡視船となったが、南極観測のための砕氷船として改造されて活用された。

父親は、移民団の団長の仕事をしていた。それは大変。一〇〇を超える家族がいるわけで、人数も数百人。苦情を船側に伝えたり、船側の通知を皆に伝えたり、それは忙しく動き回っていた。西航路の移民船は、オランダ船籍の「ボイス・ベン号」。厨房関係は、中国人。中国人たちが食事時に使う箸は、菜箸のように長かったのが印象に残っている。甲板掃除はマレー人やシンガポール人、その他多くの国の人々が働いていた。驚いたことに、船舶上部の一等室は白人系の人々が利用していた。老夫婦が多かった。彼らは、世界一周の航路を観光しているのだという。どうしてそんなことができるのか、地上の人とも思えなかった。一等室エリアは、むろんオフ・リミットであった。時々侵入してしまい、見つかって怒られた。そして、インド洋の赤道祭を楽しんだあたりで、父に異変が起きた。

父は、そのままブラジルに到着したものの、病気となり働くことができなくなってしまった。収入が途絶えたので、日本人子弟の家庭教師をしたりしながら、財産を食いつぶして一家は生活した。ベッドは、移民時の荷物の木箱を並べて使っていた。このころは、父母とも不安のあまり心情的にも不安定であった。日本から持ち込んだ教科書を勉強していたら、母親が「いつまで日本にこだわっている」とばかりに、書物を家の外に放り出されたことがある。父も苦しんで不眠症となり、夜、庭を徘徊することがあった。何かしら生計を立てなければならないということで、サンパウロに出て、日本人街付近で下宿を経営し始めた。母親は、装飾品の挿絵などをして手間賃を稼いでいた。私は、品物の材料などを受け取って運んだり、完成品を納品先に持ち込んだりする仕事を手伝っていた。また、「メルカード」という路上市場が日用品の購入場所であったが、私はよく使いに出された。ずらりと並んだテントの店舗、そこには必ず、幼児がレモンを両手で包んで、声をあげて売り込むお手伝い姿があった。彼ら子どもは、鋭い目つきをしていた。同情を買う大人の戦略なのか、たんなる人手の要請なのか。

私は、やや政治的に早熟であったかもしれない。

当時、日本は敗戦から間もなく、「下等国民」として他の民族から劣等視されていた。敗戦後しばらく、本当に日本が負けたのか、勝ったのかをめぐってブラジルの日系人社会は真っ二つに割れていたらしい。勝ったと信じている「勝ち組」は、「負け組」を非難し、テロリズムに手を染めたという経過もあったらしい。「勝ち組・負け組」の話を通して、日本という自分の国は、戦争に負けたという経緯があるのだと認識させられたものである。また、よくわからなかったが、日系一世のお宅に伺うと、よく応接間などに額縁付き写真が掲げられていた風景を思い出す。異国の地での精神的支えとしての明治天皇、昭和天皇の「御真影」であったということは、後に私が知ったことである。

私たち兄弟は、「紙の家に住んでいる日本人」などと侮蔑されたことに対して、いやおうなく日本人であることを意識せざるを得なかった。日本の祝日に日の丸を掲げていた。すると、諸外国の子弟たちが旗に向かい泥などを投げつけてきた。こちらは、放水で応戦などしていた。特段日本がいい国だと思ったわけではないが、侮辱されれば反発したのであろうか。このころ、中央公論社出版の『太平洋戦争史』という全集を読んでいた。難しい漢字や文章もあったが、戦争や兵器の勇ましさに胸を躍らせたと同時に、戦死者が大量に出ることに違和感を持ったのも否定できない。「ガダルカナルの悲劇」は印象に残っている。私にとって、戦争を思う時の原点である。

両親は、病状が好転せず、帰国を渇望していた父の主張を受け入れて単独で帰国し、生活地盤を築いたら家族全員を呼び寄せる、との方針をたてた。父親が単独で一年早く帰国した後、一家は帰国の途についた。船に積む荷物の木枠は、すべて一五歳になる兄が制作していた。こういうことを苦も無く実行する兄は尊敬に値する。ネズミとゴキブリ退治が得意な愛猫のミーチャンは、主人たちの突然の喪失に、一日中泣き続けて探し回っていたらしい。港はサントスである。日本人が経営するウシオホテルに泊まり出港に備えたが、ストライキが長引き十日間ほどの足止めを食らった。母と弟がいったんサンパウロに戻った。その時のミーチャンの喜びようといったら、尋常ではなかったらしい。

　サントスのウシオホテルに泊まった時、ある夜、バルコニーに隠れて泣いている母を発見した。見てはならない秘密を見てしまった思いがよぎり、すぐに立ち去った。その後、この光景は私の生涯に何度も出てきては、考えさせられた。最近、ブラジル移民時の真実を聞くことがあった。何かしら工業高校の教員生活に飽き足らない日常を送っていた夫に対して、積極的に技術移民を薦めたのが母であったというのである。母は反対した、と長年思っていたので驚いた。父は、そんな説明を一度もしたことがない。すると、ウシオホテルの一件が解けた気がした。母の挫折である。大きな代償を払ったことになるが。ブラジル文化になじめないでいた兄弟は、喜んで一日も早く帰りたかったし、猫を残してきた申し訳なさはあったものの、帰国への期待でいっぱいであった。母のイメージは、いつも強く、泣き言を言わない、常に前向きな頼りになる、また時々怖い女性であった。その母の涙は衝撃であった。私は十一歳。悲しくダメージを受けたが、誰にも話さなかった。いつも気丈な母であるが、違う面があると、母を相対化してみることができるようになったというべきか。私が運動家になった後もそうであるが、私の少年時代を通して、ブラジルで生きる志気を半ば失っていた夫を抱えて彼をいつも激励し、子ども三人を育て少しもひもじい思いをさせることなく、自ら手作業のアルバイトにも精を出していた立派な母親に、改めて頭が下がる。母は若いころ、画家で身を立てようとしたらしい。だがいろいろ迷いもあり、人生の修練が足りないと、新しい世界＝結婚に踏み切ったらしい。画家としての技量がブラジルで一家を救ったし、その後も、器用な手先を使って人形を制作したりして生きてきた。帰国後のことであるが、高島屋では人形が売れたらしい。人形職人としての名を尾形杏紫《きょうし》という。

ブラジルからの帰路は、パナマ運河、ロサンゼルス、サンフランシスコを経由し、太平洋を大横断した。ちょうど、パナマ運河を前にカリブ海を航行しているころ、なにやら船員たちが緊張して飛び回っていた。戦争が近くで起こるらしい、と。だが、航路変更には至らずそのまま進んだようだ。いわゆるキューバ危機(*)である。パナマ運河は勉強になった。内陸部にある湖に向かって、階段式に船が登っていく。一段は、水をためて船が高い場所に上がり、水門が開く。するとトロッコで船を引き、次の段まで移動した後水門が閉まり、水が注入されてまた高くなる。これを繰り返していく。すごい、と思ってずっと見ていた。最上部まで達すると、水路を自力航行する。途中に大きな碑があった。船員の人が教えてくれた。あれは、この水路を作るときに亡くなった労務者たちの慰霊の墓である、と。下りは先ほどの逆を繰り返して、太平洋の水面の高さまで降りていく（「閘門《こうもん》」式運河という）。楽しいことこの上ない。子どもにとって、船旅は楽しかった。船内では、卓球台に、子供たち同士のカクレンボ。カクレンボは楽しい。というのは、船中は通路が縦横にあるので逃げがい、探しがいがあるから。

＊　一九五九年、キューバ革命で成立したカストロ政権に対して、アメリカは親共産主義政権としてカストロ政権転覆の策動をめぐらした。これに対してカストロ政権は、ソ連との関係を強め、核兵器競争で劣勢であったソ連はキューバに核ミサイルを配備し、アメリカとの緊張状態が極度に高まった。六二年一〇月、ソ連船のキューバ入港に、アメリカは軍事力を行使してでも阻止する封鎖体制を敷いた。ここに、アメリカ、ソ連双方とも、核兵器の使用を含む臨戦態勢に入ったが、全面発動寸前で回避された。

甲板に上がっては、山ともあろうかという巨大な波間に揺れる船の上下移動に悲鳴を上げたりした。あるとき、太平洋のど真ん中で巨大波の揺れを楽しんでいたら、谷間になったときに船が波をかぶり、船外に持って行かれそうになったことがあった。命拾いである。ある時は、数日間台風の逆風の影響とかで、船がほとんど進まないことがあった。嵐に航海士の方々は緊張して、夜も総出であったようだ。真に頼りになる大人で、帰国後しばらく、大人になったらやりたい仕事を聞かれた時、「航海士！」と答えたのを覚えている。

それにしても、ロサンゼルスで上陸して観光に出かけたとき、道路の広さ、車の洪水と、ビルディングの光景、店員のいない巨大な店（スーパー）などを見て驚いた。レジに店員はいたのがほんとうであるが。木々は少なく、コンクリートタウンの風景に何とも言えぬ心境になったようだ。「このアメリカと戦争をやったのか」、と考えたのは中学生になってから。サンフランシスコでは、金門橋、湾岸橋が印象に残っている。また、中華街、坂道の街路電車が珍しい。サンフランシスコを起つとき、金門橋は夜であった。これから太平洋の長旅だと思うと、名残惜しかった。

メキシコ沖を航行しているときは、陸がかなり近くに見え、「あれはアカプルコだ」と船員が教えてくれた。メキシコ沖ではイルカが並走したり、トビウオが目標を間違えて船にぶつかったり、なにより、どんな時でもウミネコが一緒であった。ウミネコは、太平洋の大海原でも我々と同じように旅人であった。サンフランシスコでは、北海道大学の自動車部のお兄さんたち、アメリカ留学を終えて帰国するお兄さんたちには、よくかわいがってもらえた。

第二章　横浜時代とベトナム戦争、羽田闘争の衝撃

横浜に住まいを設けた。横浜市中区竹之丸である。周りは、米軍の将校用住宅で、その子弟たちは日本人に大きな態度をとっていた。大雪の日、学校からの帰路、いきなり雪団子が飛んできた。硬くて、すごい速度で身体にぶつかった。痛みで思わずお腹に手を当てた。米軍将校の子弟たちが、「ジャップ！」という声と共に雪合戦を仕掛けてきたのであった。「ジャップ」が侮蔑の意味だということは何となく伝わってきた。こちらは「アメ公！」。お互いに、汗みどろになって合戦となった。アメリカ人にいい印象を持たなかったことはいうまでもない。

父は、聖光学院という私学で数学、物理を担当する教員、母はＹＳ11機を制作していた日本飛行機の杉田工場に勤務した。母はその後一〇年以上、勤務して家計を支えた。おかげで、高校二年の夏には、帰国後五年で借家暮らしを脱してマイホームを設けることができたし、子どもたち三人が大学にも進学できたのである。三人の子どもたちがひもじい思いをしたことはなかった。特に、教育には熱心であった。しかし、当時は特段塾に通う世界もなく、教育費といえば参考書を買う程度で済んだのも幸いである。ラジオに聞き耳を立てて、『百万人の英語』

や旺文社の講座を相手にしていた。

オリンピックの年に流行に乗ってテレビを購入。その後、日韓条約締結をめぐる国会中継などが面白く、学校帰宅後、自民党政府と社会党の論戦を興味深く楽しんでいた。分からないなりに、だんだんと聞き取れるようになったという面もある。中学三年時、「社会の幸福」という問題に関心が行き、公害とか貧困とか、いろいろな納得できない問題がこの世にあることに気づき始めた。どういうわけか、世が不幸なのは国民に愛国心がないせいではないかと発想していた。そこで、「日の丸掲揚運動」をやればいいのではないか、と考えた。生徒会で決議して、文部省や教育委員会に請願すればいいのではないか、と思い浮かんだ。だが中味の記憶はないが、教師に説得されてうやむやになってしまったのを覚えている。中学三年の時、文化祭でのクラスの出し物は、何人かの有志で「沖縄の基地」を取り上げた。これには、社会科の先生のバックアップがあったと思う。もっとも、米軍基地の存在など、日頃から疑問に思っていたところであり、私にとってこのテーマを取り上げることは自然なことと思われた。

中学から高校入学のころにかけて、読書傾向としては、どちらかというと小説から、社会科学系の書物へと徐々に移行していった。小説で言えば、トルストイの『戦争と平和』、『恋愛論』、スタンダールの『赤と黒』、ヘミングウェイの『武器よさらば』、島崎藤村の『破戒』『夜明け前』、夏目漱石の『虞美人草』などが印象に残っている。武者公路実篤の一連の著作には、何かしら解放感を感じている。石坂洋二郎などは、次から次へと手を出していた。何か傾向があったわけではない。乱読である。『赤と黒』のジュリアン・ソレル青年と貴族のレナール夫人の禁断の恋には、胸が張り裂けんばかりであった。石坂洋二郎の大衆恋愛小説は、手あたり次第に読んだ。『山のかなたに』という小説が、テレビ映画化されていた。津川雅彦と松原智恵子主演の青春物語である。遠くに山並みが見える田舎の町が舞台で、町を仕切る地域ボスと、それに抗う戦後民主主義にあこがれる若者との確執が背景となっている。私にとって、守旧派の地域ボスは、日本に伝統的な自民党スタイルを表し、それに対して、男女の交際とかで、戦後の自由民主主義が若者の見方のトレンドとなっていた。私にとっては、人権平和意識や自由平等意識の対極にあるものが、伝統的なものであった。『青い山脈』にも通ずる暗い過去からの脱却を、元気に明るく楽しく表現していたように思う。ついでだが、後期の作品と思われる『陽の当たる坂道』は、どうやら都会の目黒か大田区の住宅エリアを連想させる家庭をめぐる人間像が登場する作品。高度成長が一回転終了して、中間層が登場し始めた新しい社会を感じさせる。そこには前期の作品にみられた暗いものとの対峙という、きらきら光る斬新なものは遠のいていた。大企業に勤務する部課長クラスの家庭か。

さて、話を戻す。

受験勉強をしながら、点数がとれて行くのが楽しい時もあった。が、同時に競争には何か満足できない不満と、人間が蹴落としあっていいのかという疑問が湧き始めていた。何となく喪失感があった。横浜市立浜中学の卒業を控え、高校進学をどうするかで悩んだのを覚えている。学区から言えば、県立横浜緑ヶ丘高校が順当であったが、横浜市立金沢高校が受験勉強を全校で強めていて、大学進学には有利ではないかという話がうわさになっていた。迷ったが、校舎を見学し、横浜緑ヶ丘高校に解放感を感じて、県立受験を決めた。横浜緑ヶ丘高校は、本牧の丘の上に立地していて、学校の周辺には米軍住宅があり、眼下には東京湾を眺めることができた。当時は、本牧の埋め立て地もなかった。三渓園の海側の崖には、波がぶつかってはしぶきを上げていた。

しかし、高校に進学する前後から、岩波書店などの法経・人文系書物をやたらと読み始めた。日の丸や君が代が愛国心に繋がるもの、とはもはや考えられなくなると同時に、愛国心というものが国民の幸福につながる、と考えるのも怪しい議論ではないかと考えた。しかも、ベトナム戦争は、安保条約や米軍基地、戦争の道具である自衛隊への疑問をかきたてた。当時、憲法論争が激しく、我妻栄や宮沢俊義などの憲法学者の書物に熱中した。その主要テーマは憲法九条論争であった。九条は、戦力を持たないと明記してあるのに、現実には自衛隊が存在している。これは憲法違反ではないかと確信した。私は、リベラルな民主主義者となってきたといえるだろう。明治以降の歴史の真実や、一五年戦争(*)時の軍部の動きなどにも興味を持たざるを得なかった。

＊一五年戦争とは、一九三一年の満州事変から一九四五年のポツダム宣言受諾までの戦争状態にあった期間のこと。大きくは、三一年の満州事変からの中国侵略、三七年盧溝橋事件からの日中戦争、四一年からの太平洋戦争を指標としている。

遠山茂樹の『昭和史』は勉強になった。井上清の『日本現代史』も愛読した。羽仁五郎の『明治維新史』は講座派的論文で難しかったが、明治維新の歴史的定義をめぐる論争を知った。同時に、明治以降の日本社会を経済学的にどう定義するかでも、激しい論争があることを知ることができた。また、受験競争を考えるにあたり、『教育の森』（村松喬）シリーズは参考になった。ベトナム戦争の激化に伴い、本多勝一の『戦場の村』や特派員のベトナム報道ものなどは手あたり次第に読んだ。

こうして、高校生になってから、政治や社会について考える習慣がついてきた。その理由は定かではない。青年期とはそんなものだと思う。岩波書店が発行する雑誌『世界』や新書版などを読み漁る。一九六七年の「紀元節」の制定は、私の中にそれまでにあった日の丸・君が代のイメージを容易に打ち砕いた。神話の話を、「建国の記念日」にするなんて。日の丸・君が代に付きまとう戦争と抑圧の歴史を学び取った。

こうした中で、一〇月八日の羽田闘争が起きた。羽田闘争とは、佐藤首相の南ベトナム訪問に抗議して阻止しようとすべく、三派全学連が角材をもって羽田空港に迫った闘いである。しかも、学生の中から死者（京大生・山崎博昭君）が出たものだから、賛否渦巻く激しい反応が世間にあふれた。新聞は、学生がペンではなく角材をもって表現の手段としたことを糾弾する主張であふれた。高校二年生であった私であるが、放課後など学友たちと議論をたたかわせた。学生の闘いに反対するクラスメートも、賛成する人も何故か、この闘いに引き付けられていたように思う。私はといえば、角材を百パーセント肯定はできないものの、「南ベトナム訪問反対の命をも賭した闘い」として問題を描き、心情的に惹きつけられたのは間違いない。

ベトナム戦争は特派員報道などから、圧倒的な戦力である米軍が、乏しい武器しか持たないベトナム人民を殺戮していることは不当だと感じていた。人道的立場からいって、許されていいものとは思わなかった。誰に教えられたわけでもない、自然にそう思うようになっていた。無差別爆撃の北爆、「枯葉作戦」と称する猛毒攻撃、南ベトナムにおいても「ベトコン」が潜伏していると見なされれば、村民丸ごと米軍の掃討作戦の対象になった。女性や老人、子どもたちが、傷つき逃げ惑う姿の数々。そんな戦争はアメリカのベトナム侵略戦争(*)ではないか、と自然に感じたのは当然であったろう。

＊ベトナムはカンボジアと共にフランス領インドシナ連邦として植民地支配されていたが、ベトミン（ベトナム独立同盟）を中心に民族独立運動を展開。第二次大戦でフランスがドイツに占領支配されると、インドシナもヴィシー政権側の支配下に置かれたが、ドイツ敗戦を機に日本軍は、インドシナのフランス軍を攻撃し北部インドシナを占領、支配した。ホー・チ・ミン率いる

ベトミンは反日抗争を強化し、日本敗戦直後の八月にハノイで蜂起、ベトナム民主共和国を樹立した（独立宣言は九月）。その後、フランス軍がベトナム南部を再占領し、ハノイのベトナム民主共和国への攻撃を展開、四六年、インドシナ戦争へと発展した。アメリカの支援を受けながら侵略戦争を続けたフランスは一九五四年、ディエンビエンフーの戦いで敗北。同年、ジュネーブ条約でフランス軍の撤退、ベトナム民主共和国（北ベトナム）の承認が決定、並行して南ベトナムにはアメリカの意をくむかいらい政権が誕生し、南北が分断された。六〇年、南ベトナム解放民族戦線が結成され、ベトナム人民の南ベトナム解放、南北統一をめざす闘いが激化。共産主義のドミノ化を恐れたケネディー政権は、六一年、南ベトナム政権の防衛のためにベトナム侵略戦争に踏み込んだ。「北爆」というのは米軍による北ベトナムへの空爆のこと。「枯葉作戦」は、南ベトナム解放民族戦線の拠点であるジャングルを裸にし、彼らの食料となる農産物を死滅させる目的で除草剤などの化学薬品を大量散布した。「ベトコン」とは、南ベトナム解放民族戦線に対するアメリカ、南ベトナム政権側からの蔑称。

作家の小田実氏や鶴見俊輔氏など著名な文化人が立ち上げた、自主的な個人の集まりである「ベ平連」（「ベトナムに平和を！　市民連合」）が、あちらこちらで作られていた、そんな日常であったのだ。佐藤首相が南ベトナムを訪問することは、アメリカの片棒を担いで、侵略戦争に加担することを意味していた。だから、学生が棒を持ったところで、その深い意味は考察することができなかったとはいえ、私をはじめとする多くの青年が、学生に大いなるシンパシーを抱いたのは不思議でもなんでもなかったのである。

私は、勉強ばかりの毎日でしかない自分の生活に疑問を持った。本土の米軍基地が拠点となり、沖縄の基地からはＢ52が飛び立ってベトナムの人民を殺戮している。この事実に無関心でいられるのか、生き方を問われた思いがした、というのが率直な心境であった。

ここから、私の人生に転機が生じる。

その後、第二の羽田闘争（一一・一二佐藤訪米阻止闘争）、佐世保での原子力空母エンタープライズ入港阻止闘争、東京での米軍王子野戦病院反対闘争、三里塚闘争（成田闘争）などなど、学生の闘いが連続した。

佐世保では、圧倒的戦力の機動隊の暴力的弾圧で傷ついた学生を、多くの市民が守り助けた。王子の闘いでは、学生の組織的行動が終了した後も、市民近隣住民が機動隊に向かって投石し、いわば毎夜毎夜ミニ暴動のようになっていたのである。マスコミは、学生たちの暴力を口を極めて非難し続けていたが、現場の市民たちは学生に同情的であることが、新聞の行間から読み取れた。佐世保闘争でケガをして、頭を包帯だらけにした学生のカンパ活動の写真が掲載されていた。私の心臓は高鳴り、その献身的なひたむきさに心を揺さぶられたのである。

それは、私だけの心情ではなかったはずだ。

もはや、彼らの闘いと無縁であることは不可能になった。私の全学連探しが始まる。六八年の二月だったたか、横須賀での原子力潜水艦入港反対のステッカー(＊)を電柱にみつけた。「しめた、これだ！」と小躍りしつつ、同時に心臓がバクバクしたのを記憶している。放課後、学生服のまま、横須賀は、当時の呼び名である「臨海公園」にたどり着き、ヘルメット姿の学生を発見する。しかし、彼らは白いヘルメットをかぶっているものの、少数であり、ちょっと近づけるような雰囲気ではなかった。近くにいる元気のいい集団に入れてもらい、「入港反対」「闘うぞ」などと唱和した。そのままデモにも出てしまい、米軍基地ゲート前では短時間ながら座り込みもし、警察車両から発せられる警告に緊張しながら、横須賀中央駅の解散地点まで行動を共にした。その隊列が、学生たちと考え方を同じくする、労働者からなる反戦青年委員会だとは知る由もなかった。

＊当時のステッカーというのは、縦約五〇㎝、横約二五㎝の薄い用紙に党派のスローガンや集会日程などを独特の文字で描いたもので、大学構内や街頭の電柱などいたる所に貼られ、それを見て集会予定を知り、参加した一般大衆も多かった。

このころ私は、『朝日ジャーナル』や『現代の眼』、三一書房の新書などを図書館で読んだり、買ったりしていたと思う。マルクスの文献には、未だ手が届いていなかったようだ。三派全学連委員長・秋山勝行さんの『全学連は何を考えるか』は、当事者の執筆によるもので夢中になった。暴力の問題に真正面から答えていたのには好感が持てた。数十年後の革共同が、そうした大衆的精神を忘れてしまったのは何とも悔しいことである。

こうして振り返ってみると、少年期の私の思想形成は、「岩波文化」が中心になっているように見える。そこに向かわせたのは、何といってもベトナム戦争であった。戦後は、戦争やそれに連なるものを反省したはずなのに、またぞろ日本がベトナム戦争の出撃基地、兵站基地となっている現実は受け入れられなかった。同時に、その反戦平和意識は、戦争というものの前近代性、戦前的志向性と、戦後社会が繋がっている明治以来の伝統性への、強い疑問に結合していったと思う。それは一言でいえば、戦後民主主義が不徹底である、という意識に近いものであったと思う。思えば、憲法九条があるのに、なぜ自衛隊が堂々と存在できるのか。どうして、軍事条約である日米安保体制が戦後社会にあるのか。非武装永世中立国家ではだめなのか。全方位外交はできないのか。はたまた、天皇制につながる紀元節を「建国記念の日」とするなど、どうみても近代主義に反するものと思えた。受験競争という社会に格差をつくりだしていく教育制度は、平等社会をめざす憲法の思想に反するのではないか。こうした戦後社会が隠然と宿している戦前的伝統、欧米的開明性の反対側に座る非開明性への、疑問と怒りへと連動するものであった。戦前タイプの暗い社会への拒絶である。

岩波的影響というものは、戦後の進歩的文化人の思想への共鳴であったと言えよう。しかし、時代の波は、戦後民主主義を基準とした思想の限界をも自覚させる内容もはらんでいた、と考えられる。ベトナム反戦闘争や大学闘争がなければ、戦後民主主義基準にとどまったかもしれないが、状況はそうはさせなかった。羽田闘争に関するクラスでの討論は、闘争手段として角材の使用を肯定できるほどの論理を築くまでには至らなかったが、私を引き付けていたものは、手段問題をはるかに上回る、命がけの同世代の人間像の魅力であった。

こうして、進歩的文化人からおおいに学びながらも、大先生方のご高説に引き入れられれば引き入れられるほど、彼らに対して批判的になっていくプロセスを胚胎している自分がいたのである。そのことの自覚は、中核派との出会いを待つことになる。

第三章　中核派と出会う

　三里塚闘争や王子闘争のニュースをにらみながら、三年生に進級した私に転機が訪れた。六月初め、臨海公園でのデモが休みの日にあり、反戦青年委員会の人に声をかけられた。そして『前進』勉強会に誘われた。快諾した私ではあったが、何となく親の許可が必要な案件ではないかと考えて、母親に参加の承認を求めたのを覚えている。母親は、話があの「学生」につながるようなものだと直感しながらも、「勉強ぐらいならいいでしょう」と認めてくれた。高校生にもなって、いちいち親に相談などと笑われるかもしれないが、まあ事実は曲げられない。

　『前進』の学習会には数回出たに過ぎないが、恒常的出席者は私以外には三人で、先生役は国立大出の民間労働者、あとは女性看護師と職種は不明だが民間労働者であったと思う。しかし、面食らってしまった。一ページ大の論文を討論するのだが、討論以前に理解するのが大変むずかしくて、叩きのめされた感じであった。岩波新書レベルの社会科学的知識では、歯が立たなかった。

　マルクス主義、レーニン主義的な階級闘争用語に無知であることが悔しくも、もはや避けて通れない必要知的分野になったのだと感じたと思う。知識に留まらない実践、社会との具体的関連など、知を超えての生き方が問題となったことを感じざるを得なかった。

その後、夏に「反戦高協」(*)中央合宿を紹介され、そのまま活動家に転じていった。それにしても、驚いたのは、反戦高協の仲間たちが、マルクスの文献を読みこなしていたことである。三年生が多数であったが、一年生や二年生も参加していた。彼らは、何とマルクスやエンゲルスの『経済学・哲学草稿』、『フォイエルバッハ論』、『ドイツ・イデオロギー』などを、仲間同士で討論していたのである。私は、自分の不勉強に打ちのめされた。そのあと、マルクスの『共産党宣言』を読んだが、雷鳴のごとき衝撃を受けた。「今までのあらゆる歴史は階級闘争の歴史である」という冒頭の文章は、歴史が得意であった私に思想上の大いなる飛躍を「どうだ！」、と突き付けたのである。『ドイツ・イデオロギー』はさっぱりわからなかった。

＊「戦争と植民地主義に反対し生活と権利を守る高校生協議会」の略称で、中核派系の高校生大衆組織。

受験勉強はもう放棄、毎日毎日ビラを書いたり作ったり、高校生組織の神奈川版を結成するための打ち合わせ、九月立川闘争、十・二一の新宿闘争、などなどすべてに参加し、十一月くらいに川崎の高校生たちと組みながら「反戦高協神奈川県委員会」を結成した。

県立横浜緑ヶ丘高校は、湘南高校、翠嵐《すいらん》高校には及ばないが、受験高校であった。年末に、当時日大闘争の支持者で、『都市の論理』をベストセラーにした著者である羽仁五郎氏(*)の学内講演会をやろうと、校内ビラをまきクラス討論に忙しく動き回った。この企画には、それまで考えられなかった多くの学友たちの協力を得ることができた。自分のクラスを中心に、一〇人以上は参加したと記憶している。学校側は止めさせようとしてこちらも動揺したが、「実力でも決行するぞ」という脅しによって学校側も折れ、体育館で当局承認の下、全員参加の大講演会となる。それにしても、今から考えると随分自由であったと思う。クラス討論もビラまきも、教員によって何ら弾圧されなかったのだから。あのころの教師たちには感謝の気持ちがある。高教組の組合員でもあった先生方は、私たちのような高校生にどう対処していいか、迷いながらの毎日であったと思う。超有名人・羽仁五郎氏はその風貌もさることながら、オーラを放っていた。活動家だけではなく、多くの学友に影響を与えたのではないか。先生方もメモしていた。

＊戦前からのマルクス主義歴史学、哲学研究者で、治安維持法違反で逮捕・勾留されたこともある。戦後、無所属革新派として参議院議員に当選し、一〇年ほど活躍。七〇年闘争過程では、全共闘運動や新左翼勢力を擁護する立場から積極的に活動。明治維新研究や『都市の論理』（一九六八年）などが有名。

六九年の一月は、東大安田講堂攻防戦である。高校生は、中央大学に泊まり込み、御茶ノ水一帯をバリケート封鎖する連帯闘争に参加した。歩道の敷石をはがして、バリケードにしたり、割って投石用の武器にしたりと、忙しく二日間の闘争をやり抜いた。神奈川からも公立私学問わず、数十人の仲間が参加していた。

進路では迷いに迷う。学生の「自己否定」の論理と思想に共鳴していたから、学生になることは抑圧者になることだと思われて、労働者になろうかと動揺した。また、「東大解体」「帝大解体」のスローガンが一世を風靡していたものだから、大学は価値ある所と思われなかったのである。実際、大学に進学せずに就職し、労働者の道を選んだ仲間たちも多数存在していた。しかし、親の希望を受け入れ、進学を選ぶ。めざすは、中核派の最大拠点校・法政大学である。

三月一日の卒業式は、日の丸・君が代総反乱の場となった。考えられもしない多くの卒業生仲間や在校生に、起立拒否行動が見られたのである。反対のボードを掲げた学友もいた。しかし、処分の一つもなく、卒業式後の父母出席の茶話会では、校長はにこにこしていたとのことであった。自由と伝統をうたい文句にしていた、旧「三中」こと横浜緑ヶ丘の風景か。

その直後、反戦高協の一員である私は、都立武蔵丘高校の卒業式粉砕闘争に参加。最後まで立てこもり、初逮捕。野方署に留置された。留置場は怖くはなかったが、こんな嫌なところはないと思った。留置場には隣の建物から、当時ヒットしていたいしだあゆみの『ブルーライトヨコハマ』がしょっちゅう流れていた。一八日目に家庭裁判所送り(*)となって「保護観察処分」となり、父親が迎えに来てくれ、引き渡された。その後、毎月裁判所に出頭して、知能検査みたいなことにつき合わされた。自由の身柄となって、とてもとても解放感に浸ったことを覚えている。父親と帰宅後、両親から特に厳しい説教がされることはなかった。親なりに当時の世相で感じることがあったのかもしれない。

＊当時、二〇歳未満で逮捕された場合、少年法が適用され、一旦家庭裁判所に送致されて処分が決定された。重罪容疑の場合は、成人扱いされて地方裁判所に送られ、裁判に付されることもあったが、政治犯のケースでは家庭裁判所で「保護観察処分」となり、保護者に引き渡されることが多かった。

第四章　法政大学とバリケード、七〇年闘争

晴れて、法政大学の法学部政治学科に入学。自治会室を訪問したら、中核派の大先輩たちに早速試練にさらされる。中核派の先輩に、三年生や四年生が多数いたのには驚いた。つまり、学生運動を何年もやっているその姿に偉大さを感じた。

その後は、授業はクラス討論をするときだけ出席。四月二八日の沖縄デー・バリケード封鎖闘争に向けて、学部ごとに行われるストライキ承認をうる学生大会成功をめざして、不眠不休の毎日となる。教養課程のクラスに、菅義偉という後に安倍政権の官房長官となる人物がいたのを覚えている。彼はめずらしく学ランに身をつつみ、寡黙であった。まだ新入生なので原稿は書かなかったが、ビラづくりやビラまき、夜は自治会室の机の上で眠る。日本共産党の学生青年組織である民青との闘争を経て、法学部大会は、執行部である党派「プロレタリア軍団」の主導と中核派との連携でスト投票は可決成立、他学部も成功し、直後のバリケード構築となる。

大学が次々と封鎖されて機能停止していく中で、政府はこれを治安問題と捉え、機動隊の学内突入を合法化するための「大学治安法」(「大学の運営に関する臨時措置法」)を成立させた。

この佐藤内閣のたくらみは、逆に全国に反乱の火の手を拡げた。法政大学は、無期限バリケードストライキを成立させ、六月スト突入時、大学独自で数千名の国会デモを成功させた。そのまま夏休みに入り、大学は解放区となった。総長室のじゅうたんと家具などの立派な調度品等々を利用することになる。図書館の蔵書も扱い自由であり、かなりの専門書も使わせてもらった。バリケードには、時々活動家の親が子どもを引き取ろうとして訪問していた。指導部が対応し、追い返していた。

八月上旬に、全学連の東京の部隊だけで、角材で武装し、新橋から虎の門手前辺りまでデモをした。文部省抗議闘争である。デモは戦術的に稚拙で、機動隊に横腹を攻められ、まともに衝突することもなく壊走した。この闘争で二度目の逮捕、これは三泊四日で釈放された。

六九年の「第一の一一月決戦(*)」は、七〇年安保闘争の先駆けを成すものであり、佐藤内閣の基地撤去なき沖縄返還に対する闘いであった。闘いは、沖縄問題を扱う日米共同声明締結を阻止しなければならないという、一一月決戦として焦点化する。

＊革共同は、六九年一一月決戦と七一年一一月決戦を「二つの一一月」と呼び、それぞれ「第一の一一月」、「第二の一一月」と呼称した。

一一月決戦では、数千人が逮捕され、数百人が起訴され、未決監獄に幽閉された。私は幸いにも逮捕を免れた。

第一の一一月決戦は、新宿駅を中心とする一〇・二一闘争と、佐藤訪米阻止を掲げた一一月一六日の羽田空港周辺での実力闘争の二段構えであった。これらの闘争には、多数の反戦派労働者が含まれていた。学生部隊は、新宿駅に突撃した。駅周辺では、万単位の群衆が機動隊と対峙していた。高田馬場駅では、反戦派労働者部隊を中心に電車を占拠して、機動隊を撃退するなどの成果を上げた。山手線は終日ストップした。一一月一六日の空港周辺での闘いは、品川から蒲田に至る広範囲の地域が実力闘争の舞台となった。蒲田駅は占拠されたし、品川警察署は標的となって、火炎瓶攻撃にさらされた。二ヶ月で延べ数千人が逮捕されている。警察署の留置場は逮捕者であふれた。

闘争の山が過ぎると、もっぱら自治会室等に泊まり込んで、ビラを作ったり、立て看板を書いたりした。真冬の深夜に、手に息を吹きかけながら、立て看板をよく書いたものだと思う。学生幹部候補学校に呼んでくれたのは、ありがたかった。マルクス主義とかロシア革命、ドイツ革命の教訓、第二次大戦後の世界の成り立ち、マルクス主義哲学、黒田哲学の「批判的摂取」など大いに刺激された。この時期は、革マル派との緊張関係もさほどではなく、穏やかな日々が続いた。

活動資金は、上野公園は東京文化会館横の通路での街頭カンパで調達した。七〇年安保前ということもあり、行きかう人々の関心は高かった。昼間から上野公園の美術館を鑑賞できる人とは、比較的裕福な新中間層ではなかったか。その代りカンパ額は多かった。カンパする人の数も、活動家一人で五〇人ぐらいだったろうか。私は街頭カンパ活動をそんなに得意にしてはいなかったが、昼前後の数時間で当時の金額にして五〇〇〇円も集めたことがある。先輩女性指導部は万単位であったようだ。五〇〇〇円と言えば大した価値である。岩波新書が一五〇円、大学の生協食堂の定食が一〇〇円から一五〇円ぐらいのころの五〇〇〇円である。

ひょんなことで逮捕された私が、初めて起訴され、裁判にかけられた。ひょんなことというのは、日大全共闘の中村君虐殺抗議闘争(*)のデモ解散地点で、機動隊に飛び蹴りをしてしまったのである。私の靴の跡が、警官の臀部にしっかり残ってしまった。保釈後、指導部にさんざん説教された。当然である。

＊日大の全学共闘会議商学部闘争委員会の中村克己君が、七〇年二月二五日、ビラまき中に右翼体育会系集団による襲撃を受け、三月二日病院で死亡。事件に対する緊急抗議行動が三月四日に行われ、その闘争で逮捕された。

ちょうど、三月に二〇歳になっていた私の最初の試練は、「起訴できる年齢になったね」という検事の嬉しそうな顔であった。三度目の逮捕である。起訴罪名は、公務執行妨害罪という微罪であったが、起訴されて、未決は東京拘置所、旧「巣鴨プリズン」(*)である。政治犯は独居であるが、周囲はほとんど学生ばかりであったと思う。何かといっては、シュプレヒコールが湧き起こり、そのたびに看守が右往左往していた。ある日、回ってくる新聞がほとんど真っ黒に墨塗りされていた。革命でも起きたのか？　墨塗りは一週間ほど続いた。革命ではないようだ。革命なら獄壁が壊されるだろうから。その後、面会で分かったことは、赤軍派のいわゆる「よど号ハイジャック事件」であったとのことである。

＊巣鴨プリズンは、戦前は東京拘置所として使われ、多くの思想犯・政治犯が収容されていた。ゾルゲ事件の尾崎秀美、リヒャルト・ゾルゲらがここで処刑されている。敗戦後、GHQが接収し、戦犯を収容するための施設となり「巣鴨プリズン」と呼ばれるようになった。「極東軍事裁判」により東條英機ら七名が処刑されたほか、BC級戦犯五二名が処刑された。一九五八年に、戦犯収容が終了して、改めて東京拘置所となった。一九七一年に小菅に移転、跡地は池袋サンシャイン等になった。

彼らの考え方は、日本革命に攻め登るための「国際根拠地」づくりをめざすというものであった。彼らは、「前段階武装蜂起」といって、七〇年安保闘争に向けて武装決起の準備を進めていたが、国家権力の弾圧により挫折させられ、路線がうまく進まなかったために、国際根拠地形成に重心を傾けたものと思われる。(＊)その後、「日本赤軍」を名乗って展開された、中東を拠点にしたゲリラ活動もその一環であっただろう。彼らの前段階武装蜂起論は、革共同の先制的内戦戦略に類似した蜂起論であったと言えなくもない。「よど号」事件で「北朝鮮（朝鮮民主主義人民共和国）」に渡ったその後の彼らの人生は、当初の思惑通りにはいかずに、逆に「北朝鮮」当局の日本人工作員調達に利用された模様である。今日あれから四五年が経過し、鬼籍に入る者も出る中で、故郷への思いを募らせているとも聞く。そうであろう。外交的解決ができればいいのだが、安倍政権では無理であろう。

＊北朝鮮に渡った赤軍派グループは、「前段階武装蜂起」のために北朝鮮で軍事訓練を受け、帰国して武装決起をしようという企図でハイジャックにおよんだ。

話を戻す。友情とはありがたいものである。進級試験を受けられなかった私の代わりに、クラスの学友が論文試験などを代行してくれ、ギリギリのところで二年生に進むことができたのである。にもかかわらず、保釈後挨拶もせず、組織の任務配置で顧みることが無かったのは、今更ながらに悔やまれる。

時は既に七〇年。三カ月余の未決監獄の生活から釈放された私を待っていたのは、「学生書記局(*)」への転籍であった。時は、一九七〇年六月、政府は六〇年安保を教訓化しつつ、自動延長という手法に打って出た。闘いは、国会的焦点の無い形となり、一大抗議闘争の模様となった。というのは、中核派は前年の闘いで大量の逮捕者が出たために、この年に大規模な大衆的実力闘争を打ち抜く力を欠いていた。組織はこれを「調整期」と呼んで、大衆的な形の武装闘争を回避した。他方、毛沢東派のML派や構造改革派系のフロントなどが、渋谷は道玄坂付近で、角材で武装した実力闘争を敢行した。

＊正式名称を「日本マルクス主義学生同盟・中核派中央書記局」といい、中核派学生組織の指

導者集団。メンバーは、主に革共同の学生党員から選出された。革共同には、この学生書記局を指導する「革共同中央学生組織委員会」（ＳＯＢと略称された）が別個にある。

私は、六月の初めから書記局員として、都内の、中核派の影響力が少ない重要大学の宣伝隊副隊長を拝命、東大本郷、上智大学などの構内に入り、「六月安保決戦」と六月四日の革共同集会の参加を呼びかける行動を連日した。六月四日の革共同集会の会場は、何と日比谷野外音楽堂であった。雨天の中にもかかわらず、超満員の大結集であった。首都圏の動員だけで入りきれないほどの参加者を見たことは、いかに当時の中核派に力があったのかを示すものであったろう。六月一四日は、革マル派を除く新左翼全党派の統一戦線の全国集会が開催された。会場の代々木公園は各党派、無党派の人々で埋め尽くされた。現在の代々木公園は、音楽堂のような演壇があるが、当時はそれもなく、やたらと広さが目立つ会場であった。中核派の学生及び反戦労働者の白ヘルメットの隊列は、それだけで万単位をなしていて会場を圧していた。私は、会場で機関紙『前進』の販売隊をしていたが、それは飛ぶように売れたものである。何しろ、最大党派である中核派が何を主張し、どのような行動をとるかは、大きな関心事項であったのは否めなかったから。

安保条約自動延長の日、六月二三日は、街頭でデモ隊の先頭部分数百人が竹竿(*)を持ち、槍衾をつくって機動隊に突撃する実力行動を敢行した。角材や火炎瓶はなく、竹竿という柔軟な手法の実力闘争を貫いたのである。かなりの逮捕者は出したが、罪名は公務執行妨害や威力業務妨害などのレベルにとどまるので、たとえ逮捕されたとしても、組織への打撃は比較的軽微にとどまるからである。

＊竹竿というのは旗をつけた旗竿のことで、普段はデモ行進で竿を立て旗をひらめかせて使うが、機動隊との衝突を企図した時には、旗を竿に巻き付け、竿を水平にして機動隊員の体を突き倒すように使う。角材・鉄パイプや火炎瓶と違ってデモ行進に使うもので、所持していても合法的なので、実力闘争の程度に応じて使い分けていた。

その直後から、革マル派との緊張関係が高まる。彼らは、実力闘争を「革命主義」などと言って非難し、そのような主張をする組織党派を解体すべきだとの理論武装をしていた。街頭でのカンパ活動・『前進』販売活動が、次々と革マル派の実力部隊の襲撃対象となった。通りがかりの多くの人々からのカンパが奪われ、機関紙が奪われ、若しくは使えないものにされてしまったのである。どれだけ悔しい思いをしたことか。この過程私は、都内南部の駒澤大学、武蔵工大の担当オルグの任務配置についていた。

八月三日、歴史的事件が起きる。中核派学生（全学連）は、都内三ヶ所で街頭宣伝活動を実行していた。そのうち渋谷ハチ公前でのわが宣伝隊が、革マル派の学生行動隊（当時恐れも含めて「JAC」(＊)と呼ばれていた）に急襲され、わが部隊は持ちこたえられず潰走した。それで、残りの部隊も含めて池袋駅前にいた部隊に合流した。そこに、たまたま革マル派学生が通りがかり、わが部隊に拘束されて法政大学に連行され、暴力的制裁を受け、死亡にまで至ったものである。いわゆる「海老原死亡事件」である。中核派に殺害の意図はなかったが、「リンチ殺害事件」とされ大きな衝撃を与えた。

＊「ＪＡＣ」というのは、革マル派が自分たちの対他党派戦用の実力行動部隊を「全学連特別行動隊」と称していたのだが、組織内部でそれを「ＪＡＣ」と呼んでいたことからきている。

革マル派は激昂し、その後、中核派のヘルメットをかぶっての偽装襲撃などを繰り返した。我々は大量のけが人を出し、大学や街頭から一掃されかねない状態に追い込まれてしまった。「八・三事件」については、当時の政治局の議題になっただろうが、どのように対処しようとしたのか、知る由もない。方針は、ノーコメントで沈黙を守るということであった。

学生は全都一隊の団子となり、昼は街頭、夜は友好的な他党派の学生寮などに寝る場所を見出す始末であった。この行動は、真夏でもあったので体力的にもきつく、自ら揶揄しながら「死のインパール行軍」などと呼んでいた。「脱落者」も出たが、仕方がなかった。だが、この集団行動を持ちこたえた仲間たちが、翌年に向かっての中心的活動家になるのである。

ほどなく私は、都内の私立大学のオルグとなった。私は、なれない会議の主催や原稿執筆、学内組織化の考察など、初めて、組織する、企画する、執行する、といったことを学んだ気がする。私にとって、この私立大学責任者となった七〇年九月から翌年の夏までは、充実した学園での活動であった、と今でも思っている。この秋、入管法反対の闘争や、他方では一一月のコザ暴動、三島事件など歴史に大きく刻印される事件が連続している。

七一年の二月から三月は、三里塚土地収奪の代執行に対する闘いの現地学生担当になって、一か月滞在した。三里塚闘争の模様については、後述する。

担当した大学に戻った私は、四月から六月にかけて沖縄闘争の準備に取り掛かる。また、この時期は、私の担当大学で新入生が大量に組織に加入し、最大拠点校法政大学に準ずるような動員を実現した。六月は、沖縄闘争の闘い方、位置づけ、戦術をめぐって「宮下派(*)」と分裂し、八派共闘は崩壊する。「宮下派」とは社青同解放派、ブント日向派、構造改革派などから構成されている。六月一五日、明治公園で他の三派などと激突する。この件で行動隊長を任され、解放派を圧倒した私は、指名手配されることになる。当日のデモの逮捕者から、自供者が出たのである。公開手配ではなかったので、手配されていたことは後に知ることになる。

＊七一年六月一五日、全国全共闘、全国反戦主催の沖縄返還協定調印阻止闘争で、中核派と解放派などが衝突、六月一七日の集会は、中核派と第四インターが明治公園、解放派、ブント、フロント、ML派などは渋谷の宮下公園で「分裂」集会を開催したことから、中核派が彼らを「宮下派」と呼ぶようになった。

秋の闘いに向けて沖縄闘争を駆け抜け、夏の全学連大会で議事運営委員を務める。後述するようにこの大会は、女性活動家の仲間たちが、組織内の女性差別を告発し、予定された議事運営をボイコットする行動に出た。議事を一日延長して、四日間継続したが決着を得られず、人事は後回しになる。公然面での活動を控えながら、八月初頭には広島に遠路出張し、佐藤首相の広島訪問阻止闘争を裏から組織し、佐藤糾弾闘争をやり抜いた。朝の式典で、被爆者青年同盟(*)のメンバーが糾弾状を掲げて、佐藤首相に迫る勇敢な闘いをやり抜いた。その後、広島にとどまり広島大学支部の応援を担う。

＊当時、被爆二世の若者を中心に結成された中核派系の大衆組織。

この過程で、解放派との衝突の件で、すでに指名手配になっていたことを知ることになる。全学連大会の続開大会は、八月末。私は全学連新委員長・松尾真さん（京大出身）の下で副委員長を拝命。これが、秋の大闘争の執行部かと思うと、わが身が震えた。と、同時に「やってやるぞ」という気概に、全身が満ちている自分も感じていた。なにしろ、全国で学生活動家の数だけでも千人、動員力数千人の中核派全学連の、中央執行委員にして副委員長である。学生責任者の一言、「頼むよ」で引き受けた私。ついに来てしまったか、が率直な感情である。また、同い年とはいえ、理論的にも、人前の演説でも、私とは比べられないくらい優れていた松尾真委員長の下でやれれば何とかなるだろう、という気持ちもあった。三人体制の副委員長の内、もう二人のメンバーは、大阪大学の仲間、さらに同じ法政大学の学友で三里塚現地駐在の仲間であった。書記長は日大の稲辺教夫さん、書記次長は中央大学法学部の清水勇二さん、情宣部長は横浜国立大学の結柴誠一さん（現杉並区議会議員）。結柴さんは、松尾委員長が「第二の一一月決戦」の渦中、演説が破防法違反として逮捕された後、松尾さんが一年後に保釈されるまでの間、委員長代行の要職を担った。それは、革マル派との党派間戦争の開始の時期と重なっていた。慶応大学の藤本芳樹さんは、共闘部長の大事な配置となった。総勢二〇名ほどからなる中央執行委員会体制を形成した。全員二〇代前半のメンバーで占められた。少年も名を連ねていた。錚々たる顔ぶれであった。

その後、三里塚の第二次強制代執行阻止闘争の責任者として、現地に派遣される。九月のことである。後にえん罪で無期懲役刑を強いられた星野文昭さんと連携しながら、さんざん権力機動隊を実力粉砕する、天を突くような勝利の闘いを担う。その模様は後述したい。指名手配攻撃にさらされていたが、三里塚仮処分反対闘争、三里塚第二次強制代執行阻止闘争などを現地にて闘い、現住建造物放火罪の追加指名手配となった。新聞に手配写真が載る始末で、母親も緊張していたようだ。実家が盗聴されていたのが、彼らの動きで分かった。一〇月、地下活動中、四二度の風邪を患い、目の前が真っ暗になってしまった。身体中に斑点ができ、苦しんだ。寒さの到来が早かったのと、栄養不足が原因だろう。仲間の応援で危機は切り抜けた。転々とシンパの下宿等を頼って、一一月の渋谷闘争となる。

そのまま、公然場面に顔を出せない立場となり、オルグなどをしながら、二年後の七三年夏に逮捕・起訴される。七二年夏の全学連大会にも逮捕覚悟で登場したのだが、公安は気が付かなかったのか、まさか出てくるとは予測できなくて体制をとっていなかったのか、逮捕されなかった。お笑いである。そして七三年夏、ついに逮捕され、現住建造物放火の重罪起訴となる。

わずか四ヶ月の未決生活で保釈された時、組織は革マル派との戦争状態に入っていた。

第五章　地下生活

私は、そのまま非公然生活に入る。裁判出廷は放棄するわけであるから、当然手配の身となる。革マル派との闘いが一切に優先したのである。その後の非公然生活を、子細に記録するわけにはいかない。

非公然生活とは、自分の身を守るために様々な約束事を守らねばならない。偽名を名乗ってアパートを借り、居住する。勤め人を装おうために、決まった時間に外出し、夕方帰宅する、不慣れなスーツに身を包む、等々。また、最寄りの電車駅は使わないようにして、歩きを重視し、できるだけ人々が集まる駅などは避けるようにする。革靴の消耗は激しかった。公安や革マル派の尾行を発見するために、後ろを振り向いて不審な人物がいないかチェックする。我々の歩くコースは、通常の生活者にはありえないような方向や経路をたどるようにしているので、同一人間を数度見たらまず黒（＝尾行者）ということになる。公安はチームで尾行するが、尾行の位置は後だけではない。横を歩いたり、前を歩いたり、すれ違ったりする。したがって、近接した人間の服装と顔を瞬時に記憶し対応しなければならない。アジトから外出するときは、留守中に不審者の侵入が無いかどうかの探知装置を設置した。

体調が悪い時、悪天候の時などは、ついつい省略したやり方になっていたのが、私に関しては言えると思う。なかなか完璧に守れた記憶はない。要は、面倒くさいので、ついつい安易な手法に走ってしまうのである。こんなことを繰り返しながら、少しでも怪しい人間と遭遇したとか、部屋に侵入した形跡があるとか疑った場合は、ただちに撤収し転居するのである。これが、八五年に逮捕されるまでのパターンである。私は、数十回引っ越ししている。一番の短期が一カ月、長いケースでは半年間アジトを維持した。引っ越しの度に礼金などの契約金を取られ、莫大な費用である。周囲とは必ず挨拶する。家の中は、大家さんたちが突然来ることもあるので、いつも掃除をして整頓していた。現在に至るきれい好きは、この経験と獄中規則で身に着けたものである。移転費用や活動生活費は組織から支給されたが、それは、公然面にいる現場労働者の同志たちの党費によって成立っていたのである。生活行動費が底をついたこともある。アジトから逃れたあと、組織との次の連絡がつくまで、昼は歩きっぱなしであったことも多かった。つらい実態であった。

地下生活は、組織によって違ったようだが、私どもの単位に関しては、アジトに一人で居住することを基本としていた。それは大きな意味を持っていた。

組織によっては、二名で居住したりするケースもあったようだ。それは「共同生活」となる。多くの場合、組織の上下関係が共同生活に持ち込まれる。生活とは、思想や政治を離れた側面を必要とする。生活習慣にかかわることでは、人はみんな違う癖を持っているものである。箸の上げ下げが気になることも多い。生活習慣上の少しの違いが大きな問題であるかのように感情が肥大化し、険悪になったりする。上下関係でその違いを統制した場合、少々のことなら気にしないで済むが、肥大化した場合は、暴力問題に発展することが垣間見られた。刃傷沙汰になった場合も少なくない。

ある同志は、同居の指導部から、何かしら問題視され、毎日のように殴打されていたという。その場合、地下生活においては、上部組織に訴える道も閉ざされていた。手紙は点検され、くだんの指導部によって「処理されていた」であろう。社会生活の体験がある場合は、自分の精神を均衡に保つことも可能であるケースが多いが、若い学生がいきなり地下生活に「追い込まれる」場合、特に指名手配された場合、緊張は倍化し、精神的負担は大きなものになる。浅草橋戦闘(*)で指名手配された活動家に、絶望感に支配されて精神的病に陥った事例が見られた。また、経過は詳らかにしないが、自殺した同志もいたと聞いている。

＊一九八五年一一月二九日、国鉄分割・民営化攻撃に反対する動労千葉のストライキに呼応して、中核派部隊数十人がゲリラ的に浅草橋駅を襲撃、火炎瓶で炎上させ総武線を止めた戦闘。中核派内では、同年一〇・二〇三里塚十字路戦闘と併せて一〇・二〇―一一・二九決起として位置づけられている。

　また地下生活は、孤立感との闘いでもある。大部分のケースで、地下活動家は、自分以外の一人若しくは二人ぐらいとの同志としか接触しない場合が多い。孤立感と、権力や革マル派への緊張感と恐怖感との闘いがついて回っている。変事が起きたわけでもないのに、恐怖感が先走って、ちょっとしたアジトをめぐる異変を、権力の動向と誤認してしまうケースも多々あった。

　六〇年代後半、ブラジルのカルロス・マリゲーラの『都市ゲリラ戦争教程』は、都市ゲリラの教本として世界で読まれたが、攻撃技術とは別に、地下行動と生活を維持することは、並々ならぬ高いハードルであった。連合赤軍は、都市圏でのアジトを次々と潰され、行きついた先が山岳拠点であった。後付けで毛沢東の農村根拠地化の日本版と位置付けたが、山岳ゲリラの実態は、都市での地下体制の破綻が原因ではなかったかと推測する。したがって、数十人の活動家が同居したが、同志間での疑心暗鬼にさいなまれて、同志粛清に陥ってしまったものと思われる。狭い世界での共同生活は、容易にそうした疑念の空間を恒常化してしまった。最高指導部の若さは、規律を守れない同志を、いとも簡単に「反革命」とか「スパイ」だとかの規定につなげてしまった。人間を、強さも弱さも含めた存在として、トータルに理解するという包容力に欠けていた。

第六章　逮捕・獄中闘争

話を私に戻すと、地下生活十数年を経て、八五年五月二九日、無念にも関西の芦屋で行動中に逮捕されてしまった。いろいろと公安部の取り調べがあり、弁護士から示された新聞記事などから、警察は私に対して、関西経済界トップ（日向方斉関経連会長・当時）に攻撃を仕掛けていたなどの、でっち上げを企図していたようだ。完全黙秘を貫いて、攻撃を跳ね返した。留置された芦屋署には、学生の激励車・激励隊が外からマイクで励ましてくれた。秋の三里塚闘争を控えて忙しいさなかの学生戦線の同志たちには、ひたすら申し訳ないと思いつつ、感謝の気持を抱いた。当初私は、高級住宅街の窃盗犯とみなされていたようだ。というのは、私の活動中、ちょうど付近で窃盗事件があり、通報により集結した警察の包囲網の中で、「不審者」として逮捕されてしまったためである。逮捕後、私は指紋採取を拒んでいた。それで、警察は、私を逮捕したものの、私が何者であるのかわからなかったというわけだった。窃盗専門の刑事は、私の腕を触って、「筋肉の無いワルだ」と不思議がっていた。プロの窃盗犯というものは、上半身の筋肉が発達しているらしい。結局、警察署内の道場へ連行されて足払い、数人がかりで指紋採取を強行された。

　すると翌日、中核派担当の刑事が県警本部から来署、「ようやく見つけた。飛んで火にいる夏の虫。退官間近かの自分にこんないい贈り物をありがとう」などと言っていた。そして「何をやっていた！」との追及が始まった。取り調べは、常に最低二名で、若いデカは、主任の質問に私の眼、瞳孔がどういう動きをするか鋭いまなざしを送っている。こちらは無表情を決め込む。どなりちらしたい感情を抑えて、我慢する。だが、取り調べと黙秘の対決は私に軍配が上がり、でっち上げ攻撃は断念させた。もっとも公安も筋書きを描けず、人を動揺させる手がかりもなかったので、あらかじめ成算はそんなになかったと思える。取り調べは、たしかに長時間ではあったし、変則的な時間に呼び出したりして私を揺さぶっていたが、私に動ずるものはなかった。七年後自由の身になった後、同志たちから、逮捕に至る経緯について「申し訳なかった」という声がいくつか寄せられたが、それは違う。周辺の同志に何の過失も責任もない。運の悪さと、どんなピンチにあってもそこから脱出できなかった、「単独の力」が無かっただけのことである。ゲリラ戦争とはそういうものであろう。

　結局、保釈逃亡していた二つの件で、裁判が再開された。芦屋署から関東行きの前夜、極秘作戦で東灘署に移動。奪還作戦を警戒した体制で、神戸から東京まで護送されたのである。東京駅に到着したときは、みじめでもなんでもなかった。胸を張って、東京駅構内を移動し、霞が関の東京地検拘禁室に収監、夕方に東京拘置所に送監された。私は、新幹線車中でも、東京駅を移動中の時も、手錠に布をかけることを拒んだ。悪いことをしたわけではない。堂々としていたかった。そして、七一年六月の解放派との党派闘争の件（明治公園）が、裁判案件になっていたため東京地検管轄で、それゆえ東京拘置所に収監された。その後秋口までに、七一年九月の三里塚闘争の裁判に併合され、千葉刑務所拘置支所に移監される。

千葉拘置所移監前の東京拘置所在監中に、同じ学生時代、闘いを共にした荒川碩哉さんから獄中間の文通ルート（*）で手紙が届いた。彼は、七二年の二月ごろ、七一年一一月の渋谷暴動闘争（「第二の一一月」決戦）で事後逮捕されていた。一旦保釈された後、第一審が懲役一四年の有罪となり、そのまま保釈にならずに東拘に閉じ込められていたわけである。私は、芦屋での逮捕からまだ時間があまりたっておらず、失敗の悔しさと不安で悶々としていた。そこに、同志の愛情あふれる激励の手紙が届いたのである。どれほど勇気づけられたか、計り知れなかった。一四年という長期の実刑判決にもかかわらず、その手紙は落ち着いていた。肝が座っていた。一片の手紙は一〇〇年の信頼である。

＊ 未決で勾留中、同じ未決の被告人同士なら（接見禁止が課されていなければ）、獄外の人たちとの文通と同様に、手紙が自由に出せる。

もう一件、東拘移監直後の六月下旬、革マル派との党派間戦争の殺人罪容疑ででっち上げ逮捕され、一審で無罪判決を受けていた富山保信さんが、二審で懲役一〇年の逆転「有罪判決」

となり、東拘に収容されてしまったのである。無理無体な話である。まさに、冤罪事件である。富山さんは、学生時代の書記局同僚であり、刎頸《ふんけい》の友であった。

私が芦屋で逮捕されるまで、地下生活を送る同志たちは、逮捕もされずに活動していたが、前後して、公安警察の探索活動が成果を上げて、次々と逮捕される事件が相次いだ。具体的には秘密にされているが、膨大な数の人員と予算を投入して、アパートローラー作戦を展開し、非公然活動をしている組織をあぶりだしていたのである。摘発逮捕に成果を上げ始めていた。

この件では、妻に大変迷惑をかけた。東京の公安が、長年勤務している会社の経営者に首を斬るように迫った、との話である。メディアにもかなり大きく報道されたから、同僚の眼もあり大変だったと思う。その後の長期獄中闘争も含めて、私の闘いは、妻の存在なくしてあり得なかった。組織との意思疎通ができて、孤立感を少しも持たなかったことが、大きな力になった。妻は、面会で、泣き言ひとついわない気丈さを持っていた。私を不安にさせるようなことは、一切伝えなかった。

とりあえず落ち着いたとはいえ、別件逮捕、フレームアップが横行していたから、いったいどんな別件逮捕があるだろうか、と全身緊張する日々であった。判決はどのくらいになるだろう。何年たったら出獄できるだろうか。それとも一生獄中の人となるのだろうか。それはそれで試練の時であり、どうしたらその試練を乗り越えられるのか、悶々と考えながらの日々であったのも事実である。新しい立件が無かったから、接見禁止がつかず、弁護人はもとより、救援対策部の同志や仲間たちと面会が可能であった。だから精神的には楽であった。忙しい中、時間を割いて面会に来てくれる仲間たちには、心から感謝の念が湧いたものである。

勾留中の八月一二日、新聞が黒塗りでべったりとなった。いったい何が起きたのだろうか、と不安になった。検閲漏れからか、ラジオからニュースが流れる。御巣鷹山に日航機が墜落し、五〇〇人以上の死者を出したというのである。その前にも、日航機は羽田空港で墜落事故を起こしていた。整備の手抜きか何か知らないが、日航に対して腹が立ったのを覚えている。

裁判もまた、政治闘争の一形態である。部署の違う三里塚闘争のひとつの形態である。二件の裁判であるが、メインは三里塚闘争裁判であるから、その闘いの正当性をいかに開陳するか、どう考えても「やむにやまれぬ」闘争手段であったことを強調するべく、知恵を絞ることにした。一九八五年という年は、三里塚二期工事を巡る権力との対決で、緊張状態は最高度に達していた。夏からの、反対派農民を切り崩すための成田用水反対の抵抗闘争に続いて、一〇月二〇日は、中核派全学連の学生たちを中心に大衆的実力闘争が三里塚十字路で盛り上がり、機動隊を散々に蹴散らすという大勝利が勝ち取られた。

その夜、千葉拘置支所に学生たちが次々と逮捕・連行されてきた。深夜まで、ガチャガチャと看守の鍵の音がして、独房を開閉する音が響いていた。いったい、どれだけの人数が逮捕されたのだろう。そうとう大規模に違いないと想像できた。これに興奮しないことがあろうか。若い後輩たちの、逮捕を恐れない勇気のある行動を、歓迎しないことがあろうか。拘置所に連行されたのは、千葉県内の留置所が満員になってしまったからである。拘置所内の運動時、次々と収容者が運動場へ向かう。看守の目が届かない、一瞬の空間ができてしまうことがある。お互いの身分や所属を確かめ合い、もっぱら私が若者たちを激励した。尾形の名前は『前進』などで知れ渡っていたので、皆さんは感激していた。

若い同志たちの多くが起訴され、裁判にかけられた。彼らの裁判が始まると、彼らの接見禁止が解除されたので、収監されている者同士で文通を始め、私は彼らを勇気づけるべく、毎日ペンを握ることにした。相互に勇気づけあったといえよう。「獄中は革命の学校」と称するのも、納得のいく状況を作り出したのである。未決の場合は、発信件数に制限がないから、一日数本は手紙を書いていた。着信も多く、それは、いつも感激に胸が詰まったものである。楽しみの一つになった。同志愛を感じないわけにはいかなかった。

「農地死守・実力闘争は、政府のやり方を見ると、やむにやまれぬ正当な闘争であった」ことを中心に論建てし、裁判をやり抜いた。裁判での証拠調べは、証人が千葉まで来られないというので、出張裁判となる。何と三ヶ所に大移動した。京都、姫路、札幌。新幹線で移動し、それぞれの拘置所の食事や待遇などをチェック。それはそれで、結構な気分晴らしになった。特に札幌への移送は、電車移動で、廃線間際の青函連絡船に乗船できたのはついていた。初めての北海道の初夏六月は、エゾ松の森林が目にも鮮やかで、ただただ見とれてしまった。札幌拘置所の食事も、千葉に負けず劣らず美味しく、ストレスどころではなかった。

判決は双方合わせて、現住建造物放火罪、公務執行妨害罪、威力業務妨害罪を認定され、有罪とされる。刑期は七年数ケ月の実刑であった。丸坊主になり懲役生活をするのかと思うと、やはり憂鬱であった。そしてまた、どの刑務所に収監されるのだろう。未決の待遇の時間稼ぎをするためにいったん控訴し、ほどなくして取り下げて刑が確定する。

一九八七年三月に懲役生活が始まる。移監の前夜に行き先が判明する。新潟刑務所である。新潟刑務所は、再犯・累犯で八年までの短期刑囚向けの施設である。日本海に向いた新潟は、湿気が多く、気温はさほど低くはないが、一日中ゼロ度ぐらいで変わらないという気候である。一日中、どんよりとした鉛色の空である。だから霜焼けになりやすい。耳たぶや指さき、鼻さきが崩れていく。工場には、白色のメンソレータムが常備されていた。

私にとっての一番の試練は、反権力のモチベーションをどうするのかという点にあった。目標は健康の維持、生きて出獄することである。日本の懲役囚はやたらと規則が多い。従わなかったら、「懲罰」で身体を壊してしまう。世界的にも珍しい、拘束力の強い規律重視の行刑制度である。規律を重視しすぎるため、多くの懲役囚が、出獄後社会になじめずに苦労し、またぞろ犯罪を重ねてしまう例が後を絶たない。日本の行刑政策は根本的にまちがっている。政治犯の場合、規律に従うと奴隷根性が出てきて、牙を抜かれてしまうのではないか、という不安がある。規律に従いながら闘争心を確保するには、どうしたらいいのか。看守に対していつも精神的に対峙すること、他方の手段は、「願箋」(*)を度々提出して、当局保安課との対決を作りだすことである。そのように考えた。

＊ 願箋《がんせん》 刑務所生活上のあらゆる処遇に関する不服や異議、改善要求などがあるときは、決められた用紙＝願箋に趣旨を書いて提出し、担当の上級看守と面接して申し入れるという形をとる。一般受刑者は、そうした行動をとることが当局に反発的とみなされ、仮釈放の審査に影響するという恐れからハードルが高くなっている。

願箋は、数十件は提出しただろうか。処遇の改善、看守の処遇に対する抗議の申し入れ等々、別室に行って、数々の申し入れをした。申し入れをやり切ると、心は充実した。特に、一般囚は、言葉が苦手なので、政治犯にいろいろと頼る傾向になる。願箋＝申し入れであるが、「政治犯に与えられた既得権」ともいえ、一般囚が申し入れたりすると、それだけで懲罰にかけられたりすることがあった。

刑の執行には「未決算入(＊)」があり、懲役の残期間は、ちょうど五年であった。算入率は高い方であった。半分の二年半を過ぎたとき、心に余裕ができてきた。あとは下り坂だから。面会は、親族しか許可されなかったが、最初は、妻が毎月のように東京から新潟まで出向いてくれた。感謝この上ないことである。だんだん頻度が少なくなった。私の方から、手紙は小さい字で目いっぱい、書きに書きまくった。とはいっても、刑務所では未決期とは異なり、手紙の発信に厳格な制限があって、当初は月に一回、処遇が「優遇」されていくにつれ二回、三回と増えていったのだが。妻は、仕事で多忙だろうに、毎日のように絵葉書にメッセージを送ってくれた。特に、毎日のように絵葉書が届いたのは、バブル全盛期の妻の欧州旅行の時である。ロマンチック街道の絵葉書は、英気を養うものであった。

＊裁判で懲役刑判決が下されるとき、審理に要した期間から一定の日数を、刑期を済ませたものとみなすやり方があり、それを「未決算入」という。どれくらいの期間を算入するかは、基本的には裁判官の裁量に委ねられる。

刑務所では、原則的に、手紙、面会等の「外部交通」は家族、親族しか許されない。それゆえ、この妻のサポートなくして、私の獄中での闘争は成り立たなかったであろう。獄中における大きな問題は、外界との切断であり、そこから作り出される孤立感である。救援対策部からの機関紙誌の差し入れ、家族からの手紙や面会が、孤立感を封じ込めるのである。政治犯はその点で恵まれている。一般の受刑者は、累犯ともなれば家族から見捨てられ、また特にやくざの幹部でもない限り、組織的なサポートはない。私などは、数ヶ月に一度の面会から戻るとき、冬でも身体がほてっているのがわかる。多くの同囚たちは、休みの時間などに他人の面会の様子を聞きたがる。これは、他人の面会をも通して社会と繋がりたい、娑婆の空気を吸いたい、という欲求の表れだと感じた。

五年の間に三回の法務大臣願箋(＊)を提出した。代理人の末端官僚が派遣されてきて、面接の機会が設けられた。たしか、病気時の対策や歯科の改善などを求めたと記憶している。これの利点は、役人は娑婆の背広を着ていたという点である。すなわち、外界の空気を吸収できるのである。一瞬であるが。彼らは、私を最初に一瞥するだけで、懲役囚の顔を見ずに常に下を向いていた。改善の要求は、かなり経ってから結果を知らされたが、通常通り、「理由なし」として却下された。

＊法務大臣への申し立ては、旧監獄法下では「情願（じょうがん）」と呼ばれていた。文書で法務大臣に提出するやり方と、刑務所にやってくる法務省官僚の「巡閲官」に直接面接して申し出る方法があった。どんなに深刻な人権侵害事案を申し立てても、ほとんど「却下」される形式的なものでしかなかった。

一度だけ懲罰にかけられた。これは新任の担当部長が願箋の多い、即ち要求の多い尾形を嫌ったためで、他所の工場に移すために、些細なことで取り調べにかけて懲罰へと追い込んだためである。以後は教訓化して、看守に対して、慎重さと大胆さを使いこなすことにした。また、何かを申し入れるときに、感情に任せてひきつった表情をするのはダメで、顔つきを抑制する必要を学んだ。

また、楽しんでいい事柄では楽しむこと、リラックスすることを心掛けた。そもそも、私を有罪にすることが不当である、だから有罪にして懲役にぶち込むなどもってのほかというわけであるが、その感情をそのまま獄中の生活の仕方に適用すると、昼夜独居生活（＊）となり、健康上実に厳しい状況に追い込まれる。短期ならそれでもよいが、長期の場合は、力関係を見据えて対処していく必要があるだろう。不当とはいえ、力関係で敗北して逮捕された以上、新たな戦場の到来に、それにふさわしい合法則的な獄中闘争方針を採用すべきであろう。獄中の人となった以上、懲役囚は分類審査という手続きを経て、個人調査を行い、各工場に配置される。政治犯の場合、個人調査を拒否するケースも多い。そうすると、工場への配置が拒否され、もっぱら昼夜独居という過酷な環境に置かれる。すると、昼間も座りっぱなしの単純作業であるから、膝痛や腰痛に悩まされる。デパートの袋張りなどの作業が多い。こういう事情ゆえに、生きて出所の時を迎えることをめざし、分類審査に応じることとしたのである。

＊通常、懲役囚は、昼間は「工場」と呼ばれる集団作業所で働き、就業後は雑居房ないし独居房で生活するが、当局に「反抗的」とか「集団生活に適応しない」などと認定されると、「厳正独居」といわれる昼夜独居房での生活を強いられる。そこでは、他の受刑者との接触もなく、言葉を発する機会も極端になくなったりして、身体を壊したり、拘禁性精神疾患になったりする割合が多くなる。

「懲役労働」、すなわち「強制労働」ではあるが、およそ労働経験のない私には、機械を駆使して加工品を作る作業は、うるものがあった。集中したときは、懲役労働だということも忘れそうになるほどである。モノづくりとは楽しいものである。ミシンで使用する糸巻き＝ボビンケースのある工程を担当し、フライス盤という加工機械を使う作業を担当した。一定の厚さに削っていく作業は、一〇〇分の一ミリ単位の正確さを求められた。フライス盤の調整を怠ると不良品が出る。五〇個から一〇〇個に一個をマイクロメータで厚さ計測をして、微妙な厚さの違いを読み取り、必要ならフライス盤の切削部の位置を調整修正して、品質を上げていくのである。労働とは人の根源にかかわるものなのか、一工程を担っているに過ぎないが、共同作業ででき上がった完成品を見ると、充実感を感じたものである。「疎外された環境の下での有為な労働体験」をした、といえるだろう。

こうして、願箋での直接的抵抗と労働への興味とが、尾形式長期獄中闘争の方法論として確立した。

年一回の運動会は、懲役囚全員がグランドで一堂に会し、工場ごとに点数を競い合う。それは、すごいエネルギーの爆発である。いくら大声を出して応援しても、叱られることはない。大目に見てくれる。運動会の花、工場対抗リレーは、私の所属する第三工場の圧勝であった。私は短距離が得意だったから。二回総合優勝した。それはそれで、命の燃焼となり、ストレスの大いなる発散となった。工場の担当看守部長をみんなで自然に胴上げした。

数ケ月に一度、慰問演芸会がある。超有名どころは来なかったが、何でもやくざが「手配」する場合もあるという。入獄している者に組の幹部がいれば、それなりの歌手などが訪れていた。新潟刑務所では、安倍律子、鶴岡正義と東京ロマンチカとか、『石狩挽歌』をヒットさせた北原ミレイとか、いろいろいて、それは楽しい思いをした。歌謡ショーなど生まれて初めてである。映画会もあり、やくざ連中には、「寅さんシリーズ」が最人気であった。ほぼ全部見たと思う。やくざとは失礼なものである。慰問団が地元の素人の方々の場合はつまらないので、ブーイングが発生する。ブーイングもわからないでもないが。

九〇年ごろだろうか、八五年一一月二九日の浅草橋戦闘（国鉄決戦）で長期実刑八年の確定判決となった、東北大学の後輩同志が、同じ新潟刑務所に下獄してきた。不思議なもので、雑役囚から気の利いた情報が勝手に入ってきた。早速返事のあいさつ。慰問演芸会や運動会では直接対話できた時もあった。どんなに楽しかったことか。私が先に出獄することとなったが、むろん挨拶を送った。

残刑期間も三ヶ月を切ると、もはや勝利感に満ち溢れ、心は急速に外モードに入っていく。理髪の丸坊主仕様は終了して、出る準備が始まる。これを「蓄髪」という。髪を伸ばし始めることである。この時間帯の心地よさといったら、何と言ってよいものか。正月を明日に控えて期待値が高まっていく前日の喜びが、しばらく続くようなものといってよいだろう。仮釈放ではなく、満期出所だから怖いものは無い。看守たちも、当たり障りのない対応になるのが目に見える。残刑期間が次々、毎日毎日少なくなっていくということは、懲役囚の自由の拡大であり、看守の強権的威力、その迫力と権威が削られていく過程である。

釈放一ヶ月前に、ふと脳裏をよぎったのは、「自由に歩きたい」という欲求であった。刑務所では、運動時間以外は、すべて「右、左」の号令のもと軍隊式行進で歩行する。その強烈な統制力は、なるほど「軍隊式」と呼ばれるゆえんである。その代償に、個々への抑圧性は極めて高い。出所による自由は、まず、好きなように歩く、自分のペースとスピードで歩く、その自由を感じたいという欲求であった。

第七章　満期釈放と「新しい党」への試練

一九九二年三月出所の日、獄舎から出た私の胸は、勝利感で満ちあふれ、空気を吸い込み、身体はふわふわふわであった。背中に羽がついてしまったような感覚であった。もっとも今になって考えると、ふわふわしていたのは、突然外界の景色が目に入り、眼がくらくらしてしまったものではなかったかと思う。と同時に去来したものは、再逮捕の緊張であった。釈放と見せかけて何でもいいから逮捕して、精神をめちゃくちゃにすることへの恐れと闘っていた自分がいた。それはそれと開き直ったし、尾形式でやればいいのだと考えると、落ち着けた。そうした私の懸念を払しょくするかのように、私の妻をはじめ仲のよい同志たちの満面の笑みに包まれた。

尾形は、勝利者として労働者人民のもとへ生還したのである。そう一人つぶやいた。

自由の身になったとはいえ、すぐには活動に復帰することができない。通常の活動ができるようにするには、外界での生活に慣れなければならない。そうして、心身ともに一人で生活できるようにする。それを病気になぞらえて「リハビリ期間」という。拘束期間が長ければ長いほど、リハビリ期間も時間がかかる。中核派は、それまでリハビリの考え方が適切とは言えなかった。私は、通常の市民社会での動きができるようになるために時間をかけた。また監獄では不可能であった「英気を養う」ということも、心身の解放には重要である。私の場合、出獄後戸惑ったのは、東京や都会での普通の動きに時間がかかった点がある。およそ七年間の拘束、そんなに長くはないが、都会のシステムはいろいろ変わっているのだ。自動販売機で切符を買うのに時間を要した。テレフォンカードの普及には驚いた。

また、以前から思っていた「自分の歩幅で自由に歩くこと」、そのために長野県の安曇野に出かけ、田舎道を散歩した。雑木林の中に入り込み、ひたすら歩いた。傾斜もあり、木々があったりするので、同一歩調では歩けない。歩幅を狭くしたり、平坦なところでは大きい歩幅で歩いたり、いろいろあるものである。誰かの許可はもはやいらない。一歩いっぽに重みが増してくるのが、何となくわかる。歩調を変えること自体、一つひとつ無意識にできたわけではなく、意識し、意識されて行動が成り立った。三月も下旬というのに、雪降る安曇野の散策。道々の道祖神が迎えてくれているようだ。風雪にめげず生きてきた彼らと対話するたびに、当初は獄中から出られたのは幻ではないのかと疑っていたものが、段々と「娑婆」に出てきたことの真実性が高まっていくのがわかる。雑木林で気持ちがいいのは、枯れ枝を踏んで「ぽきっ」という音を聞いた時である。生命の躍動、自然と人間との対話のように心地よかった。

また、三月下旬、仲間と徳島刑務所に在監中の星野文昭さん（七一年一一月の渋谷暴動闘争ででっち上げ逮捕）を見舞うため徳島に赴きつつ、四国を一周した。高知、四万十川、足摺岬、宇和島市、松山市、今治市、新居浜市、観音寺市などをめぐり、徳島で車を返した。

福島の白河市に出かけ、合宿方式で三週間かけ、車の免許を取得した。人生初めて、これで自分で運転ができると喜びは大きかった。その後、「三里塚闘争会館」に住まい、年末まで長く世話になった。三里塚闘争会館というのは、三里塚現地における中核派の現地最大拠点である。食事などの日常生活面ではすっかり現闘の人々の世話になった。特に、慣熟運転のために車を貸してくれたことはありがたかった。車を借りて練習し、遠出して慣熟しようと時間をかけた。また、反対同盟の農民ともカラオケで遊んだり、いろいろな交流ができた。夏には一人、九十九里浜にでかけ泳ぎを楽しんだが、年を考えればよかったのに、背中を散々焼いてしまい、水泡で苦しむことになってしまった。それはシミとなって今も消えない。大失敗である。

集会にも参加して、政治意識を養うことにした。そこで初めて疑問が湧いてきた。当時恒例であった、三月一四日の革共同集会(*)の参加者が四〇〇人もいなかったことである。あまりの少なさに、仲間に「代表者の出席なのか」と尋ねてしまった。友は首を振った。組織が疲弊したことを思わずにいられなかった。すると、では八〇年代後半は何であったのか、と思考をめぐらさずにはおかない。労働者人民の負託にこたえて、適切かつ正しく闘えたのか、考えざるをえない。九〇年の天皇決戦はどうであったのか。ゲリラ戦争が各所で遂行されたが、三里塚八五年一〇月二〇日型の大衆的武装闘争は見送られたとの印象を持っていた。その時は、まだ、私の中で大きな問題ではなかった。だが、集会の参加人員の少なさを見たとき、大衆的武装闘争をやり抜けるだけの人員が確保できなかったのではないか、それゆえにその戦術は採用しなかったのではないか、と考察した。その原因は何か。武装闘争に対する権力の予防弾圧が激しかったためか。いや、革命党なのだから、そもそも権力の政治弾圧などは想定のうちではないか。たとえ、その困難期に組織人員がそんなに増えることまでは望まないとしても、激減するという事実は、単純に弾圧の結果だけとは考えられない問題がはらまれているように思えた。

＊三月一四日は、七五年のその日、革共同最高指導者であった本多延嘉書記長が暗殺された日で、以降「三・一四革共同集会」は、革共同にとって重要な意味を持つ集会として続けられていた。

仲間たちに質問を浴びせ討論しつつ、自分なりの課題を見つけようとした。

私の獄中での学習の成果は、レーニン全集全巻とマルクス・エンゲルス全集を三分の一程度読破できたことである。特に後者は、一八四〇年代から五〇年代にかけてのドイツでの革命、その主体がプロレタリアートであるとの実態を伝えてくれた。ブルジョアジー、資本家の命脈を握る生産的階級のプロレタリアートという存在は、社会の中核的階級として格別の認識に置かれなくてはならない、という自覚を強く持つことができた。自己の労働力以外に何ものも持たない労働者階級は、同時に「資本家階級に対して、彼らの墓掘人である」というテーゼは、なるほど正しいと再評価した。獄中では、活動を再開したときどこに配置されるかわからないが、できれば労働戦線・地区党で力を発揮したいと、心ひそかに思うようになっていた。

出所後、九一年五月に、党は、路線を武装闘争中心から大衆運動に転換するとの重大なテーゼ＝「五月テーゼ」を出した、と多くの仲間から聞いた。その後、労働運動路線への転換だといわれているこのテーゼは、いまひとつその意味が不透明であった。武装闘争戦略について廃棄するのか縮小するのかはっきりしないし、大衆運動という表現の中でそれが労働運動をどれだけ指しているのか、不明瞭さを残したものだと考えた。私は、十分読み取れなかったようだ。その後も、党の力量を公然面の大衆運動にどれだけ注ぐかについて党の方針は確定せず、九三年の『前進』新年号では、内戦期と同じような武装闘争重視の基調が膨大な紙面を覆っていた。

春頃から活動復帰へのアプローチの過程を経て、九三年秋口、幸運なことに、出身地元の神奈川県党のさる地区委員会責任者の人事を受け取ることになった。現場労働者党員の党への感情は、内戦期にあったような忠誠度の高いものではなかったので、一定の人間関係を形成するまでは、私の方が緊張のしどうしであった。

党の路線問題に対する疑問は、いよいよ強くなっていった。

着任後ほどなくして、「神奈川労働組合交流センター」の担当事務局員の重任を求められ、大変な仕事と思いつつ、覚悟を決め快諾した。またそんなに時間をおかずに、反戦平和運動の大衆的統一戦線である「反戦共同行動委員会」神奈川版組織の党オルグ責任者にもなった。目の回る忙しさになった。それでも充実していた。「労働組合交流センター」に関しては定義論争があった。労働組合そのものか、それとも既成労組内のフラクションなのか、という二つの理解があったが、特に位置づけが明確になったわけではなく、双方の折衷案のような経緯をたどったようである。私の理解は、労働界で総評が解体し連合の一強体制に転じた時代に、闘う労働組合を再興させるためにつくられた、個人加盟中心の公然たるフラクションではないかと考えていた。社会党で言えば、社会主義協会派にあたるものではと捉えていた。単なる学習組織ではなく、行動を伴う組織行動集団である。革共同以外の勢力も加盟していたが、その多くが中核派の労働者党員かそのシンパたちから構成されていた。全国労働組合交流センターは、「革共同中央労働者組織委員会」（「WOB」）(*)が把握して、中核派の産別方針などにもとづいて全国展開した。各県の労組交流センターは、「中央労対」（WOBのこと）の援助と指導、またそれと連携しつつ、各県党が責任を持った。労働運動重視の方針は、党内論争を伴いながらも不可逆的に進んだので、私の任務は重大であった。労働運動の歴史は、一五〇年はあるわけで、何の現場経験もない私が指導性をもって、党の代理人として現場労働者と共同で運営を担うのは無謀とも言えたが、私のライフワークにするとの深い思いがあって、その情熱だけで業務を遂行した。予想された通り、古参の現場労働者に叱られながらの日々であった。労働組合の諸原則や慣習をわかっていない、現場労働者の気持ちへの理解が足りない、などと指摘されながら体重をかけていった。

＊革共同中央労働者組織委員会（ＷＯＢ）は、革共同の労働戦線における最高指導機関。この下に、マルクス主義青年労働者同盟・国鉄労働者委員会など産別ごとの委員会が組織され、ＷＯＢの下に各産別指導が行われる。

神奈川県党は、伝統的に労働者性の強い組織である。鉄鋼、食品、電機などの民間大産別や教組、全逓、自治労など各所に細胞を組織していた。それぞれが、労働運動を熟知している人々である。学ぶことが多かった。党を離れた今でも、彼らに感謝している。着任してから、県内での不当労働行為事件、組合潰しや日の丸・君が代反対闘争の教員の闘いなどにも、独自に取り組むことができた。それら闘争に関与した人々とは、いまでも付き合いがある。

他方で、二〇年に及ぶ軍事重視の路線のなかで、失ったものは大きい。その一つに、労働現場の実態、特に民間大工場での労働実態がわからなくなっていた、ということがある。党は、新しい路線の中で、現場の把握、資本の動向などを再掌握することから始めなければならなかった。九三年、座間市の日産自動車工場閉鎖の大ニュースが飛び込んだ。当然、何らかの形で労働者の権益を防衛するために関与したかったが、手蔓はなかった。ともあれ、座間工場の外部見学制度に応募し、他の仲間と一緒に、組み立て生産ラインを見て回った。いわゆる「トヨタシステム」の現場である。目を見張るような労働実態を現認することができた。生産ラインは時間管理され、ベルトコンベアが所定のスピードで動いて、コンベアの終わるところで車は完成している。また、私は、五〇年代前半の日産自動車での大争議の指導部・全自労の執行委員の経験者を探し出し、インタビューして多くのことを学ぶことができた。労働運動は面白い。労働者は職場や資本の話が好きである。彼らはそれを語るとき、怒りと共に目を輝かせている。心底これで行こうと思った。この路線でやれば、中高年化していた組織に、青年労働者が加入してくるだろうと展望できた。

第八章　「一九全総」と党内路線闘争

「第一九回全国委員会総会」が開催された(＊)。党大会ではない。一九九四年の秋に開催された、と聞く。翌年の初頭に、機関誌『共産主義者』に全文が掲載される。「母なる労働運動に帰っていく」と宣言しているのは歓迎できた。ところが、内戦期の総括が「その勝利の上に立って、新たな挑戦をする」と記述しているのみで、武装闘争、先制的内戦戦略に対する評価と総括が欠如していた。二〇年の内戦を、するっときれいごとにして、やり過ごしているように感じた。地下の軍事部門だけではない。公然面の同志も、財政貢献、人的供給、非公然体制を支える名義調達のための闘いなど、多大な任務を負っていた。二〇年の内戦過程で、党が「極限的に縮小した」(「一九全総」)といえども、なぜそうなったのか、ということについて評価が全くなされなかった。私は、武装闘争を革命の軍事戦略にまで高めたのはプロレタリア革命の本質からいって間違っていた、妥当ではなかった、とすでに感じていた。したがって、内戦期の総括は大いなる疑問であった。これは、政治局への忠誠心にひびを入れかねない大きな問題であった。もっと強く言えば、日本共産党のように歴史を偽造する気か、と。

＊党大会に次ぐ機関会議。当時、党員は、かなり上級の指導部も含めて、一九全総が開催されたことを、事後に知らされた。ほとんどのメンバーは、全国委員会総会といえば、一九六二年の三全総しか知らず、四回から一八回までの全国委員会総会が、いつ、どこで、どんな内容で開催されたのかも知らなかった。同様に、二〇〇一年に開催された第六回党大会についても、事後報告であったが、六六年の第三回大会以降、第四回、第五回大会がいつ、どのように開催されたのかも報告されていなかった。中央指導部による事後説明では、内戦期の軍事的緊張下であったため、秘密裡に少人数で、全国委員会総会、党大会を開催していたという。それにしても、党員にも知らせずに、大会、全総という党の在り方、方向性を決定する機関会議を開催し、その内容すら公表してこなかった党組織とは、いったい誰のため、何のためのものだったのか。

私は、出席している機関会議でその旨発言した。内戦期をどのように価値判断すればよいのか、と。神奈川県党の地区委員長クラスからも少数だが、評価の上に立ちながらも、疑問を呈する意見が相次いだ。私の所属機関より上級の関東地方委員会でも、同様に発言している。中央政治局は、私に対して丁寧な対応をしてくれた。わざわざ個別会議も設定してくれた。機関会議を通してやればいいものを、とも思ったが、感謝の気持ちも出た。だが、その内容は乏しい弁明に満ちていた。つまり「先制的内戦戦略の第二段階でも、国鉄闘争など労働運動は遂行していた」というのである。「だから路線的一貫性は担保されている」、と。それはそうだろう。大衆運動がゼロだったわけではないことは十分知っている。労働運動から引き揚げてしまった訳ではないことは、当然承知していることである。そうではない。問題は、恒常的武装部隊である革命軍のゲリラ戦争と、情勢に対応しての大衆的実力闘争を配置していくことが日本革命を近づける、と信じていたという事柄はどうなのかということである。毛沢東ではないが、「鉄砲から革命が生まれる」という思想に類似した戦略思想を信じて内戦期を闘ったのである。これは、動かしがたい事実である。それゆえに、公然部門の運動を犠牲にして、非公然部門のサポートに回ったのである。

多分、清水丈夫議長にとっては、五月テーゼは、縮小した組織を立て直すための方法論のレベルで語られていたのではないか、との疑問を抑えることができない。私が強調するのもおかしいが、労働運動というものは、あれやこれやの大衆運動の一つではない。労働運動とは、革命の本質にかかわるラディカルなテーマなのである。軍事基軸の革命思想の呪縛から己を解放するために、相当の組織内討論が必要である。そのような切磋琢磨を回避しては、路線転換などできるはずもないのである。

第九章　ソ連の崩壊をどういう姿勢で受け止めるのか

一九九一年に、「社会主義の祖国」ソビエト連邦が崩壊した。ソ連人民の政府への長年にわたる不満の爆発、農業・食糧政策の失敗、工業生産の行き詰まり、はたまた外からのアメリカによる軍事的重圧が二大原因であったと考えられる。総評の解体とソ連の崩壊が近接した時期に現れたことは、偶然であるようでそうでないような気もする。総評は、おおかれ少なかれ社会主義思想を紐帯としていた。スターリン主義であれ、反スターリン主義であれ、社会主義の「根拠」をソ連（ロシア革命）に求めてきたことは事実である。九〇年代の労働者組織の後退、労働組合運動の停滞の背景に、社会主義の「象徴」が地球上から消失したことが、大きな原因の一つとしてあることは否定できないであろう。世界的に資本主義の勝利が謳歌された。

ところが中核派は、ソ連の崩壊はスターリン主義ゆえの当然の崩壊であり、むしろ反スターリン主義の優位性が証明されたかのような言説を張った。スターリン主義も、スターリン主義が社会主義の背教者であると主張する革共同も、核心的部分では類似の観点を持っていた。すなわち、暴力革命、プロレタリア独裁と称するところの一党独裁論、資本の没収廃絶論と資本の国家所有への転化などである。清水議長は、スターリン主義の問題点は「一国社会主義論」であるとしきりに強調するが、それだけではスターリン主義を批判したことにはならないのではないか。清水議長は、「一国社会主義」論を批判する作業をすでに行っていたから、ソ連が崩壊したところで己の立場は微動だにしないというセクト的反応をしたのである。

ソ連の崩壊後、封印されていた歴史資料が公開され始めた。ロシア革命後の農業政策、被抑圧民族政策の反人民的姿が暴露され始めた。その後の農業の強制的集団化、飢餓の問題、労働収容所での有為な人材の死亡などが明らかになってきた。特に、バルト三国対策やポーランドでの第二次大戦下、カティンの森でのポーランド将校の大量虐殺がナチスではなくソ連によって実行されたことが公にされ、衝撃を与えた。アメリカをはじめとする帝国主義諸国は、労働者主体の革命の系譜を徹底的に歴史から消し去るために、ソ連の残虐性を暴き立てた。革共同は、それらの反共攻撃を他人事のように眺め、正当な革命の観点から批判せず、右側の勢力の蹂躙を放置してしまった。

革共同は、崩壊後のロシアの資本主義化政策は、ソ連の七〇年にわたる歴史的岩盤にぶつかって決してうまく行くものではない、したがってロシア革命を引き継いで「第二の革命」(*)をやり遂げるのだ、との論陣をはって、打撃を和らげようとした。いや、和らげようとしたというよりも、反スターリン主義者にはダメージはないだろう、と思い込んでいたと考えられる。なんという政治的不感症か。社会主義の正当性を揺るがしかねない重大な歴史的事実が、ゴルバチョフの「新思考」路線の下で露呈しつつあった。ノーベル賞文学者ソルジェニーツェンの『収容所群島』で暴露された、ソ連社会の反人民的現実が次々と暴かれていった。それは、革命の指導者レーニンの正当性にもかかわるものであった。単にスターリンだけの責任だけではなかった。特に、レーニンがその指導力を発揮していた内戦期に関する新たな事実の暴露は、反スターリン主義の正当性を揺るがすものであった。革共同は、二〇〇八年ごろ、新たな『党の綱領草案』を発表したが、こうした課題に真正面から答えるものではなかった。革共同は、単にゴルバチョフ打倒後のエリツイン体制がうまく行くかどうか、を分析しようとしただけである。

＊革共同は、ソ連の崩壊にあたって、エリツィン政権による資本主義化は、ソ連が蓄積してきた歴史的構造が障害となって決してうまくいかず、ロシアは破局を迎えざるをえないとし、ロシアの混乱状況を突破できるのは、反スターリン主義の「第二革命」だけであり、「第二革命」の好機が到来しているから、「いまこそ反スタ革命に決起せよ」、と主張した。

第一〇章　離党へ

　そして、九〇年代も押し詰まった時期に、政治決戦主義者や差別問題を優位におこうとする政治局指導部が多数派を成したと思われ、彼らは動労千葉包囲網を作ろうとする。口先では労働運動重視を掲げながら、労働運動に真剣に取り組むためには組織の在り方の抜本的変革が必要だと考える労働運動派への包囲網をつくろうとした。他方では、動労千葉・中野委員長が革共同の政治局員に抜擢されるなどしていた。そして、労働運動派とそれに反対するグループとの党内闘争が噴出していた。九〇年代後半、党内の現場労働者細胞にあっては、労働運動路線は圧倒的支持を受けていた。むしろ、労働運動への取り組みが不十分であることへの批判が強かった。その先頭に立っていたのが、動労千葉の中野委員長であった。しかしながら、政治局指導部には、どちらかというと、労働運動への徹底的取り組みに対し、「革命」をあいまいにする「社会民主主義的堕落」だと捉える意見が、多数派を占めていたと思われた。労働運動を、ただ「戦線」のひとつとしてしか捉えられない一部指導部は「政治決戦」を強調して、労働運動への取り組みを徹底化しようとする者たちを「経済主義」と罵倒した。必ずしも政治決戦主義に与する者でなくとも、「血債」を強調する立場から労働運動路線を相対化し、中立的な日和見的態度に終始していたグループも存在していた。

そして、様々な組織手段を駆使して労働運動派を弾圧しようとした、一連の事件が発生する。私にとって、もはや党改革の芽を摘まれたも同然で、組織に留まる必然性は失われたのである。

私は出獄後、動労千葉の中野委員長に大いなる薫陶を受けて、労働者階級の闘いと存在、労働運動と革命の関係について認識を深めてきた。労働者の眼から社会を見ていく考え方を、少しずつ身に着けることができた。中野氏の一言ひとことは、言葉を濁しながらも、明確にその時の革共同の姿への批判であり、どうしたら組織的停滞を突破できるかの「テーゼ」でもあった。この中野委員長との出会いがあってこそ、労働運動を中心とする大衆運動に、過去の私の闘いを結びつけることで、私の人生に晴れ間が射すと思えたものである。時に配慮にみちたやさしさで、時には雷鳴のごとき怒りで。

当時政治局員であった水谷保孝氏と岸宏一氏が近年書き下ろした『革共同政治局の敗北』という著作に、九〇年代末期、編集局内部に三人の「スパイフラクション」ができ上がっていたなる一文があるが、それは、実は中野委員長の影響を受けた優れた同志たちであった。少なくとも、二名には何の落ち度もなかった「事件」である。それを長期にわたって取り調べ、過去の思想問題にまでさかのぼり、何回も何回も文書を書き直させて、自己批判を迫ったのである。取り調べで追及されたのは、スパイ問題ではなく、路線や思想上の問題であり、何か取り調べ対象となるようなものではなかった。一部の政治局員が、強引に、さも自己批判に値するような重大問題が発生したかの如く、「事件」をねつ造したのではないだろうか。組織内の上層指導部に向かっては、明確にスパイ容疑で取り調べていると説明していた。しかし、私の記憶では、党内への公式通達は一度もなかった。両氏が未だにでっち上げ事件を正当化しているとは、ただひたすら驚くばかりである。この件は、でっち上げられ査問を受けた同志が放免された後、政治局の別の人間が謝罪に来たり、病死する間際の中野委員長がその同志に謝罪のメッセージを送っていた、という事実に照らしても、いかに勝手なでっち上げが、路線闘争として行われたのかが明白である。二人の元政治局員は、どちらかというと、相も変わらない政治決戦主義に体重をかけていた人間と思われる。彼らは日頃から、動労千葉の中野委員長の党内での影響力の高まりに不満を漏らし、「地方の一労働組合に過ぎない」などと動労千葉を低める発言をしていた人たちである。本社内の労働運動派であった三人を追放することは、本社中央での中野委員長の影響力をそぐ意味を持っていたのである。正当な理由がないので、側面からスパイ容疑を掛けた次第である。

私は、関東地方委員会委員、またマルクス主義青年労働者同盟・教育労働者委員会のメンバーとして、中野委員長や彼ら三同志に近い立場にあった。身の危険を感じざるを得なかった。九九年、私は自らの生命と存在をかけて革共同から離党した。

ある労働組合との出会い——階級的原点の再確認

離党してからも、運動世界に何らかの関わりを持ってきた経緯には、決定的理由があった。それは、県内での公共企業体関係の労働組合と出会い、支援したことである。

それは、「競走労働組合」という地方公営の競輪・競馬・競艇・オートからなる労働組合である。全国組織は「全国競走労働組合」という。略称は「全競労」と称した。連合発足前は、総評系列の組織である。現在は、自治労の現業評議会に所属している。東日本から西日本にかけて組織網を広げており、組織率のデータはないが、二〇〇〇年ころで五〇パーセントぐらいかと思う。当時は、四三単組で組織されていた。名だたる単組は、首都圏で言えば、取手競輪、松戸競輪、船橋オート、浦和競馬、立川競輪、京王閣競輪、大井競馬、平和島競艇、神奈川競輪競馬（花月園含む）、湘南競輪等々からなり、全国二万五〇〇〇人程で構成されていたと思われる。

労働者の大部分は、「投票所」という賭け券を販売する部署に配置されている人々である。男子もほんの一部いるが、労働者の大部分は家庭を持つ女性労働者である。ある組合の役員選挙で、執行部に批判的な部分が、選挙を取り仕切る執行部から排除されるという、非民主主義的な事件が発生した。立候補する役員候補は、ほぼ投票所＝職場ごとの代表者である。排除された職場のメンバーは納得がいかなかった。何か対策が取れないものかと私に相談があったのが、関わる発端となる。排除された事情は不当なものであったが、特段路線等をめぐって政治的対立があったわけではなかった。しかし、よくよく聞いてみると、排除された四人の立候補者は、たぶんに執行部に不満を鳴らしていた部分だということがわかった。

当面する役員選挙は、立候補を認めさせることとなり、批判派の彼女たちは役員に当選した。このように、組合選挙は、投票所ごとに一名の立候補者を推薦する慣例が支配しており、推薦されて名簿ができ上がると、あとは一斉の信任投票となるというわけである。その職場の立候補代表者を執行部が否認したのであるから、怒りが沸き起こったのもやむを得なかった。

さて、抗議によって、立候補者否認は取り消されて、職場代表の役員を決定することができたものの、やはり「施行《せこう》」と呼ばれる当局の合理化攻撃、労働条件の切り下げが、背景に横たわっていた。批判派の彼女たちは、その点に目を向けていた。どうすれば労働条件の改悪を止めることができるのか、悩んでいた。新しい批判派執行委員は、当局との対決路線を求めていた。しかし、組合執行部からは、処分と圧力が繰り返された。こうした経緯の中で、批判派執行委員が中心となって新しい組合を分離独立してたちあげた。少数組合の形で出発したが、大衆的支持は大きく、依然として単組として闘い抜いている。

攻撃は全分野に及んでいた。新規採用の中止、一日あたりの賃金の切り下げ、一時金の切り下げ、投票所への自動販売機の導入、退職金問題等々。

また、病気死亡災害見舞金、結婚出産祝い金などの切り下げも含まれていた。

全国に目を転じると、闘争戦術は、ストライキ、一斉ビラまき、神社仏閣への籠城座り込み、構内デモンストレーション、大衆団交などが目立っている。ある単組の籠城に対して、切り崩しに来た男性の施行をみるや、彼女たちは恐怖のあまり、体が震え泣き出したという。泣きながらも、切り崩しの企図を阻止しぬいたという。私は、ここに労働者自己解放の姿を見出す。生活者である労働者が、資本家たちに対して牙をむく存在になることとの間には、紙一重しかないのである。

地方公営企業の競走労働者の雇用の定義は何なのか、長年、組合と当局との間で論争してきていた。全国の当局は、経済産業省の一部局が管轄している。競走労働者は、試験に合格し、そのうえで、競輪等の開催日に召集されるという雇用構造である。だから、開催日の多い月は収入も多く、少ない月は収入も減った。こうした関係の中で、彼女たちの雇用身分を、組合は継続雇用の正規職員とし、国側は一般に正規雇用労働者が受け取る様々な労働条件が適用除外される非正規職員との見解をとってきていた。それを、力関係で正規雇用なみの条件に戻していたのは、もっぱら組合の現場での闘いであった。八〇年代は全競労の発展期であった。ちょうど七五年のゼネストが限界にぶつかり、総評に退潮局面が到来していたころ、彼女たちは実力闘争で次々と権利を勝ち取っていたのである。

採用されている人々は、地域の家庭の主婦が大部分であるが、相当数ひとり親家庭の女性も含まれていた。ひと月当たり、およそ九日から一五日ほどしか出勤日が無いので、他に職場をダブルジョブの形で持っている方々も多いのが実情である。

私は、年齢からするとほぼ中年が多い組合活動家が、闘争時に日頃見られない力を発揮していくことに驚きを隠せなかった。活動家たちは、必要ならば深夜にでも会合を持ち、打ち合わせを行った。夕食を作り、やるべきことをやった後に、毎日のように集まり打ち合わせを行っていた。「どうして？　どうして？　なぜ？」と、わかるまで、私に質問を繰り返した。通り一遍の抽象的な言論は、役に立たなかった。私は鍛えられた。当局との膠着状態を打開するために、各県評の資料を読み漁って事例研究をした。戦術研究をした。労働判例を検討した。私にとって、こうした作業は労働基準法をはじめ労働関連法を一から学び直すことと並行していた。そしてレジュメをきり、彼女たちに説明した。

当時、私は小さな会社の社員として働き、夜遅くアパートに帰ってから、こうしたことをやっていた。毎夜毎夜、電話・ファックスで組合員とやり取りをして、土日は現地に出向いて直接議論を繰り返した。こうした中で組合員たちは、私を同じ仲間として受け入れ、私は信頼されるようになったと感じられた。ほとんどのメンバーが、これといった活動歴はなかった。政治意識も、どちらかというと保守的傾向が強かった。普通の働くお母さんであった組合員たちが、自らの力で施行側の攻撃と対決し、労働条件等を守り、自分たちの生活を維持していきながら、同時に、自分たちの直接的利害を超えた他の労働者や社会の諸問題にも目を向け、活動していくようになった。

　こうして彼女たちが、日常の闘いを通して階級意識を養っていくという事実を、目の当たりにしたのである。この彼女たちの姿に接して、私は、あらためて労働者階級の階級的本質に目覚めざるをえなかった。私はこの事実に、理由もなく涙した。

　労働者階級は、自然発生的に資本家たちと対決する戦闘性を保有しているのである。革命の原動力はこの点にある。

　私の個人史において、この経験は三十余年間の革命人生を総括するものであった。こうした経験が、私に、改めて労働者を信頼するとはどういうことか、労働者が持っている根源的な力とは何か、労働（組合）運動がなぜ階級闘争の基軸であるべきか等々、という本質的な事柄を体感的に教えてくれたと断言できる。このことは、離党後の体験とはいえ、私の人生の新しい境地を切り開くような大きな位置を占めている。

第一一章　「革共同という呪縛」から離れて

こうした経過の中で、私は、革共同が、七〇年闘争過程の栄光ある姿から、内戦期とその後の五月テーゼにもとづく路線転換期の長期化の過程を通して零落していった根本要因を探り出すために、タブーとされてきた領域に踏み込んで記述したいと思う。

七〇年世代が追い求めていたものとは、そう、長くても一〇年以内に革命を起こす、起こせるような状況になる、ということであった。しかし一九八〇年が過ぎても、革命には至らなかった。それでも、この世代は情熱を少しも劣化させることなく、権力の転覆を追い求めた。

そして、以来四〇年が経過した。しかし、革命は起こせなかった。

起こせなかったことについては、必ずしもこの世代の罪とはいえないだろう。なぜならば、情熱だけでは、体制の転覆という大それた事業は成し遂げられないからである。問題は、革命党がこの長期の四〇年にわたり、力を後退させ、衰退し、社会的影響力という点では、極小のレベルに落ち込んでしまったことである。この罪は大きい。

しかも、道義的にも、社会的信用という意味合いでは、いったん地に堕ちたものになってしまった。

今日、小林多喜二作『蟹工船』が若者の間でベストセラーになっている。『蟹工船』が読まれることに大いに理由があるのは、ここではそんなに説明を要しないであろう。ようやく、ブルジョアジーというものの、他階級に対する排外的で冷酷な剝き出しの正体が露出するに至った。

しかしながらこの時点で、革命党が、労働者階級のナショナルセンターのひとつも有していないとは、いったいどうしたことだろうか。

すぐる四〇年余の歩みに、大きな問題があるという以外にない。

この疑問に答えるためには、革命的左翼の最大党派である革共同（中核派）の、過去から現在に至る動きに触れる必要がある。

革命党たる革共同が、七〇年時点での勢力の大きさ、六〇年代に形成した労働者階級への端緒的影響力、はたまた指導層の年齢や経験からいって、他の革命的左翼諸派とは比較にならないほどの責任を負っている、といっても過言ではないからである。

本小論第Ⅱ部で明らかにしようとすることは、革共同を含む日本の革命的左翼が、どうして衰退の一途を辿ってきたのかを提示することである。ここでは、その核心部分を指摘できるに過ぎない。大衆運動が成功した七〇年過程以降の運動の特徴は、巷間言われてきているように、党派間戦争と国家権力に対する武装闘争の二つの側面に現れている。社会的には、「内ゲバと暴力」が、大衆から遊離した運動家たちのエゴイズムの典型とされた。運動家当事者は、その評価を意識の低さとみなし、逆に、己の強い使命感を自覚するばかりであった。筆者はもとより、暴力一般を否定する立場には立たない。しかし、単純な受けのよい説明は、時には事実を歪め、また反面真理を宿していることもある、との立場である。そのように考えていくことになる。「内ゲバと暴力」の強調は、違う見方をすることもできる。それは、人民の暴力は絶対に許されない、そんなことに脅かされるのは金輪際ごめんだ、という支配階級の視点である。だから彼らは、積極的に革命的左翼の道義的堕落として、この双方を取り上げて批判した。七〇年闘争の遺産としては、「内ゲバと暴力」、「テロリズム」だけが見えるようにし、他の素晴らしい本質的側面については語らないようにして、歴史から抹殺しようとしたのである。

もうひとつ断っておきたい点がある。「内ゲバと暴力」で、後世の世代から、とかく人間的に腐敗したかのような見方をされることがあるが、決してそういうものではなかった、と自己弁護したい気持ちが強い。運動家たちは、感受性が高く、自分個人の利益よりも、他人や社会全体の公的利益を優先する傾向を持っていた。それは、強者が弱者を迫害した場合は、最も敏感に反応し、自らの危険すら冒して、強者を許そうとしない態度に繋がった。弱者の不幸が社会的必然性によって結果していることを知った時、悩みぬき、解決のために立ち上がろうとした。人倫に反する行いを許容しないという点では、彼らは、誠実な宗教者すら越える自己犠牲を厭わなかったのである。構造的な不正・理不尽を憎悪する感性は、並みのものではない。もちろん、このような人格は歴史上数多く存在していて、七〇年闘争過程の過去においても、二〇一六年の現代においても社会的不正を憎む心は、古来人類史に流れとしてあり、いわば人間として必然的なものであり、どのような人にも程度の差こそあれ宿っているものだ。それを、どのように行動に表すか。世界史は常に、危険を省みず行動に移してきた、勇気ある人々を抱いてきた。七〇年世代の運動家たちも、愚直なほどの誠実さにおいて、歴史の一端に名前を連ねてもよいだろう。彼ら運動家たちは、もとはといえば高潔な人々なのである。自画自賛かもしれないが、青年期の特徴でもある正義感に燃えた人々であった。

その正義感と自己の犠牲を厭わない行動がやまほどあったのに、しかるべき歴史的収穫をもたらさなかったのは、どういうわけだろうか。彼らの思いが遂げられなかったのは何故なのか。

私は、五〇歳になろうとする年に自ら離党した。俗に言えば、戦線からの「脱落逃亡」である。二〇一五年、安保法案の阻止闘争および原発反対の声、さらにまた沖縄は辺野古でのたたかいに多くの同世代が参加し行動しているし、日本帝国主義の「失われた世代」に生を受けた若い人々が闘争の中軸を担うようになってきているこの情勢を見るとき、七〇年闘争とそれ以降の闘いは、ただ否定の対象ではなく、教訓とすべき内容を持っていると考えている。革命的左翼の功罪について摘出することは、一つの役割ではないかと自負している。そのような気持ちで、以下検討していくこととする。

さて以下の小論は、社会主義概念やら、今まで通常左翼の共通思想としてきた政治用語を前提として、考察している。この作業は、本来膨大な作業となる以外にない。とりあえず、最初の作業としては、問題意識の枠組みを示すものにとどまるだろう。

第Ⅱ部 内乱・蜂起をめざした革共同の敗北

第一章　七〇年闘争の胎動

第一節　六〇年安保の総括をめぐって指導者たちはどう考えたか

社会主義革命は、現代においても成し遂げることが可能である。このテーゼを正しいとみなす点では、いわゆる社会民主主義者（かっての社会党）もスターリン主義者（日本では日本共産党）も同じである。しかし、革命的左翼（あるいは「新左翼」という通称）は、前二者が社会主義革命の現実性を既に目標から捨て去っていると、と断罪している。彼らは、口や書面では社会主義をいうが、実際には支配層であるブルジョアジーと妥協している、と。

革命的左翼は、五〇年程前、日本帝国主義がアメリカとの帝国主義間戦争（日米戦争）に完膚なきまでに敗北した後、統治能力に大動揺をきたした戦後激動期（戦後革命的激動期）と、国民的大闘争となった六〇年安保闘争と、二度のチャンスがあったにもかかわらず、社会主義革命が達成されなかったのは、もっぱら労働者人民の指導政党が革命を裏切ったためであると総括し、社会党、共産党に代わって本当に革命をめざす組織として結成された。

革命に背を向けた裏切りには、深い理由があると考えた。革命に背を向けたのは、当時の指導層にたまたま能力が十分でなかったとか、他の偶然とかにあらず、革命への背信は、スターリンによって形作られた、帝国主義との共存理論に根源的に基礎付けられているから、と分析した。日本共産党は、暴力革命を否定し、社会主義を永遠の彼方においやった、と考えたのである。革命的左翼の思想は、革命はブルジョアジーの暴力装置を解体しない限り、どうして労働者への権力の交代が可能なのか、支配のシステムにすぎない議会的手段で労働者権力への移行があるわけないではないか、という特徴をもっていた。しかも、日本共産党が「社会主義の祖国」とあおぐソ連が、一九五六年のハンガリアで政権打倒の労働者の蜂起を武力で鎮圧したこと、また第二次大戦において、帝国主義戦争を内乱に転化せず、連合国側と共同歩調をとったことなどは、彼らが世界革命の敵対勢力になった証明である、との主張につながった。現代世界の抑圧者は、帝国主義とスターリン主義であり、この双方が打倒されない限り、世界社会主義は実現できない、と結論づけた。

なかでも、特に六〇年安保闘争は、国民的規模に膨らんだにもかかわらず、暴力革命思想にもとづいて一斉武装蜂起が組織されなかったために、「壮大なゼロ」に陥ってしまった、まことに無念で許しがたいことではないか、というのが、日本共産党から飛び出て新しい組織と運動体を創造した人々の気持ちであった。革共同、ブント系の人々はそう考えた。

六〇年安保闘争は、明治維新以降かって見たことのない、国民的スケールをもった大衆闘争であった。「アンポハンタイ」というフレーズは、幼児たちのものですらあった。国会周辺の永田町は、およそ一ヶ月の間、デモ隊が制圧し、首相官邸は行動を妨げられた。三〇万から五〇万規模のデモ隊が、国会や永田町を取り囲み制圧したのである。

それも連日である。二〇〇八年のタイ・バンコクの様な状況であった。大衆的憤激を呼び覚ましたものは、安保体制はあの忌わしき戦争と繋がるものであり、再び、日本の再軍備をもたらすものではないか、というところにあった。厳密にいえば、その前年、総評・社会党幹部たちは、安保闘争は警察官職務執行法案反対運動(＊)のようには盛り上がらないとみなしていた。安保闘争は、主に日本共産党から分離した、ブント系からなる全学連が主導した。前年五九年一一月の国会突入闘争から六〇年へ、事態を激変させたのは、五月一九日の岸内閣による強行採決である。戦争と平和問題だけでなく、強行採決は独裁国家を連想させる民主主義の危機、という感情を一気に爆発的に育て上げた。以降、毎日、数十万のデモ隊が国会周辺を制圧した。全学連、総評動員の労働者部隊それぞれは、予定動員を上回る構成員たちの決起に支えられた。

＊　一九五八年、政府は「警察官職務執行法」の改悪案を提案。それは、個人の基本的人権よりも「公共の安全」を優先して、警官に令状なしの捜査や留置を可能とさせるような強権的権限を付与しようとするものであった。それに対して、社会党・総評を中心に、組織人員一〇〇〇万人を擁する「国民会議」を結成して、国民的反対運動を繰り広げた。労働運動団体だけではなくあらゆる種類の諸団体が参加した反対運動の前に、政府・岸内閣は、警職法の改悪を断念せざるを

得なかった。

また、無名の組織されていない市民運動が登場したのも、この時だった。六月一五日、国会に突入しようとして構内で激突が発生し、東大生の樺美智子さんが権力に虐殺された。真相は隠ぺいされたが。憤激は、同情とも相まじりあって最高潮に達した。以降、自然成立まで激動は続いた。

が、しかし、七月に岸内閣が退陣し、池田内閣が低姿勢で、安保の対立を避けつつ「経済で行く」と宣言したころ、運動側の展望は失われた。潮目は変わっていた。但し、次の十年後には何とかしなければというのが、自民党以外全野党の立場であったことは明記したほうがよいだろう。

革命的左翼は、六〇年安保闘争の大高揚は、戦後現代における革命のリアリティーを証拠立てたものだ、との歴史的評価を与えた。そして、それが革命に結びつかなかったのは、暴力革命を綱領とする正しい前衛党が不在だったからだと総括した。日本共産党に代わる前衛党を創ること、彼らはこの課題に全力を挙げることになる。革命的左翼は、革命の問題を、主要には主体形成の問題に理論上組み立てていく。その主体とは、前衛部隊の思想、理論、組織体のあるべき姿はいかに、ということとして語られる。すなわち、先鋭な意識、前衛意識と前衛組織の建設がすべてを解決するという価値観が殊のほか強く自覚されていくと、筆者は感じている。

第二節　七〇年闘争への胎動と大学闘争の席巻

七〇年安保問題を革命の契機にする、これが新旧左翼を問わず共通の目標となっていた。六〇年安保闘争の再来は必至である。当時は、安保問題は国論を二分した最大のテーマであった。安保条約は、米軍基地の存在を公認するのだから、日本国憲法第九条の非戦条項に反する、アメリカの戦争に巻き込まれる、あるいは日本帝国主義の再武装の後ろ盾となっている、といった見解である。この意識は、二一世紀に入った今もなお、国民の半数に強くインプットされたままである。

おりしも、磐石かに見えた戦後体制もドル危機が発現、超大国アメリカがベトナム侵略戦争にのめりこんだまま泥沼化している事態、これらは戦後体制がほころびを見せ始めたもので、革命的左翼にとっては、世界的規模での社会主義革命の時代到来と受け止められた。しかも、ソビエト連邦を盟主とする「社会主義圏」においては、ハンガリーにつづいて、一九六八年に東欧のチェコスロバキアで政治体制の民主化を求める、いわゆる「プラハの春」(*)が花開いた。以前と同じように、ソ連は武力で鎮圧した。この事件は、世界的規模で、抑圧者の一方の存在として、スターリン主義打倒の思想がいっそう流布されていく引き金となる。

＊一九六八年、チェコスロバキア共産党の第一書記が、それまでの親ソ連派から改革派のドゥプチェクに交代。ドゥプチェクの下、政府は「新しい社会主義のモデル」を提起し、党への権力

集中の是正、言論・出版の自由、西側との経済交流の強化等々を打ち出し、労働組合や青年組織が参加して国民的改革運動が進展。この運動を「反ソ的」と見たソ連は、八月、軍事侵攻を強行、チェコスロバキア全土を占領支配した。国民の抵抗を弾圧し、共産党内の改革派を追放して、「親ソ連」政権を復活させた。なお、この改革運動の中で、スロバキアの連邦制が認められ、一九九三年、チェコとスロバキアはそれぞれ独立国家となった。

他方で、一九六七年一〇月、佐藤首相の南ベトナム訪問が、ベトナム戦争への参戦であり、安保体制の一層の強化であるとみなした革共同は、七〇年闘争の序幕として阻止闘争を位置づけ、「実力阻止」のスローガンを掲げて、初めて学生を角材で武装させる。武装警察である機動隊と激突、京都大学学生・山崎博昭君が警棒によって殺されるという衝撃的闘争となる。翌日の新聞は、スポーツ専門誌のタイトルのような大きな見出しで、この事件を報道した。以降、第二次羽田闘争、佐世保での原子力空母エンタープライズ阻止闘争、東京都北区に設けられていた米軍王子野戦病院開設阻止闘争、農地収用反対でたたかう農民を支援する三里塚闘争まで一気に駆け昇る。

前年、新宿駅構内で、米軍ジェット燃料タンク車両が火災事故を起こしてしまっていた。翌六八年一〇月二一日、新宿での米軍燃料タンク車両の輸送阻止闘争は、組織された人々から無党派の人々、多くの市民が、新宿駅東口周辺を占拠する事態にまで発展した。代々木駅で下車した中核派系全学連の部隊は、角材と石を武器に、新宿駅を防衛する機動隊を完全に粉砕するという快挙を成し遂げた。市民は、東口で線路と広場を隔てる大きな塀にひもをかけ、よいしょ、よいしょと、引っ張り倒してしまった。そこで、駅構内に乱入した。そして、「騒乱罪」の適用にまで至る。今思うのは、いったい誰がその丈夫なひもを持ってきたのであろうか。智慧は湧くものである。私を含む反戦高協の高校生部隊は、慎重に行動して地下鉄新宿三丁目駅で下車、新宿通りを行進。デモ隊に道を開け、皆が拍手で迎えてくれたが、道を作るのが大変であった。現在タカノやヨドバシカメラ、紀伊国屋書店や伊勢丹辺りは、行けども、行けども群衆であふれていた。何かが起こることを期待して、手ぐすね引いて待っていたのである。権力は電車の終電時間が近くなる中で、少しずつ減り始めた群衆を見て、一気に騒乱罪を発動し、一斉逮捕に手を付けた。高校生は、その前に「明日は必ず学校に行くように」、という責任者の言葉を受けて解散した。当日は、横浜の自宅まで帰れたのかどうかわからない。でも翌日登校したから、未明にでもたどり着いていたのかもしれない。

流行語となった「暴力学生」というマスコミの論調にもかかわらず、これらの闘争には、多くの労働者市民の同情と支持が集中した。革命的左翼の闘争は、「暴力学生」、「三派全学連」などの表現を取って、初めて社会的勢力として歴史に登場する。

また、沖縄での米軍基地撤去のたたかいは、島ぐるみの規模で高揚していく。沖縄の労働者人民は、職場でも街頭でも、基地撤去の溢れる熱気で島全体を包み込んでいく。当事沖縄は、一九四五年の敗戦以来、米軍民政府の軍政下に置かれていた。五〇年代の基地撤去の島ぐるみ闘争以来、連綿と本土への復帰闘争が闘われていた。

基地体制である安保体制が、揺さぶられる状況となった。いまや、再び六〇年安保闘争を上回る参加規模で、しかも政府に実力で抵抗する流れが定着することになったのである。これは、六〇年の「壮大なゼロ」を乗越える事態ではないかと、その指導部が胸を弾ませたのもやむをえないことであった。なぜならば、街頭で権力への闘争が日常化しただけではなく、大学という教育機関の頂点において、通常の秩序が崩れ、頻繁に機能停止を余儀なくされる状況が重なり合っていたからである。はじめは、日大から東大へ、そして六九年東大バリケード解除時には、歴史に残る安田講堂攻防戦が闘われ、テレビ生中継される。庶民は、固唾を呑んでテレビに食い入り、暴力学生は困ったものだが、プロの弾圧集団である機動隊の乱暴に対しては、口を鳴らし、怒声を浴びせては学生に味方した。投石が群衆の武器であった。当時は、都内中心部の歩道は、一枚が二〇センチほどの正方形の敷石が使われていた。それを起こして割れば、いくらでも投石用のにわか兵器の仕上がりである。

全国の多くの学生が刺激を受け、学園問題の検証をしながら、運動圏に入っていく。今や各大学の学生は、他大学に後れを取ってはならじと競い合うようにして、運動界へと踏み込んでいった。その主要な内容は、学生の自治権の拡大を求めて、サークルや部室の運営の許可制の撤廃や届け出制の問題があった。また、大学が資本の活動と一体となることへの反対、即ち「産学協同路線粉砕（*）」のスローガンはかなり支持を受けたし、大学が侵略戦争の思想的技術的基盤になったり、米軍との協力体制をとったりすることへの反対も、かなりの支持を受けた。東大闘争では、日本物理学会が米国の資金提供を受けたことへの撤回要求も闘いのきっかけになっているようだ（『私の一九六〇年代』山本義隆）。何しろ、日米安保条約体制と日米地位協定のもとで、米国は日本を「アジアでの番犬」にするために、多くの資金を提供している。直接、自民党に選挙資金を与えたし、学会、マスコミなどにも交流と共に資金提供を行っていた（『ＧＨＱの検閲・情報・宣伝工作』山本武利）。フルブライト留学資金制度は、多くの学生が利用して米国への留学を実現しているが、これもそうした全体の「日本飼い慣らし」の一環でもある。さらに、大学紛争のきっかけには、学生処分の撤回なども多く含まれていた。

＊戦後大学は、戦前に軍部に従属した経験を自己批判的に反省して、大学の使命として、真理の追求は、社会の情勢に規制されず、むしろ社会の矛盾に批判的な視点をもって、国民の福祉、生活向上のためになされるべきとの立場に立った。ところが、一九六〇年代に入ると、政府・資本側から、大学の研究は、産業界の要請に応え、寄与すべきとの方向性が打ち出された。それを「産学協同路線」と批判的に捉え、資本のための真理探究、技術開発、技術者供給のための大学になることに反対した。「産学協同路線反対」は、学生だけの主張ではなく、大学教授らを含めた大学全体の意向でもあった。

こうした諸要求は、教授会が大学の三権を事実上独占するあり方（米国等によって与えられたこともあって「ポツダム自治会」と呼ばれた）の否認が含まれていた。いくつかの大学では、バリケード闘争が、大学の主体である学生による自主管理体制の具現であり、当局はそれを承認すべきだとした。また、そのための戦術としてバリケード封鎖、卒業式を阻止することを掲げた大学も多かった。

戦後、大学は、経済学、教育学、歴史学などを中心にして、マルクス主義的傾向に染め抜かれていた。彼ら教授たちは、戦前・戦時に投獄された人、冷や飯を食わされた人もいたが、多くの場合、戦争に協力していた。丸山真男にしてもそうであった。しかし、戦後へと歴史が変貌する中で、彼らはどれだけ反省していたのだろうか。戦後の「主体性」や「転向」をめぐる論争は、そうした性格を持っていた。しかし、それは、痛苦な自己反省につながるものであったかと言えば、あくまでも学会的な論争であった。山本義隆氏が指摘するように、自然科学系など、軍事協力への「けじめ」がなされ、再出発したとは思えないものであった。こうした欺瞞性は、再建された日本共産党系知識人や進歩的文化人たちの拠り所となった戦後民主主義、つまるところ憲法擁護の立場に容易に乗り移ることによって隠ぺいされた。

とはいえ、左翼勢力や進歩的文化人たちは、戦後日本の在り方について、個々には問題が残されているという形で、戦後民主主義の不十分さ、日本社会の前近代性への批判という方向に向かっていたのである。それは、進歩的文化人の軍国主義反動の復活阻止、社会党の護憲主義、前近代性批判、共産党の「対米従属=植民地」といった言論の中で構築されていった。革共同は、この「戦後民主主義への反動」という視点にかなり強い親和性を持っている。別項でも触れているが、革共同の場合は、平時における新たな攻撃を「戦後民主主義の転覆策動」と捉える傾向があり、誇大視されて政治決戦論、革命的情勢接近の論拠とされた。しかし、自民党においても、鳩山内閣、岸信介内閣、中曽根内閣などを除いては、吉田内閣が構築した軽武装・経済通商国家をテーゼとして、階級間融和を成してきたのである。それはそれで、軍事負担から逃れて高度成長の大きな因子を構成してきたのである。

それはともかく、大学闘争は、戦後社会が徐々に示していった生産合理主義、団塊の世代が直面せざるを得なかった大衆的大学、マスプロ教育(*)、果ては何十年も前のノートに依存して講義する教授の不勉強、休講の多さ等々に、大学人の限界を見抜いていた。背景には、農工社会があっという間に工業社会に変貌したその速度の速さに、意識と新しい社会制度が追い付いていないことへの漠然とした不安感があったといえよう。

＊「マスプロ」はマスプロダクション（大量生産）の略で、数百人も入る大教室で一方的な講義を行っていた、当時の大学教育の在り方を、大量生産・大量消費の資本主義の教育版として批判した。

それは、「労働疎外」、「疎外感」という言葉に表現されてもいた。社会全体は、テレビ、電気洗濯機などの「三種の神器」をはじめとして、池田内閣の「所得倍増」方針で、倍増を上回る統計上の効果を記録していた。少なくとも、マルクスがイメージしていたところの「社会の窮乏化」論は適用できなかった。そういう問題ではなく、高度経済成長とともにますます社会の共同体的性格が解体され、それに伴ってあらゆる領域で人間が「モノ」化されていくという現実の中で、人間としての充足感の欠如が批判の対象となった。団塊の世代の人口の多さは、何事にも彼ら世代の発言力を高める社会的力学が働いていたかもしれない。労働現場は、すでに五〇年代後半から、ドイツ、イタリアもそうだが、生産体制における資本構成の高度化・合理化が急速に進んでいた。その頂点で爆発したのが、福岡の三池炭鉱で闘われた、炭鉱労働組合の苛烈な闘争である。六〇年安保闘争と並び称された大闘争であった。エネルギー転換が進み、石油社会に変化していく。生産現場は、高度に管理され、労働者の労働は機械に使われる部品の歯車になっていくばかりで、仕事の充実感は感じられなかった。そのことと、学生の個としての人間性を無視したマスとしての不安感が社会批判として結合し、加えてベトナム戦争への道義的人道的反発が一体として、「人間疎外」とくくられたといってよかろう。貧困と生活不安というよりも「疎外」である。ブルジョアジーには訳が分からなかったであろう。疎外論を展開したマルクスの『経済学・哲学草稿』やサルトルの実存主義の著作がベストセラーになった。高度文明社会をえぐる古典や哲学者、経済学者の文献が愛読された。他方、見方を変えれば、ケインズ型国家独占資本主義体制への批判でもあり、同時に福祉国家には未だ距離のあった時代の疑問と怒りの表明であった。

「疎外された労働」という概念は、ヘーゲルが編み出し、資本主義に固有の矛盾としてマルクスが発展させた。要約すれば、労働過程での疎外ということがある。本来労働は、自己実現として自分を高めるものでありながら、資本主義の下では資本家による搾取の過程として、自分をますますみじめにする位置しか与えられていない。機械製工業は、労働力を労働者が資本家に販売するやいなや、労働が自分の手から離れて、強制労働となる運命にある。それが嫌なら退職することができるが、それは失業への道でしかない。さらに、労働力の販売は、絶えず安く買いたたこうとする資本家の下で、労働者間の競争関係のプロセスの中に置かれている。労働の姿は、本来協同労働であり、他者との有機的関係を構築して社会を人間的にも高めあうものでありながら、逆に競争することで蹴落としあうみじめな環境に置かれてしまう。さらに、疎外された労働は、自己が生産した生産物からも疎外される。生産物は、作れば作るほど一個当たりの価値が減少し、労働力の価値は低められる。労働者は、機械化された工場でより多くの高い価値量をつくりだしているが、それは労働者の賃金と時間のゆとりに使われずに、搾取の強化という方向に収れんされる。こうしてマルクスは、資本主義社会における疎外された労働の本質を明らかにし、さらに労働者窮乏化論を導き出した。しかし、この窮乏化論は、矛盾は噴出していたが、いまだ高度経済成長下にあった当時の国家独占資本主義の社会では妥当性を失った。しかれども、労働疎外という本質的な指摘は、当時も実感をもって受け止められたが、何よりも、今日の社会の実態に適合しているのではないだろうか（以上マルクス『資本論第一巻』『経済学・哲学草稿』）。

さて、社会が高度成長期の中で構築した新しいものへの学生の疑問と不安、怒りは、特に左翼的文化人へと向かう傾向を持っていた。大学には右翼的学者は存在しないも同然であり、伝統的右派は息を潜めていた。学生たちの批判は、きちんと戦前社会に制度としてけじめをつけなかった進歩的文化人をも同時に貫く批判性、いや弾劾性を持っていたのである。マルクス主義大学人も例外ではなかった。「遅れた資本主義を変革していく」という講座派的な議論(*)は、大学の左翼人に影響力を有していたし、人民の民主主義を求める意識にも通底していたが、こうした立場では大学闘争は理解できなかった。ついに、それは大学のバリケード封鎖、自主管理にまで及んだ。

＊戦前、日本社会の性格規定をめぐってマルクス主義者の間で「日本資本主義論争」と呼ばれる論争があり、日本共産党系の「講座派」と呼ばれた人々は、日本の社会を「半封建的地主制」の社会とみなした。そこから、日本での革命は、ブルジョア革命を遂行して社会主義革命に移行するという「二段階革命」論を提唱することになった。戦後の共産党も、日本を独立した帝国主義とは認めずに、アメリカに従属した国だから、当面の革命はブルジョア民主主義革命であるとして「二段階革命」論を継承した。「講座派」と論争した相手方は、「労農派」と呼ばれた。

大学闘争を肯定する立場は、多くの点で講座派的見解と共通性のある、日本共産党の綱領と衝突するものであった。民青（日本共産党の学生青年組織）は、大学闘争を「トロツキストの挑発」といいなして、全面的に敵対した。共産党は、大学闘争全盛の時期、スターリンを批判した新左翼諸派を、スターリンの「一国社会主義論」に反対して「永続革命論」を唱えたトロツキーの「追随者」と規定し、共産党に敵対する存在として反「トロツキスト」運動を大々的に展開した。この点を付け加えておこう。

しかし、大学の自主管理が、社会の一部分での、権力が手を付けにくい特別エリアでのあり方に過ぎないことも事実であった。中核派は、大学闘争の論理構築では後れをとったようだ。そして六八年夏の全学連大会で、「大学を安保粉砕・日本帝国主義打倒の砦に」という位置づけをした。大学だけの解放では革命にはならないので、日本政府への政治闘争の出撃拠点論の立場を取ったと考える。

政治的デモが暴力的に発現する、少し前までは韓国において日常見えた闘争のこの形態は、マスコミの連日のキャンペーンにもかかわらず、彼らを孤立させ鎮静化するのには役にたたなかった。ヘルメット、角材、投石は当たり前の風景となっていた。小坂修平氏によれば「六八年には封鎖・占拠された大学は三九校だったが、六九年には、全国大学三七九大学のうち一六五校で闘争が起こり、封鎖・占拠された大学は一四〇校を数えた」(『思想としての全共闘世代』)としている。この広がりは、大学闘争自身の課題と、春以降に佐藤政権が、「大学の正常化」のために「大学の要請が無くても大学内に機動隊を投入できる」という大学治安立法の制定を開始したことへの反発が含まれていた。

安保政治闘争への傾斜の中で、大学闘争が掲げた理念が薄れていったという見方もあるようだが、だからといって安保・沖縄闘争が否定的に扱われていいということではないだろう。再度明記すると、六〇年代後半の学生の決起の根底には、ベトナム戦争があり、大学の欺瞞があり、さらには「国民的課題の七〇年安保闘争」に対して何かしなければならないという政治的基盤が形成されていて、いわば複合的な要因によって、空前の闘いの高揚を見たと捉えた方がよいと思える。

だが、反革命が強化されるのも政治法則だ。

東大のバリケード封鎖を実力解除した代償として、春から夏にかけて全国の主要大学は学生側によって封鎖された。前述したように、これに対し、当時の佐藤内閣は、大学への直接介入を合法化する法案を成立させ、夏から秋にかけて全国で次々と実力行使、封鎖を解いていった。とりあえず、国家権力の暴力装置は強力であった。

六九年一一月には、佐藤首相がアメリカを訪問、ニクソン大統領と会談して、沖縄の施政権返還をとりつけ、その代わりに核付きにして、従来の沖縄米軍基地は現状のままに固定するという密約を含む協定を合意しようとしていた。これは、国民の神経を逆なでするものであった。このままでは、基地は強化され、安保条約は永遠に固定されるとの危惧が、社共等野党はもとより多くの国民を不安に陥れる。沖縄現地の憤激は、全島に炎となって燃え上がった。

革命的左翼は、すぐる闘いの質的発展の上に立ち、国家権力の暴力装置に頼った政治強行に対して、元来の素朴な実力闘争の形態から、より本格的な武装闘争への移行をめざし、安保条約の自動延長プログラムおよび七一年の沖縄返還協定批准国会に立ち向かおうとした。

あの待ちに待った七〇年六月は、政府が自動延長というかたちでできるだけ焦点を作らせないようにしたということもあるが、「壮大なゼロ」ならぬ、壮大な戦闘的デモで経過していった。たしかに、六月はデモの規模からいえば、七〇年前後で最大のスケールに達した。十数万人が代々木公園に集結していた。

端緒的武装をなしとげた闘争形態を、六月には参加数を威力として見せ付ける戦術にとどめたのは、当時は、前年の激しいたたかいの連続による弾圧で、疲労した組織力を回復させる「調整期」に充てると説明されていた。はたまた、六月は国会的焦点もなく、政府が身をかわしたので、やりにくいという事情もあったと思われる。六月は記念日闘争となったが、参加数は過去最大規模となり、政府を十分威圧した。

話を変える。七〇年安保問題とは、国民的問題であった。議会政党でも、自民党以外はすべて何らかの形で安保綱領を発表していた。公明党は当時、反戦反安保勢力であり「段階的解消」方針、自民党に一番近かった民社党も「安保継続、ただし米軍は有事にのみ駐留」方針、社会党は「安保の条約的廃棄」、共産党は「民主連合政権樹立によって、米政府への条約廃棄の一方的通知」すなわち安保破棄。共産党は、日本における社会主義を主張しており、事実上共産党と社会党の統一戦線によって、社会主義政権を樹立するというプログラムとも重ね合わせていた。この時期から、七〇年代後半まで、地方自治体首長選挙では社共共闘が次々と成功を収め、東京都、大阪府をはじめとして、主要県が連なった。こうしたわけだから、共産党は衆議院選挙における多数派獲得が、平和的手段による社会主義政権の樹立になるものと展望したのである。

こうした政治勢力全体の動向を見るにつけ、革命的左翼、革共同は、いわば「全人民の希望に拠って、自分たちが、政治情勢の決定権を握っている。六〇年闘争で実現できなかったプロレタリア革命への序曲が近い」、と把握するにいたったのである。ロシアの政治史で言えば、一九一七年か、そこまでいうとちょっと主観的に過ぎるので、一九〇五年ぐらいの状況にはなりうるとの見通しを示していた。一九〇五年というのは、帝政ロシア第二の都市モスクワで反ツァーリの大衆蜂起が起き、労働者人民の直接的権力に依拠するソビエトが、権力を掌握した闘いを指す。ソビエトの成立は短命に終わって弾圧されたが、この闘いは「モスクワ蜂起」とも呼ばれ、その後のロシア革命の序章とも、訓練ともいわれて歴史的に位置づけられた。背景には日露戦争があったことも見ておかねばならない。

革共同は七〇闘争への主導権を持っていると思えば思うほど、一層武装闘争に舵を切っていく。武装蜂起の準備訓練の自覚をもって、大衆的参加規模の拡大と武装闘争の質の向上をめざすことになる。

第三節　街頭闘争への労働者部隊の登場

六九年「第一の一一月決戦」、すなわち、佐藤首相訪米反対の大規模な端緒的武装闘争に、革共同指導部は、労働者細胞のメンバーを参加させた。労働者メンバー、その支持者は、機動隊との戦闘行為では、すぐに逃げずに、接近距離で渡り合う大いなる奮闘ぶりを示した。

反戦派労働者は、部分的には実力闘争にも関与したし、動員力では周囲を圧倒する数を誇っていた。反戦青年委員会は、もともと社会党青年局と総評青年部がきたる安保闘争をめざして一九六五年に結成。柔軟な組織として諸党派も受けいれていた。社会主義青年同盟解放派もその中軸として育っていった。首都圏での総評青年部あるいは青年婦人協議会の相当数は、社会主義青年同盟の解放派あるいは協会派の諸君が担っていた（『六〇年代社青同（解放派）私史』樋口圭之介）。中核派も組織参加し、つばぜりあいを演じながら、反戦青年委員会は、政治闘争の高揚局面の担い手となる。革共同の指導下のマルクス主義青年労働者同盟も地区反戦の旗、産別反戦の旗を大量に押し立てて参加していた。革命的左翼のこうした参加で闘いが戦闘化することに、社会党、総評幹部は頭を悩ますことになる。しかし奔流はせき止められない。

反戦派労働者の激しい実力闘争は、武器が素朴なだけで、行動方法や組織形態はあたかも一個の民兵的軍隊の様であった。指導部は、労働者魂が、戦闘現場で学生以上の勇気・気骨を示したのを見て、労働者細胞を計画的に実力闘争に投入することが、党の目標実現にとって有利であることを確信した。

この重大な決断は、やはり近い将来到来するであろう一斉武装蜂起の準備の一環であり、はたまた、労働者階級内部に、体制内社会主義標榜勢力である総評体制を打ち破る革命的細胞を生み出し、もって労働戦線での主流派になっていきたい、との意図にも繋がっていたと思われる。だが問題はそれほど単純ではないと思う。

革共同は、「帝国主義を打倒する労働運動」が労働運動の綱領であったから、労働戦線の民同支配(*)を打ち破る課題を自覚していたことは明瞭である。議会による平和的な社会主義への移行とは異なる、「帝国主義を打倒する労働運動」のスローガンは、ロシア革命をモデルとしていただろう。最終的に、労働者が武力を行使して、武装蜂起する可能性を作り出すことをめざしたスローガンである。このスローガンが、反戦派労働運動の武装決起に根拠を与えることになった。

＊もともとは戦後期労働運動で、共産党系の「産別会議」に対抗して結成された「産別民主化同盟」（民同）が出発点。その後、民同内での主導権争いを経て、左派が主導権を握った。労働組合運動の再編で、総評労働運動の主流派となり、高度経済成長期に賃上げ闘争に傾注した組合運動を牽引してきた。そもそも労働組合運動を、資本と妥協的な右派による支配下に置こうとして結成された民同が、賃上げ闘争を軸に資本と対抗的な運動を担うようになったことを、労働運動界では「鶏からアヒルへ」転化したと称された。

労働者勢力の武装決起は、直接には、逮捕・起訴され裁判にかけられること、資本による解雇を含む処分を招くなど、権力からのリアクションがある。それは、労働現場で長年かけて築き上げてきた、職場組織への破壊作用をもたらす。

そのことも含めて、労働者勢力の街頭武装決起が、労働運動プログラムにおいてどのように十分吟味されたかは謎である。革共同は、一九六二年の第三回全国委員総会決定として、「戦闘的労働運動の防衛と地区党の建設」を政治組織綱領として確立していた。六〇年安保闘争の総括は、労働者階級の中に根を張った組織の建設を求めていたのである。革マル派はこの考え方に強く反発、「大衆運動主義」という非難を投げかけ、分裂するところとなる（革共同の第三次分裂）。革共同は、政治局員自らが地区党建設に日々の努力を傾注し、公務員だけではなく、民間大産業のなかに細胞組織を作り上げていったのである。この手堅い組織戦術が、帝国主義を打倒する労働運動の基盤となるが、武装反戦派を登場させるに当たり、どのように考慮されたのか、しかとしない。六〇年代後半から、社会党総評青年部においても、解放派と呼ばれる新左翼勢力が影響力を強め、革共同の労働者組織も、社会党との有形無形の関連を持っており、他方では社会党総評の指導部は、これら、三派全学連に共鳴する青年労働者の台頭に頭を悩ませていた。なお、当事の社会党は、総評八〇〇万人を基盤にして、衆議院議席を自民党と二分する勢力を有していた。

反戦派労働者のヘルメット姿は、党内外の人々に大いなる感動を与え、直接には権力を震撼させることとなった。家族もちの労働者メンバーの彼ら彼女らが、逮捕も顧みず決起する姿は、大いに人々の心をつかんでしまった。逮捕され、被告となった戦士の職業は、多岐にわたっていた。国鉄、郵便局、今のＮＴＴ、学校の教師、一般公務員、鉄鋼会社、化学産業、造船企業、京浜工業地帯の著名な大工場勤務等々。弾圧があり傷ついたが、革共同、白ヘルメットの道徳的権威は、闘争界にしっかり刻印されることになった。諸派は、学生部隊は組織できたが、労働者の武装した大勢力を登場させることまでは手に及ばなかった。

問題は、このような労働者細胞の動員方法が、労働戦線における勢力拡大に間接的にせよ、つながっていったのかである。街頭での闘いが、労働運動、職場、産別政治の中に、新しい「帝国主義と対決する労働運動」の勢力を拡張していったのか。残念ながらそうはならなかった。それは、後に述べる革マル派との党派間戦争によって困難になったという面はたしかにあるが、それだけで説明できるのだろうか。私は、経歴上、当時の革共同系の労働者細胞が全国的にいかほど建設されていたのか、組合権力にどのくらい近づいていたのか知識を持っていない。ただ、革マル派との党派間戦争に突入後、七〇年代中盤になって、それまで定期的に発行されていた多数の産別の機関誌が休刊に追い込まれ、ついにはマルクス主義青年労働者同盟の中央機関誌である『最前線』すら、七二年を最後に無期休刊に追い込まれたという事情を見るとき、事態は必ずしも展望通りの展開とはならなかった、と推測せざるをえない。権力の弾圧と革マル派との戦争が、いかに労働運動のプログラムをゆがめていったのかが垣間見える。

弾圧された獄中の同僚を守る支援層は存在したし、個人へのシンパシーは少なからずあったといえる。労働運動のOB有志がシンパシーを示したし、学生の街頭行動に共感していた青年労働者は、心情において傷ついた仲間を応援した。が、民同支配に食い込めるような、組織された新しい部分を創造しえたとは、まったくいえない。この肝心のテーマは、街頭闘争との関連だけでは語れないので、ここでは、とりあえずここまでとしたい。

第四節　七一年の転機

反政府闘争を武装闘争の形態によって推進する、との初期的経験を始めてから数年間が過ぎ、転機となるのは七一年である。

この年は、三里塚で農民所有地に対する強制収用が実行される。砦に陣取って抗議し、闘う農民の姿は、全国の人々に強い道徳的衝撃を与えた。何の断りもなく、空港の用向きの土地とするから収用するとは、あまりに理不尽な事ではないか。空港の必要をいう人でも、あの強行策にはただ下を向くしかなかった。三里塚闘争については後述する。

他方では、安保問題の本題である沖縄返還協定交渉がすすみ、協定の調印から秋の批准国会の日程が見えてきた。革共同は調整期を終了して、秋の準備に入りつつあった。沖縄では、返還協定の調印を控えて明らかになった基地体制の維持、即ち本土並みではないことが露呈し、沖縄の人々の憤激をかっていた。五月一九日には、官公労をはじめとしてゼネストが闘われた。全軍労も、ベース各地で封鎖行動に出た。どれだけ大規模で戦闘性に満ちた闘いであったのかは、当時の写真集が出ているから一目見てほしい。

その時、七一年九月、三里塚で全国の耳目を釘付けにした、第二回目の代執行＝強制収用に対する抵抗闘争が始まった。革命的左翼の当時の武装意識と重なり合って、最高の打撃を国家権力に示すとの流れが滔滔と始まっていた。三里塚芝山連合空港反対同盟に身を預けた老婆・大木よねと彼女の居宅に襲い掛かる機動隊は強盗だ、何をもって報復されようとも許される。そしてついに、二〇日の大木よね宅強制収用とは時間が前後するが、九月一六日、強盗行為のために農道を進軍していた神奈川県警機動隊が反対派に待ち伏せ攻撃され、壊滅、機動隊員三名が死亡するという、権力にとっての重大な失態が発生した。軍事のプロ集団が民間の行動隊に敗北するという、前代未聞の事態に遭遇したのである。闘う側にとっては、地の利、人の利が有るとき、強大な敵に対抗できるという素晴らしい教訓を獲得したのである。一般に、軍事論を考察するときの基礎的領域である。

これが、革命的左翼の武装闘争の新たなるイメージとなる。

すでに六九年段階で、ブントから赤軍派が飛び出たときから、国家権力に対抗するには銃や爆弾でなければならいとの戦術的極左派が徐々に跋扈し、治安情勢の一部を構成していた。彼らが、革マル派を除く革命的左翼諸派の戦術選択に少なからぬ影響を与えていたことは、大いに推測できると思う。革共同からみれば、「わが方はブランキストではない。大規模にやる」ということだろうし、赤軍派や黒ヘルグループ（主に無党派系の少数グループで武装闘争を掲げて爆弾闘争を先行的に実践した）からすれば、主流的党派は「結局口先だけ」との皮肉になる。七一年の六月に、返還協定調印反対の大規模デモの最終日、規制に当たっていた機動隊に爆弾が投擲され、多数のけが人が出た。その音量はすさまじく広域に届いたのであるが、これは権力を震撼させ、人民側には衝撃を与えた。しかし、闘う人々はこれも流れと受け入れていく。

赤軍派は、九月三里塚で機動隊が戦闘で敗北死した事件は当初中核派によるものと誤解、逆に革共同指導部は「先を越された」とあせったのではないかとみられる。この事件は、六九年以来、大学や街頭で、機動隊の治安組織に押さえ込まれたため生じていた焦燥感と鬱屈した状況に、風穴を開ける効果をもたらした。勇猛で日夜弾圧訓練に励む機動隊恐るるに足らず、というムードを作り出したといえよう。「機動隊殲滅」のスローガンが闘争界に定着していく。

返還協定批准国会にたいし、首都を制圧するに足る規模のたたかいが準備され、渋谷が戦場に選好される。権力は、集会・デモを一切禁止するという戒厳令を敷いたが、ここでも、戦闘敗北死を強制される。一一月一四日のことである。それに先立つ、一〇日、沖縄では沖縄返還協定阻止のゼネストがまたもや挙行される。与儀公園から繰り出した武装デモ隊の一部は、警察に襲い掛かり、ここで機動隊員が敗北死を強制されていた。

七一年一一月は「第二の一一月決戦」と呼ばれ、戦術のイメージは「暴動闘争」と説明された。組織によって計画された闘争が「暴動」というのも妙な話であるが、当事の雰囲気にはあっていた。

この暴動方針の提起に、世の中は震撼した。松尾全学連委員長は、テレビ東京の特別番組に登場し、ベトナム報道で有名な売れっ子ジャーナリスト大森実との対談をした。松尾委員長は、あらかじめ勝ち誇った様子で大森大先生を圧倒していた。週刊誌も大きく特集を組んでいた。広大な三里塚の大地に全国から集まった人々の無数の闘い、本土復帰・基地撤去を求める一一月一〇日の沖縄ゼネストは、街頭でも激しい衝突を生みだした。首相官邸や羽田空港の占拠でもなく、政治的標的のない渋谷の選択には、多くの群衆との合流で暴動化を作り出す、という戦術的狙いが秘められていた。一一月一四日当日、渋谷のデパートはじめ店という店は閉店していたが、それでも群衆は徐々に夜に向かって街路に集結していた。革共同には、権力機構そのものへの挑戦、権力の支配に空白をつくりだすという戦略上の飛躍がこめられていたというべきだろう。それは、本格的に権力を奪取する闘争へとジャンプする過渡期のイメージであったといえよう。一九日には、日比谷公園で武装決起が行われ、公園内の明治文化の象徴でもあるレストラン「松本楼」が焼き討ちにあった。その後、銀座一帯で機動隊と群衆の激突が繰り返されていた。他方では、権力機構そのものへの挑戦、「機動隊せん滅」を軍事的に達成することが、権力側のいかなるハレーションを引き起こすか、その重大な意味を指導部は十分理解していなかったというべきだろう。まさか星野さんへの死刑求刑があるとは、考えていなかったに違いない。私もそうであった。

しかし、警察機動隊にとって、戦闘行為での敗北死は、その権威を著しく傷つけるもので、彼らは機動隊神話の崩壊を恐れた。現場逮捕できなかったので、事後弾圧は峻烈を極めた。群馬部隊の少年に狙いを定め、虚偽の自白を強制した。そして、星野さんこそ実行行為者との冤罪物語を作り上げ、彼への指名手配攻撃に手を染めたのである。しかし、虚偽の自白であること、自白に何の信用性も任意性もなかったことは、その後の公判廷で当事者たちから明らかにされたのである。裁判所は、なりふり構わずフレームアップに手を染めたのである。その後逮捕された星野さんは、無期刑が確定し、何と四一年間もの間一歩も引かずに徳島刑務所で闘いぬいている。そして、弾圧との闘いのみならず、獄中での絵画の創作活動で、人間社会の何たるかのメッセージを発信し続けている。

「第二の一一月決戦」は、七〇年代前半の新たに飛躍した大衆的武装闘争と対革マル派戦争に連なる歴史の大きな転換点になったのである。

第五節　「連合赤軍」事件と革共同の視点

翌七二年二月、忘れもしない事件に世間は驚愕する。いわゆる「連合赤軍」事件である。連合赤軍とは、赤軍派と、毛沢東の戦略思想を綱領としていた京浜安保共闘が合体した組織である。両者は、七〇年ごろから、有無通じ合って連携行動をとっていた。それぞれ独自に行動し、銃と資金を支配階級から強奪するゲリラ闘争を展開した。そうして、遅くとも七一年後半には、組織上の合体を見たと思われる。

彼らは、首都における激動をにらみながら、独自の準備を続けていた。それは銃の採用であった。都市の展開拠点から追われた彼らは、毛沢東の農村または山岳根拠地論に習うと称して、関東北部山岳地域にロッジをつくり、武装アジトとし、日夜訓練に励んだ。そして、準備ができ次第、情勢も勘案しながら、都市の権力自体に攻め上るという構想を抱いていた。しかし、公安警察の察知するところとなる。アジト生活に極度の緊張が高まり、建前との間で心が揺れるのはやむをえない。主体形成、前衛戦士にふさわしい態度等が強調され、山岳兵士に直接有効でないと思われる個人的要素は、小ブルジョア的な腐敗だとして批判にさらされる。このまま行って大丈夫だろうか。銃を持つことを決意した革命兵士も、人の子である。心の揺れを察知された者は、「総括」と称するリンチに耐えねばならなかった。鍛えてやる。そして、戦争には付き物の、「処刑」云々の諸事件が発生する。生き残った五人は、浅間山荘に人質をとって篭城、機動隊員二名、民間人一名を射殺する。

内部制裁行為の残虐さが、くりかえし強調された。武装左翼のイメージは大いに損なわれた。政府そしてマスコミは、数年間の長期にわたる左翼の暴力が、これ以上の長きにわたり社会に跋扈しないように、これでもかこれでもかと連合赤軍事件の修羅場を暴き立て、それが六八年来の反体制思想の結末、本質だとして攻撃をかけ続けた。マスコミは、彼らの行状を取り挙げては、左翼が到底社会のためだとか自称する資格などないのだと、鬼の首でもとったかのごとく、日本社会に登場した新しい力とトレンドを弾劾した。それまでの旧い左翼も、もう一度自分たちの権威が有力な活動家層の間で復権するかもしれないと思い、このキャンペーンに唱和したのである。

理念や正当性、道義性は、抵抗する側の生命線である。力の弱い者が、強者に対抗するには正当性以外の何があるだろうか。その道義性には、わかりやすさが大切である。この事件は、革命的左翼全体に大きな精神的ダメージとなった。連合赤軍事件については、別の機会に考えてみたい。

しかし、革命の指導部ともなれば、そんな攻撃に骨が折れることはない。革共同は、「銃の時代」を意味深く受け止め、暴力革命のための本当の準備とは何か、をテーマとして熟慮していく。連合赤軍は未熟で大衆と結合しておらず破産した、と言い切る。しかし、革共同の少なからぬ幹部層は、山荘銃撃戦をわが身に重ね合わせて、受け止めた。銃の所持と使用が闘争手段としては、根本的に相容れないということは歴史的にありえない。それどころか、銃は抵抗の手段として世界で採用されてきた。銃を前にして、思考が停止するなどということはありえなかった。それは、よしとしよう。一九世紀からの民衆側の抵抗史は、戦術における銃の登場でもあると言い切ることができる。

こうして、革共同指導部の連合赤軍総括は、革命のプロセスと計画のスタンスに明確にひとつの傾向を与えることになるだろう。すなわち、あくまで、武装闘争の領域において。軍事論から見た革命論の再構成という点において。

それは、七二年の革共同の機関紙『前進』新年号の基調が「人民革命軍、武装遊撃隊を建設せよ(*)」と号令を発したことによく現れている。連合赤軍事件があからさまになる前に発表されたこの新しい軍事路線と、この事件がほとんど同じ時期に世に出たのは、もちろん偶然ではない。その号令は、権力への壮大な実力抵抗ではなく、国家権力の奪取を意識化した戦略への跳躍である。そこには、「計画としての蜂起」という観点が目的意識的に貫かれている。

＊『前進』紙上で公表される以前、七一年末、「人民革命軍、武装遊撃隊を建設せよ」という大号令が党内に発せられ、その建軍路線を解説する小冊子『雲と火の柱』が、非公然文書として党員に配布された。その中で革共同は、対権力の新たな武装闘争の地平を切り開くための武器として銃などを集積せよと呼びかけた。しかし、七一年一二月〜七二年初めにかけて、革マル派による三名の党員の殺害、複数の政治局員への襲撃に直面して、この対権力建軍路線は「修正」され、

対革マル派戦争を最重視する二重対峙・対革マル派戦争路線へと「転換」された。

革共同指導部は次のように考えた。社会主義実現へのプロセスは、「内乱・内戦―蜂起」という形をとる。すなわち、権力打倒の階級闘争は、闘争手段が権力の許容する合法的枠内にとどまることはあり得ず、権力機構との絶えざる内乱・内戦という激しい形をとる。社会を構成する階級は、革命か反革命かの選択を通して社会的に分岐し、そのことが権力奪取の一斉武装蜂起を実行するに足る政治的力量を構成していくもの、と考えられたのである。階級的対立とは、あらかじめ誰と誰の対決と線が見えるように引かれている訳ではない。階級とは、身分ではない。支配階級たるブルジョアジーの統治が安定している時期は、支配層は、労働者階級をはじめとする人民諸階層を政治的にも自分の傘の下に統合している。強制的な手段に手を染めずとも、自由意志による投票で信任されていく。しかしながら、ブルジョアジーの支配に不安定さが芽生え始めると、支配階級も被支階階級も、従来の固定的な関係を失っていく。人々は政治的言動を強めるし、支配者は、以前は穏健であった人民に対して、強圧によって支配者の企図に従わせようとする。それは反発を招き、拒否する諸階層との関係が緊張してくる。階級闘争の主体的現れは、政治的にどちらを支持するかどうかで、明確な一線が敷かれ、しかもそれは、常に動いてやまない。

革共同指導部は、国家権力の暴力装置に対して、攻撃されたら守るのではなく、先に攻めていく内乱や内戦という激しい選択肢こそ、革命の側に階級や諸階層を糾合していくのに有利である、との戦略思想を深めていく。この政治思想こそ、七〇年闘争の最高の獲得物だとみなした。

階級闘争の時々の政治的日程は、帝国主義権力側の政策との関係で決定される。常に政治問題をめぐって、大衆的政治闘争として表れ、革命党はこの中で支持者を獲得し、大衆的力の結集の度合いによって、政治的緊張を作り出すことができる。ここでは、政治、経済、文化等の諸問題は、政治の問題に還元されていく。この政治的緊張の水準が、武装闘争の推進基盤となっていく。人民の暴力と実力という手段によってしか、社会主義革命が実現しないと確信する革命党派の立場に立てば、全国民を巻き込める政治的緊張を作り出して、武装闘争の展開基盤を広くつくる。この立場から政治日程を積算していくのは当然のことになる。政治綱領の実現のために、政治党派が存在するからである。

前文の趣旨からいうと、七〇年安保問題は、社会主義者あるいは共産主義者にとっては、絶好の機会であった。六〇年代中盤、未だ革共同が少数派に甘んじていた時から、安保問題をめぐる国民世論の分裂、国内政治の緊張は、日本革命へのジャンプ台と捉えられた。そのように、たたかいぬき、六〇年安保闘争時の小さな存在を克服し、社会情勢を決められる要因にまで成長したのである。これは、階級闘争の主導勢力となったとの把握につながる。日本の階級闘争は、穏健で合法的な縛りのかかった時代は終了した、という認識へとつながっていくことになる。

しかし、肝心なことは、このような見通しとプログラムは、あくまで国民を二分するような政治的テーマがあり、しかも少なくとも、闘争側の集会や街頭デモ参加規模が、七〇年前後のようなスケールを持続している場合に言えることではないだろうか。

七二年から七三年の国内政治日程は、人民側からみると、安保問題が後景に退き、沖縄の施政権返還が実行されたことによって、一大政治焦点がぼやけたものにならざるを得なかった。政治的激突点は、活動家たちの情勢分析において、理論的に表現される「わかりにくさ」にぶつかったのである。要は、いったん「安保の季節」が過ぎたのであった。しかしながら、革共同は、「第三、第四の一一月決戦」のスローガンを掲げた。しかし、労働者人民側の闘いの気分は、まったく変化していたのである。このスローガンは、うやむやのうちに取り下げられた。メリハリのある総括と分析がなされなかった。本来真剣にまとめなければならない総括は、革マル派との戦争のなかに解消されてしまったのである。

沖縄返還は、自衛隊の沖縄移駐を伴ったこともあり、日本帝国主義の軍事的飛躍の大いなる収穫であったが、しかし、それは沖縄人民の自衛隊移駐に対する拒否、反対の闘いと対決しなければならないという困難があった。反自衛隊の闘いは粘り強く展開された。

他方、田中内閣の小選挙区制度提案は、自民党の独裁的議会支配を狙うものとして、国民の多くは民主主義の危機と受け止めた。小選挙区制度の提案は、日本帝国主義の脱皮を狙うものであった。自由民主党の綱領である憲法改定に必要な数の確保が必要であったし、「経済大国」となったために、新たな日米関係の構築が要請された。また高度成長期の矛盾の噴出と共産党の七二年衆議院選挙での大躍進、社共勢力の増大への対抗等々のために、より強力な権力構造を作る事が必要だったのである。

この提案は頓挫したが、革共同は、提案自体に日本の支配層の反動的陰謀を見抜いた。すなわち七〇年安保の強行に連なって、国内の支配体制を磐石なものとし、もって、武装した帝国主義として再侵略を虎視眈々と狙うものだと定義した。

民主主義は危機に瀕し、民主的な日本国憲法が空洞化していく事態、再び、ファシズム、軍国主義の定義で語られる、戦前戦中の暗黒時代の到来だと思われた。この歴史の逆流に対しては、七〇年安保問題以上の政治の季節が継続的に焦点となるに違いない、と定式化されていく。もはや人民は、自らを守るためには革命をもってするほか方法がないのだ、という認識となっていく。つまり、七〇年代は恒常的に革命の問題が緊迫する時代なのだ、との捉えかたとなる。こうして、革命戦略における軍事問題の占める位置が、インフレ的に増大していく思想基盤が形成されていく。

しかも、一九七三年から七五年にかけての、オイルショックを発端とする世界同時恐慌は、帝国主義ブルジョアジーの破綻である、だから資本主義の命の線が危うくなってきた、と分析された。革共同は、七〇年代はかなり長期にわたり、革命の条件が連続して醸成されていくという時代観を構築するのである。追い風が吹いてきたということである。すなわち、革共同が、七〇闘争過程で端緒的に着手した武装闘争を、日本における暴力革命の実現へと近づけていくより本格的な武装闘争を推進する、という軍事拡大路線への追い風が吹いてきた、という認識を持つにいたる。

第二章　革マル派との党派間戦争

第一節　革マル派は七〇年闘争をどう見ていたのか

この章は、階級闘争の軍事化に関わる党派間戦争と、七〇年代後半以降の動向を述べたい。これまで、記述を敢えて避けてきたものが、革マル派との党派間の戦争である。もともと、七〇年闘争の街頭行動の激しさに否定的であった革マル派は、各所で敵対的行動を繰り返していた。革命的左翼の中の異端児であった。日本の新左翼の作風として、大衆運動の参加規模が大きかったころでも、党派闘争における殴り合いや激突は、日常の風景であった。方針の違いは頻繁に集会での「発言取り」（発言者の決定や発言順序）などをめぐって、腕力が使われた。大学の陣地争いでも、腕力が多用された。腕力は、場合によっては竹竿や角材にもなった。腕力で追放された組織は、展開力を低下もしくは喪失するため、活動家は精神的に消耗していった。こうして、党派間暴力の「有効性」が実証されたかのようである。だから、巷間言われる様に、七〇年代後半からの「内ゲバ」について、七〇年闘争の高揚が終了し、大衆運動が後退したための、少ないパイをめぐる狭量なゲバ、と規定するのは正しくない。しかしながら、革マル派との党派間闘争は、その新左翼世界的な風土の延長では語れない要素をもっていた。

革マル派が新左翼世界の中で異端児であることが公然と見えたのは、東大闘争の頂点をなす、安田講堂攻防戦時に、重要拠点であった建物から、撤退した時点である。しかも、機動隊導入の前夜である。この行為が、「裏切り」「敵前逃亡」として多くの学生大衆から弾劾されたのは、やむをえない。以降ずっと、彼らは単独で政治行動を展開する。

他方、その他の革命的左翼は、八派共闘の陣形で、七一年の六月まで統一行動を繰り返す。八派とは、革共同（中核派）、社会主義青年同盟解放派、共産主義者同盟戦旗派、第四インター、共産主義労働者党などである。

「反帝国主義・反スターリン主義」を綱領としていた革マル派は、対国家権力というよりも、労働運動や学生運動をダメにしているのは、社会民主主義勢力やスターリン主義共産党勢力のみならず、自分たち以外の新左翼勢力であるから、彼らを標的として、党派闘争を積極的に展開し、彼らの陣地が後退したところで自派の組織を伸長させるとの、内部性向を持っていたといえよう(*)。短く言えば、彼らが自分たちの運動を「反スターリン主義運動」と規定していたのも、うなずける話である。つまり、自分たち以外の新旧左翼勢力はスターリン主義であり、彼らを駆逐して、真の「反スターリン主義」である革マル派が唯一の前衛党として左翼勢力を支配するということである。したがって、六八年来の、革命的諸党派の権力に対する実力闘争や戦術における暴力性を苦々しく思っていた。

＊革マル派は、その組織論の中で党派闘争論を位置付けている。すなわち、「大衆運動の革命的前進のただ中での、他党派とのイデオロギー的＝組織的闘い、この大衆運動に従属した党派的なイデオロギー的＝組織的闘いを、はじめの直接的党派闘争との関係では、媒介的党派闘争、あるいは向自的党派闘争の前提を作り出すものとしての即自的党派闘争と位置付け」る、と。ここでの「即自的党派闘争」というのが、他諸派一般が共通認識としている「党派闘争」といえる。だが、革マル派にとって、この「即自的党派闘争」はあくまでも「向自的党派闘争の前提を作り出す」ためのものでしかなく、本来の党派闘争とは「他党派の解体を直接にめざしているという意味で直接的党派闘争、あるいは向自的党派闘争」と呼ばれているものなのである。そのうえで、革マル派にあっては、「暴力は党派闘争に位置づけられる」ものであり、その行使には「組織的判断と党的な目的意識性が必要で」、「革命的暴力による他党派の暴力的解体・変革をめざすのは正義である」と、独自の暴力論を展開する。革マル派には、国家権力に対する暴力論はなく、彼らの「革命的暴力論」は、「他党派解体のための向自的党派闘争」の中に位置づけられるものなのである。

彼らの「革命運動」は、労働者階級のなかに、組織を作ること、社共を批判して革マル派という前衛組織をつくること、これが革命に繋がっていくという考え方であった。労働者階級のなかに組織をつくるという戦術論に間違いがあるわけではない。しかし、その上で組織化した後の戦術に関しては、暴力革命を明確に否定していた。革マル派の計画的行為こそ価値あるもので、それと関連のない大衆闘争は、次元の低い一時的で刹那的な行為に過ぎない、と評価された。筆者は、革命運動とは、前衛党なるものが積極的に牽引車の役割を果たすが、本来陰謀的にではなく、大衆運動として公然と実現されるものだと考える。彼らは、平和的であれ武装的であれ、大衆闘争に根源的な価値を見出していなかった。彼らは、革命へのプロセスを、前衛党＝革マル派の思想的影響力の拡大という面に切り縮める傾向があり、革命運動という巨大な歴史的行為が、大衆運動自体の壮大なエネルギーが革命へと結晶するダイナミックなものだとは考えなかった。七〇年闘争を、革命的左翼の各組織と無党派大衆の有形無形の連関した熱気の総和として捉えることをせず、むしろ七〇年型の大衆エネルギーの爆発を、「反スターリン主義運動」の疎外物と考えたのである。

革マル派の綱領的思想を、筆者は次のように捉えてみた。

党首・黒田寛一の政治哲学には、政治情勢が流動的に前後左右しつつ展開することを歴史のダイナミックだと心を躍らせるよりも、資本主義から社会主義への人類史の移行を、法則的に到達する歴史的必然と捉える思考が濃厚に存在した。その法則の担い手は、労働者人民全体ではなく、その中で、黒田思想にもとづき「プロレタリア的自覚」をもって革マル派組織に合流した者や革マル派組織の影響下にある「先覚者たち」と規定されている。彼らにとって闘争は、黒田思想に近づく内的変革自覚のためのツールに過ぎないというべきであろう。黒田政治哲学は、スターリン主義批判のベクトルを「客観主義」という点で厳しく批判した。その代わり、プロレタリアの主体性の哲学を強調したことで、労働者階級人民が政治や社会思想、価値観を内的精神作用において変革していけば、社会主義に到達しうるものと期待する歴史観を持つこととなったのだと言えよう。よって、スターリン主義の歴史法則としての社会主義必然性の主張と同様の、客観主義に陥ったといえるのではないか。結果的に彼らの歴史観は、古代ローマ社会で三百年の経過の後、キリスト教が皇帝によって公認された過程のように、いわば黒田的意識をもった意識的先覚者である自分たちが、意識の低い人民大衆に、上から教えを施すというような傾向を持たざるを得なかった。ただし、革マル派における客観主義が成立するためには、七〇年闘争という歴史大衆の熱い行動の連鎖と発展、動的な政治の跳躍過程の存在などを排除する必要が生じたのである。大衆の熱い行動は、彼らが確信するところの、前衛的主体の積極的働きかけを媒介とする歴史の法則性を邪魔する敵対物と考えられたのである。革マル派は日本共産党とは別の内容で、七〇年闘争の激動を苦々しく思っていたのだといえよう。

一九三〇年代は、世界恐慌のあおりが欧米日帝国主義を経済的破綻に叩き込んだ。一九一七年のような革命の好機が到来したと思われた。スターリンは、ドイツの社会民主党こそ資本主義体制の防波堤になっていると捉えた。そこで、ヒトラーと闘うよりも、むしろ社会民主主義を「社会ファシズム」と規定し、主要ターゲットとして党派闘争を仕掛けた。黒田寛一の七〇年闘争への敵視にも、このような人民内部のある勢力こそが、自らの革命構想にとって「主要な打倒対象」であるとの考え方が宿っていた。

さて、それでも現実世界に生きる革マル派は闘争界において、実践的に対応せざるをえない。反共産党勢力だとの姿を押し出すためには、激動にある程度対応せざるをえず、ヘルメットをかぶり、時に山場がすぎた後に角材を持って行動し、後宣伝に励んだのである。しかし、左翼内部の党派間闘争になると、彼らは戦闘性を発揮し勇猛であった。

革マル派は、七〇年闘争の過程は、羊頭狗肉の政策をとらざるをえなかった。自称革命的左翼は、数年の間逮捕者も少なく、十分に組織力を温存することができていた。

第二節　革マル派による「中核派解体作戦」の発動と革共同指導部の対応

他党派を解体するという目標に独特の哲学で価値を見出していた革マル派は、七一年年末から、総攻撃を革共同に対して開始する。革共同は、七一年一一月の激闘で多くの逮捕者を抱えていた。それよりも問題は、革共同に敵対的な革マル派が、徹底して全面戦争に訴えてくることを予測していなかったことである。この日のために、革マル派、その統帥・黒田寛一は、数年かけて攻撃の準備をしていたといわれている。「戦略的奇襲」というものである。革共同は防戦に追われ、革マル派の襲撃作戦から、組織の構成員を守ることに専念せざるを得なくなる。以降、七六年までおよそ二〇人をこえる指導者、活動家が殺害された。追うようにして、解放派が革マル派との党派間戦争に突入する。
その経過をつぶさに追うことはやめにするが素描しておこう。
七〇年八月、中核派による革マル派学生海老原の殺害
七一年夏以降、海老原殺害への報復として法政大学が繰り返し襲撃され重傷者多数
七一年一〇月、革マル派による中核派系自治会室等の公然拠点に対する襲撃事件が頻発
七一年一〇月、横浜国立大学寮で革マル派専門学校生の殺害
七一年一二月、関西大学、三重大学で中核派幹部三人の殺害
七二年一～二月、革共同政治局員に対する連続襲撃
七二年一一月、早稲田大学で中核派シンパの川口大三郎君殺害
七二年～七三年、「川口君」事件を機に、革マル派による早稲田大学支配の打破を求めて無党派層を中心にした「早稲田解放闘争」が高揚
七三年七月、池袋の中核派公然拠点地域に大規模襲撃
七三年九月、革マル派が神奈川大学の解放派を襲撃したが、反撃により革マル派学生二人が死亡
七三年九月、中核派、反撃開始で「戦略的対峙段階を戦取」と宣言
七三年一〇月、池袋の中核派公然拠点地域に再び大規模な襲撃
七三年一二月、革共同集会の解散過程の集団行動を革マル派が襲撃、大規模な反撃で撃退

七四年一月、中核派の機関紙『前進』印刷所を革マル派が襲撃。印刷所の使用不可となる
七四年一月以降、中核派の反撃戦本格的に開始、横浜国立大学、東京世田谷区で革マル派学生三人殺害
七四年五月、法政大学前の路上で中核派労働者幹部が集団行動中に殺害される
七四年八月、革共同「革マル派への総反攻宣言」、革マル派は対中核派解体戦争を「権力の走狗一掃の闘い」と規定し、中核派の襲撃を「権力の謀略」と称す
七五年三月、革共同本多書記長が殺害される
七五年三月以降、革共同による書記長殺害への報復戦が頻発
七五年三月二八日、革マル派「党派闘争の一方的停止宣言」
七五年六月、大阪市立大学で革マル派学生三人殺害
七五年六月、左翼系文化人らによる、両派への「内ゲバ停止の提言」、中核派拒否
七六年二月、中核派のマルクス主義青年労働者同盟議長、反戦青年委員会世話人の橋本氏が殺害される
七〇年代後半、双方激しいテロリズム合戦
七七年二月、社青同解放派、最高幹部中原氏が殺害された件を機に対革マル派戦争に本格参戦
八〇年一〇月、東京工業大学附近の路上で革マル派学生五人が殺害される

八六年一月、京都大学で中核派学生殺害

以降件数は少なくなるが、九〇年代初頭まで双方の襲撃事件が続いた。特に、八〇年代前半ごろから労働戦線での党派間戦争が頻発。中核派は特に、旧動労系のＪＲ総連の革マル派メンバーを標的にした。

七〇年の八月に発生した「海老原事件」に触れる必要があるだろう。たしかに六月の大闘争の後、組織を温存して力を蓄えた革マル派学生部隊は、中核派の街頭行動に襲撃を繰り返した。それは、全国動向となっていた。その中で、池袋駅前を通過した革マル派活動家海老原が中核派に捕獲され、尋問を受ける過程で死に至らしめられた。ついにここまで来てしまったかと思えたが、中核派の大半は革マル派への怒りに燃えており、やむをえないものと自己咀嚼していた。中核派政治局が、この事態をどう考えたのか不明であるが、「沈黙」で答えた。

革マル派の理論が「他党派解体のための党派闘争論」を持っていたとしても、それがどれだけ激しいものになるかは経験の法則、憎悪の感情の蓄積が規定する。革共同指導部は、海老原の死に対して、革マル派に申し開きすることも謝罪することもなく、当時の両派関係の雰囲気にのまれて沈黙してやり過ごそうとした。筆者は、この事件について、政治局がどのような検討をしたのか知りえない。しかし下ろされた方針は、社会に対して沈黙を通すことであった。これは革マル派から見れば、卑劣この上ない態度と思えた。この時点から、いやもしかしたら革マル派のことであるから、もう少し前からかもしれないが、軍事的攻勢に出る準備を始めたのではないだろうか。七一年の一〇月、横浜国立大学の寮で、革マル派の専門学校生が中核派によって殺された。以降いたるところで衝突があり、革マル派は、七一年の「第二の一一月」の直後の一二月四日に、関西大学で意識的な殺害テロリズムを行使してきたのである。この日、大学闘争を闘っていた同志のうち、指導者二名が殺された。同月一五日には、三重県でビラまき中の革共同三重県委員長が襲われて殺された。そのあと、戦略的に準備していた先行有利性を活かして、革共同の政治局員への攻撃をはじめ、下宿、事務所、個人の居宅、街頭闘争などに次々と襲撃を仕掛けた。中核派は負け続けた。

革共同指導部は、この予測できなかった事態をどう乗り越えようとしたのか。一年半を超える防御戦のなかで、革マル派との党派間戦争の意味を検討し、対抗できるに足る組織的配置を整え、報復の全面戦争に打って出る。以前は、革共同の革マル派に関する性格規定は「右翼メンシェビキ」というものであった。いわば、マルクスを語り顔つきは左翼だが、実際にはロシア革命の時のように、暴力革命には反対する、イメージとしては、「日和見主義」といったところである。革共同は、この定義を変更する。性格規定は、「民間反革命」となった。それを表現するものとして、革共同機関紙『前進』では従来の「革マル」という表記から「カクマル」へと変更された。反革命とは権力だけではない。権力者以外の民間人の間にも、様々な党派があり、右翼は革命反対だが、左翼の中にも実践的に、革命に反対する組織が発生した、という対象分析である。革マル派も街頭実力闘争、端緒的武装闘争を評して「革命主義」「武装蜂起妄想主義」と悪罵した。特に、革共同が権力との度重なる戦闘で、疲れているときを狙ったために、革共同からすれば、権力と一体となって、革命の陣地を襲撃してきたものと判断されたのである。革マル派は「権力は（中核派の）首根っこを押さえているにすぎないけれども、わが革マル派は中核派の下の急所を握っている」（革マル派機関紙『解放』）と豪語した。

革共同は、革マル派も同じ左翼だが方針が違うために争っている、という関係ではなく、革マル派は左翼の外に出た、と定義したのである。こうして、大衆闘争は、常に対革マル派戦の観点から計画された。集団と集団が公然とぶつかる形態もあるが、主要には両者とも少数の非公然部隊が、相手の拠点やアジトを急襲する形をとった。

革共同指導部は、七〇年闘争の経過とこの新たな党派間戦争を融合する戦略構想を打ち出し、二つの敵との闘い、すなわち「二重対峙・対カクマル戦争」論をテーゼとする。ブルジョア国家権力を打ち倒すことが本来の使命である革命的左翼が、別の党派からの攻撃をしのぎ排除するために、組織の総力を投入しなければならないという矛盾をどう解決するのか、この疑問への回答がこの指導路線であった。七〇年代革命の端緒にいる革命派にとって、革マル派との戦争はネガティブなものではなく、むしろプラスに貢献するものだという考え方をとったのである。したがって、革マル派を心置きなく撃つべし、とした。党派間戦争と権力打倒の闘いが一体化を見たのである。そして、当面は激しく迫る目の前の敵＝革マル派との戦争を重点方針としていく。

七二年一一月には、革マル派の最大拠点大学・早稲田大学で、中核派シンパの川口大三郎君が革マル派に拉致され殺害された。この事件は、早稲田大学の学生レベルでは無党派の学生に対する行為として大衆的憤激を巻き起こした。各学部には行動委員会が結成され、あたかも全共闘運動の時季外れの再来のように、大衆的高揚を見た。中核派をはじめ各党派も介入したが、党派は手助けしてくれる限りにおいて一緒に闘えたが、あまり歓迎されていないことは明らかだった。翌年夏ごろまで革マル派の早稲田支配からの解放闘争は続いたが、そのうち収束をみた。事態は、党派と党派の全面党派間戦争に収れんしていったのである。

七五年に革共同の最高指導者である本多延嘉書記長が、革マル派の巧妙で陰険な作戦によって殺害される。生き残った最高指導部は、革マル派との党派間戦争に関する認識が甘かったことを痛切に反省した。革マル派が七〇年のころ、一般に「日和見主義」呼ばわりされていた捉え方を超えていなかったのではないか、国家権力との闘いには、よきにつけ悪しきにつけ民主主義と法律の枠がかかっているが、革マル派との関係にもそのような共通確認があるとの甘い考えがあったのではないか、という反省である。左翼の理念を語り、人民の代表のような姿をとって、革命的左翼の陣地に住む存在が、権力よりも非情で徹底した手段で、革命を掲げるわが存在を滅ぼすために全力を傾けるのか。それは、既存の政治学では解明できない現象であろう。仮にも革命を掲げる組織なら、同じ左翼で綱領の違う党派に対してほどほどの攻撃にとどまるのではないか、という闘争観から脱皮できていなかったのではないか。指導部は、知恵、先例を総動員して、革マル派との党派間戦争を改めて見直すような理論形成をめざす。

革マル派は、革共同の本多書記長殺害の直後、左翼系文化人を押し立てて「党派闘争の一方的停止」を提案してきたが、革共同に一蹴されたのは、その時点ではやむをえない。党首の首を取られて、党派間戦争をやめるという選択肢はないだろう。タイミングが悪すぎた。

その後、党派間戦争は、革マル派と解放派の党派間戦争にも飛び火しつつ、およそ一五年以上続いた。

この長期にして激しい党派間戦争は、世間では「内ゲバ」といわれた。

革共同指導部は、革マル派を、七〇年闘争を苦々しく観察していた者が、いよいよ革命がリアリティーを帯びてきた時代の趨勢に耐えられなくなって、敵対行動に出てきた存在と考えた。類似の政治現象が、ドイツにおける社会主義革命におびえたナチス、「社会主義の祖国」ソ連防衛という独自利害から、三〇年代にスペインなどで革命を圧殺したスターリンになぞらえられた。半世紀ほど前の時代、欧州は世界恐慌によって経済が破綻し、ブルジョアジーやいわゆる保守勢力が人民の信任を失うこととなっていた。ナチスは、ヒトラーというカリスマ的人物を首領に抱く組織であるが、特徴はブルジョア的保守政党を無力なものだとして攻撃し、かつドイツ共産党をはじめとした左翼勢力をも、街頭や労働者人民の拠点で攻め立てた。その組織は、大衆運動で目的を果たそうとした。伝統的な保守層は権威を失っていた。ドイツ共産党もナチスも、ブルジョア的な既成の秩序を攻撃する点では同じであった。これに対して、革マル派も「革命」「プロレタリアート」を掲げ、左翼の姿をとって、他派への襲撃を繰り返した。たしかに、この点で類似性があるが、後に述べるように、単純にナチスと同列に論じることは早計である。

さらに革マル派の思想には、ナチスのユダヤ人迫害に見られるアーリア民族至上主義思想との共通性もある。というのは、革マル派は、戦前からの日本左翼の理論水準を世界に冠たるものと見る傾向があり、黒田政治哲学をその最高の到達物だと見ていた。重工業国に発展した日本社会における労働者階級は、黒田哲学のフィルターによって観念的に透視されて、「誇るべき存在」だと美化される。彼らが統制していた動力車労組がそのモデルだったと言えよう。この思考回路には、必然的に、かつ無自覚に日本民族の労働者階級を、世界の中で一段上に置く見方が宿っていた。革マル派は、マルクスと左翼の言葉によって、日本人の民族性を密かに称える深層心理を内在することとなったのである。したがって、革マル派は、被抑圧民族や被差別階層の闘いを蔑視した。いわんや、在日アジア人民が、日本プロレタリアートを糾弾することなど許せるわけがなかった。こうした革マル派を見て、革共同指導部は、革マル派の役割や性格を、あたかも三〇年代のナチス、スターリンのそれと同類だとみなしたのである。

革マル派副議長の松崎明は、動労東京地本を拠点に巨大な動労組織を掌握していた。自身、七〇年代には、東京地本の青年部長から親組織の委員長にまで就任していた。ところで、公務員のスト権奪還はＩＬＯ勧告もあり、総評の悲願であった。七五年一一～一二月、総評はゼネストを打ち抜いた。国鉄、私鉄、バス、民間労組もストライキに加わった。交通機関が機能マヒに陥った。いわゆる「スト権スト」である。だが、政府に譲歩させることはできなかった。松崎は敗北感に陥り、以降、急速に当局にすり寄り、貨物合理化賛成からスト権を事実上放棄するなどした。また貨物合理化をめぐっては、中核派の影響力が強かった動労千葉との間で厳しい内部対立をかかえることになっていた。動労は、当時、革マル派系が一定影響力を有していた「政研」（「政策研究会」動力車労組内の派閥）と、どちらかといえば合理化と闘うべきとの立場をとっていた「労運研」（「労働運動研究会」動力車労組内の派閥）と対立していた。しかし、国鉄分割民営化攻撃の開始の中でこの組織内対立は、革マル派系の多数集約として収束した。以降、松崎は、分割民営化という壮大な不当労働行為の片方の担い手となり、国労を攻撃した。その後、国労は、ＪＲ総連（動労の後継組織）と当局の攻撃に挟まれて解体的危機に陥ることになったのである。

こうしてみてみると、革マル派がいかに悪質な役割を果たしてきたかが見えてくる。かくして、革マル派は、組織、運動上の役割、心情においても、「現代のファシズム」と類似しているものとされた。このように革マル派の歴史的性格を捉えると、彼らとの党派間戦争は、「内ゲバ」ならぬ、革命への積極的なプロセスであるかのように思われるのであった。だが、こうした問題を、軍事的対応のみによって解決しようとしたのは限界があったといえる。というのは、革マル派は、全国的組織網で組織の再生産構造を有しているからである。

ところが、中核派にとっては、革マル派との党派間戦争は否定的なものではなく、日本では革命に向かってはこれ以外に道のない、避けて通れぬ課題だとの把握となる。階級闘争内部の敵対的矛盾が外部化したことによって、主要課題となったというわけである。かつて、三〇年代にファシズムのエネルギーを過小評価して、その台頭を許した、欧州の共産党および労働者階級の過ちを、今度は許してはならない、という覚悟をしたのである。これらの領域で理論的構築をしたのは、政治局の野島三郎氏の『革共同の内戦論―三〇年代階級闘争の教訓論』（一九七五年刊）であった。革マル派との党派間戦争は、革命のプログラムの中に位置づけられたのである。

第三節　革マル派は果たして「現代のファシズム」であったのか

だが、革マル派は、果たして「現代のファシズム」なのか。革共同自身の規定によれば、ファシズムの特徴は、下からの人民の排外主義的大衆運動だとするところにある。伝統的ブルジョアジーが権威を失った中で、他方に労働者の労働運動や革命的行動が日常化していることに対し、ブルジョアジーの無力さ加減を叩きつつ、労働者大衆のしのびよる不安を、自民族優性思想で統合して、外に向けて憎悪を組織していくというものである。革共同は、ファシズムとは、上からの暗黒の反動ではなく、上からの反動は「ボナパルティズム」と言っている。日本の「天皇制ボナパルティズム」とは、上からの用意周到な反動であった。明治憲法下の日本は、明治時代の外国からの圧力と、国内には自由民権運動の高まりや旧時代の不平士族等を抱えており、統治状態は極めて不安定であった。その意味で、上からの支配力の強い統治制度を選択する以外になかった。そのためには、それだけの強権を行使しうる「天皇（制）」という、俗世間から超然とした特殊な装置が必要であった。天皇制は、「琉球処分」で琉球国を併合、日清戦争、日露戦争というアジアの頭領をめざす勝負によって、徐々にその権威を実質的なものとしていったのである。戦争の勝利が、天皇に国民を統合する魂を打ち込んだのである。

明治国家は、一九世紀の中国侵略の発端となったアヘン戦争以降の事態をにらみ、あのような植民地にならないためには、自らが植民地を所有する帝国主義として、領土分割戦に参加する以外にないと考えた。いわゆる不平等条約の撤廃を、帝国主義として欧米に自分を認めさせることで実現しようとしたのである。不平等条約の撤廃史とは、歴史学者である故・井上清氏が見事に描いたように、そのまま、明治国家が帝国主義国家として凶暴に成長していく現代史でもあった。「富国強兵策」は、天皇思想を国民一人ひとりに植え付けることによって可能となった。今日では、捏造事件として知られている一九一〇年の（大逆事件は一九一〇年、処刑が一九一一年）「大逆事件」は、初期社会主義運動への大弾圧であった。それは、「大逆」、すなわち天皇への反逆として断罪されたのである。その後、北一輝などの民間右翼も跋扈し、また、三〇年代にあっては軍部のクーデターにも反映するが、それらはあくまでも、腐敗した財閥政権に代わって、天皇の親政を要求するものにすぎなかった。だから、独伊のように、市井の人間が、政党を組織し大衆動員の力で頂点に上りつめた過程とは、根本的に性質を異にしているのである。よって、日本の戦前戦中の暗黒をファシズムとは区別して、「天皇制ボナパルティズム」と呼んでいる。ドイツのヒトラーは自殺、ムッソリーニは、自国の人民につるし首で処刑されたが、にもかかわらず、米英は、この二人が生き残ったとしても、戦後の統治に彼らを利用しようとはしなかったであろう。ところが、無条件降伏した天皇制日本については、枢軸国の一員としてその罪の大きさに大差はないのに、制度として延命させ、退位すら要求しなかったのは、資本家たちにとって、安心できる共通項が見られたからに他ならない。すなわち、天皇制を利用して、人民大衆を統治・支配するということである。故・本多革共同書記長によるこの「天皇制ボナパルティズム」論という独創的見解は、政治学の分野でもっと光が当てられてもよいものである。

さて、二〇年代半ばごろから、この意味で、第一次大戦に敗北したドイツ、イタリアが戦時債務に苦しむ中で社会が混乱するという情勢は、かかるファシズム発生の背景といえた。いわば、B級帝国主義が、もう一度A級帝国主義に抗して這い上がる歴史的役割を果たしたといえよう。一方、革マル派は、黒田哲学によってメークされた日本労働者階級への優性心理、被抑圧民族や差別されている階層に対する侮蔑の意識、国鉄の分割民営化攻撃に屈し、労働組合の名をもって裏切りを図り、中曽根政権を助けたことなどで果たした役割には、革命の芽に対する防波堤のような意味があったことは事実である。対立勢力への組織的な暴力の行使なども、ファシズムとの類似性を持っている。しかし、背後に抱えている情勢に根本的相異があるといえるだろう。ここは大事なところである。つまり、「現代のファシズム」である革マル派を打倒すれば、ブルジョアジーをも段階的、継続的に打ち倒していける情勢があったのかということである。ここでは、革共同の、「革命的情勢が近づいている七〇年代」という時代分析が、ファシズムが跋扈した三〇年代の情勢と重ねあわされた。こうして、革マル派に対し、ファシズムのようなブルジョア的私有財産の最後の守護者であるかのような巨大像を焼き付けたのである。そこから、革マル派を打倒すれば、革命が見えてくるという重大な戦略構想に道を開いたのである。筆者は、革マル派は、表層的にはファシズムとの類似性があったとしても、彼らを「ファシズム」と規定できるほど巨大な存在ではないと考える。

ナチスのファシスト運動の背景には、第一次大戦の敗北に対する欧米の賠償要求、他方での、労働者階級の高まる戦闘力に対する伝統的ブルジョア層、特に小ブルジョア層の危機感が膨らんでいた。ヒトラーは、それをアーリア民族の存立の危機としてとらえ、ユダヤ人、共産主義者たちを民族を脅かす存在として宣伝した。ナチス・ヒトラーの場合は、民族レベルでの排外主義的感情を背景にしていた。それは、強大な大衆運動であった。黒田・革マル派の場合、そのファシストに類似的な言動は、七〇年闘争の爆発的ともいえる高揚が黒田の「組織現実論」を崩壊させかねないことへの防衛的な反応という性格をもっていた。戦闘的翼に対する「ゲバ」対応は、七〇年闘争に対する恐怖の反動に他ならない。だから、革マル派を「現代のファシズム」と規定するのは誤りと断定すべきであろう。

ファシズム規定は、革マル派との戦争的対決を、党派間戦争とみる立場からの飛躍を意味していた。党派間戦争に伴う一種の「制約」は取り払われたのである。

革マル派との党派間戦争に特定の時期全力を挙げたとしても、あくまで、左翼の面をした民間反革命との「党派闘争」という、この枠をはずすべきではなかったと、考える。たしかに、こういう議論を安易に許さないほど、革マル派との軍事的緊張には厳しいものがあった。彼らの襲撃を拒むためには、攻撃をより強く発動する以外になかった。革マル派との戦争を、たとえ同じ量の血が流れたとしても、その政治行為を、プロレタリア運動の二重の闘いとして実践するのか、即ち権力との闘争と「党派闘争」の並行推進とするのか、それとも、社会主義革命の正面の扉を押し開いて、ブルジョアジーの国家権力を串刺しにする闘争として同格に位置づけるのか、この違いは大きい。

こうして、革共同の革マル派への「現代のファシズム」規定は、彼らとの闘争を三〇年代階級闘争になぞらえた「反ファッショ解放戦争」として位置づけ、帝国主義打倒まで続く革命戦争として、後の「革命軍戦略」を引き寄せることになる。革共同は、三〇年代階級闘争の最大の総括点をナチスなどファシスト勢力との対決の不徹底性にあるとしている。そこから、革マル派との党派間戦争は、内戦という積極的プロセスの内側に、ブルジョアジーの権力とのたたかいの一貫した直線的構図の中に整理されることとなった。革命へのプロセスを、ある一定の時期、一定の条件の下に革命的情勢が到来するのではなく、内乱、内戦の動的な長期の過程が革命を引き寄せるという戦略構想を描くことで、革共同は、革マル派との「党派闘争」を敢えて「戦争」と規定して重ね合わせたのである。革マル派との党派間戦争を、蜂起を手繰り寄せる水路として位置づけたのである。

第三章　先制的内戦戦略の第一段階

第一節　先制的内戦戦略とはなんであったか

こうして、軍事的側面が、階級闘争の主要なモメントであるとの政治思想がますます固定化していく。むしろ、軍事的行動が大衆的熱気を切り開くのでは、との戦術的判断が強まる。軍事が、階級闘争の全側面を牽引するという発想が高まっていく。革マル派との戦争の主要な手段は、奇襲であり、ゲリラ型の組織形態をとる。しかも、国家権力の監視下で行うわけだから、その組織は非公然タイプの姿となる。この形態についても、指導部は、被支配者が支配者に対抗する戦術の一つとして、むしろ対権力戦争を構えるための予備的訓練になるものだとした。階級闘争が武装形態を軸に、内乱的に発展する時代、との大きなテーゼを発した者にとれば、革マル派との戦争は、身丈の似た敵との戦争だから闘いやすいので大いに遂行できる。したがって、階級闘争に内乱を刻印するためには、是が非でも実行すべきことだと思われた。この党派間戦争で培う軍事の思想、非公然の戦術形態、組織形態は、権力に対しても役に立つはずだ、日本における革命は、こうした経緯をとって前進を始めた、という確信を持つことになる。

それをひとつの戦略論にまとめたものが、本多書記長暗殺一年後に発表された「先制的内戦戦略」である。それと対をなすものが、左翼内部に生息する党派との戦争の意義を歴史的に解明するとした野島三郎著『革共同の内戦論』である。これらはいずれも、革命が現実に緊迫する情勢では、諸党派の利害関係は必ず抜き差しならないものになってくるとの階級闘争の一側面を明らかにし、そこで持つべき戦略思想を提示したものである。先制的内戦戦略を新たな革命戦略として確定させた革共同は、ゲリラ戦争の担い手である非公然部隊を「革命軍」と命名した。


七〇年代後半、一般情勢は、七五年のスト権奪還のゼネストや、郵政労働者の労働組合である全逓の物だめ闘争を焦点に、民間では七四～五年恐慌に伴う業界再編が続き、造船や機械産業という中核的産別で闘争が相次いだ。

大衆闘争は、安保闘争という国民的な中心課題が意識から後退した。もはや、八〇年安保は声にすらならなかった。革命的左翼の政治上の主戦場は三里塚に移行していた。成田空港の開港を七八年三月に控え、前年から闘いが再高揚する。当年、開港を目前にした三月二六日、第四インターらの、「非内ゲバ」勢力は、激戦の末機動隊を打ち破り、中枢機能の管制塔を占拠、徹底破壊した。大衆的実力闘争が、これほどわかりやすく達成されたものは過去にないだろう。

これは、心ある人々には歓呼の嵐で迎えられた。

実力闘争の最大党派を自称する革共同指導部は、面子をつぶされた形である。このころから、革共同は、革マル派との党派間戦争から、対権力の武装闘争に転換する機会を探ることになる。好都合なことに、八〇年一〇月に、革マル派との戦争で力の均衡を崩すような軍事的勝利（一〇月三〇日、東工大附近の路上で革マル派活動家五人を一挙に殺害）を収める。どちらかというと、この時期を相前後するころから、革マル派は劣勢を余儀なくされる。この関係を見計らい、革共同指導部は、革マル派との戦争は大きく決着がついてきたから、これからは権力に対する直接の攻撃が主要テーマとなるという、いわゆる「先制的内戦戦略の第二の段階」(*)に突入する、と宣言（八一年秋）。革共同は、政治焦点を三里塚に求め、「三里塚二期決戦勝利・革命的武装闘争貫徹」というスローガンをもって、対革マル派戦争を縮小的に継続しながら、国家権力に対するゲリラ・パルチザン戦争を本格的に開始することになった。三里塚、成田では歴代政府は法律によらないで、民主主義の外で農民への攻撃を続けてきたのは明白だから、人民側も大いに法外手段、すなわち武装闘争で対抗するのが許される、という論法である。

＊ 先制的内戦戦略の第二段階への突入を「フェイズⅡへの移行」と称した。そして、それまでの革マル派を主敵とした戦争は「フェイズⅠ」であったと規定した。フェイズⅠ、フェイズⅡの用語は、この時初めて使われた。もともと先制的内戦戦略は、国家権力打倒への革命戦略として打ち出されたものだから、権力を相手とする革命戦争という意味は含まれていたが、直接に対権

力のゲリラ・パルチザン戦争を主要課題とするフェイズⅡへの移行は、いよいよ革命戦争の本来の姿を示すものとして党内では大いに歓迎された。

成田空港は、滑走路一本が使用できるに過ぎず、政府は、さらに横風滑走路や滑走路周辺の整備を追求していた。革共同は、ゲリラ戦争を発動。空港公団関係者、運輸省の高級官僚の個人宅、さらには空港設備、その関連施設を攻め続けた。八五年には、公然たる武装部隊によって、機動隊との市街戦を貫徹する（一〇・二〇三里塚十字路戦闘）。同年、連続して、動労千葉の国鉄分割民営化攻撃反対のストライキに連帯して、総武線浅草橋駅を炎上させる（一一・二九浅草橋戦闘）。前年の八四年九月には、自民党本部を火炎放射器装備の車両が攻撃する。火炎放射とロケット弾が主要な武器となる。八六年五月、世界の首脳とメディアが集結している東京サミット会場の迎賓館に、長距離射程のロケット弾が狙いを定める。各国首脳や建物に着弾しなかった。しかし、警察は震え上がった。着弾に至らなかったのは、ほんのちょっとした幸運に過ぎなかったからである。革命軍の技術水準は、想定をはるかに超えるものであるとわかったからである。

指導部は、初期の成果に自信を深めた。非公然の革命軍と、公然型の大衆的実力闘争が形として見事に実現したからである。

第二節　革命戦争論

階級闘争は革命戦争にレベルアップした、と定義される。

そして、革命戦争が、経済的先進国日本において定着する、との読みをすることになる。革命戦争の打撃目標は、運輸など都市の神経系統にかかわる建物、施設であった。こうした戦術は、権力装置は万能との神話を引き剝がし、労働者や人民の体制打倒への意識を覚醒する効果があると思われた。ターゲットとしたことの理由を宣伝すれば、革命に目覚める大衆の結集が促進されるとプランニングされた。ここに見られる思想は、人民がブルジョア権力にとりあえずしたがっているのは、官僚機構、警察などの抑圧装置がにらみをきかせているからだ、という理解があるのではないだろうか。だから、国家暴力装置の力の限界が明らかになれば、人民を抑圧している重石がとれ、人々は立ち上がるのではないかと考えられたのである。

先に触れた一九八五年の一〇月二〇日、成田空港二期工事に対して、全学連の五〇〇人の大集団が大衆的部隊を編成し、丸太、鉄パイプ、火炎瓶で武装し、三里塚十字路を中心に機動隊との市街戦をやりぬいた。少数のゲリラ戦とは違うこの大胆な作戦は、見事なものであった。数時間にわたり装甲車を占拠するなど、その戦闘力は、「さすが中核派」と称賛を浴びてもよいものであった。大衆的軍団は、統制がとれ、勇猛な機動隊との接近戦で敵を打ち破った。三〇〇人にのぼる逮捕者が出たが、空港反対農民側は、天にも上る高揚感を享受することができた。七〇年闘争における数々の軍団型による実力闘争も、ここまでの成果をおさめたものはほんの僅かである。三里塚芝山連合空港反対同盟の強い支持を受け、農村を味方にした戦術は成功した。実力闘争を担ったのは、主に二〇歳代前半の学生の若者であった。千葉県下の警察署は、逮捕者であふれ、代用監獄だけでは収容しきれず、千葉刑務所の未決舎も使わざるをえなかった。彼らは、「一〇・二〇世代」と呼称されて称えられた。そういえば、革共同のコピーにはかって、「一〇・八世代」というのがあり、この種の造語が好きである。それは、情勢の定義と結びついており、時代意識として、革命的激動期に絡んでいくような期待が強くこめられている。

指摘したいことは、革共同指導部は、これを「新たな一〇・八」、あるいは「八〇年代の一〇・八」と位置づけていたことである。この「一〇・八」とはいうまでもなく、六七年の羽田弁天橋の闘いと、その情勢への波及効果のことを指している。つまり、先制的内戦戦略にもとづいて、別働隊である非公然の革命軍と一体の作戦として捉え、権力に対する一斉武装蜂起に向けての、先行した闘争であるとの位置づけが明確にあった。権力の暴力は強いという神話を革命党の行為で打破すれば、七〇年闘争のような激動が再来するとの期待が強く宿っていたのである。だが、八〇年代の後半に、こうした自然発生的な大衆決起のムードは再来しなかった。つまり、人民が大量に決起する条件は、国家権力の暴力と人民大衆の武装的対抗の関係だけでは、語りえないほど深遠なものがあるということなのだ。この問題は、既に革共同が、革命的情勢あるいはそれが接近している情勢、さらに、人民が武器すら手にする条件とはいかなるものかということについての、相当深刻な思想上、理論上の誤謬に侵されていたことを物語るものではないのか。事実、以後の大弾圧体制もひとつの要因だが、組織力と支持基盤は衰退していく。

権力は、革共同の、自分を主要打撃対象とする戦略に対して、ようやく重大視。非公然軍事部門の壊滅、その組織上の基盤をそぎ落とすために、警察、検察を中心に行政あげての攻撃を展開し始める。街は、「過激派摘発」のステッカーで溢れた。この弾圧体制は、八六年東京サミット会場迎賓館への迫撃砲事件を受け、同年五月七日に警察庁が公表したことから、「五・七宣言体制」と呼ばれている。その体制の実像は未だに藪の中だ。永遠にそうだろう。

公安警察は、公安調査庁と競い合うように、国家権力の事務と情報の機能をフル活用、また地べたを這いずり回り、アパートローラー作戦を展開、地道な活動を続ける。スパイ工作も本格化する。日本警察の伝統的なスパイ作りはここでも重視されたが、規律において高い水準の革共同に潜入するのは容易なことではなかった。だが、人に悩みがあるように、革命家にも公的にも私的にも悩みはつきものである。権力は用意周到な観察の中から弱みに付け込み、少ない例ながらスパイを獲得し、正面からのガサと、非公然アジト摘発、逮捕拘束と長期投獄などを繰り返えす。また、革共同の協力者に対する「容疑者不詳」の捜索令状を乱発する。こうした締め付けも重層的に施されて、徐々に成果を上げていく。成果とは、組織構成員の数十倍はいたであろう支持者・協力者が先細り、削ぎ落とされたことである。支持基盤なくしては、兵站は衰え、非公然活動は不安定化する。山岳ゲリラは、峻厳な地形がある程度味方をしてくれるが、それでも、毛沢東の農民戦争論とされるものでも、農民層の所定の支持が不可欠であった。いわんや、都市は、警察をはじめ行政機構が濃密に配置されており、非公然の地下組織が生き抜くには、幾重もの膨大な支持者・協力者の援助が必要であることはいうまでもない。指導部は、それを理論的にも実践的にも十分理解していた。三里塚において、暴力装置が本来の力を発揮できないのは、農村であるからという以上に、機動隊にとって、あのエリアが敵地だからである。住民の支持こそ、軍事の基盤である。支持者・協力者が大量にそぎ落とされたのは、公安警察の地道な活動のゆえであろう。それにしても、その多くがそぎ落とされてしまったのは、革共同の支持者・協力者の基盤が七〇年闘争過程で運動に関与した人々であり、七〇年代後半以降の対革マル派戦争─対権力武装闘争という革命戦争路線の下では、以前のように支持者・協力者の獲得が容易ではなくなっていた、ということが背景にあるのかもしれない。

私の例で上げてみる。地下活動中、私への探索を強めた公安警察は、家族に対しては定期的に度々来訪し居所を探ろうとした。人にとって何があろうと、家族との縁は切れないものだからである。実家に対しても同じである。さらに、活動家仲間と思われる人々、シンパ層に対する訪問活動、さらに、高校時代のリストを手に入れ、情報を取ろうと動いていた。それは近い遠いを問わず、親戚にまで及んだ。父親の親戚筋、母方の親戚関係への事情探りは念を入れていたようだ。というのは、そちらの方がより私と密接であったはず、という見立てをしたからだと思われる。こちらも、家族親族筋との連絡は基本的に切断した。生きているのかどうかも、わからない関係にするのである。だが私は、党が組織した協力者に厚く守られていたのである。そうすると、探索は極めて困難になる。その結果、私には自由な空間が確保されたのである。しかしながら、地下活動は、協力者や親族たちの直接間接、物理的精神的支持があって初めて可能なものであり、その方々に多大な迷惑をかけていたのも否定できない。特に、私の矢面に立ち続けた妻の敢闘と貢献ぶりには、ひたすら感謝の念あるのみだ。また一部の親戚たちは、私の道義性を信じてくれて、政治的には分からないが、私を貶めることに異を唱え、刑事たちを追い返したということもあったらしい。

革命運動とは一人でできるものではない。自由民権の闘士たちもそうであったが、運動家、革命家は、周囲の多くの人々を巻き込んでいく。ある意味で、権力がそうさせるのである。逃亡犯を助けているのではないだろうな、という脅しによって離反させ、運動家の基盤を少しずつ剥落させていくのである。

一人でできるものではない。それゆえに闘いの分かりやすさ、人間的道義性の高さが常に求められるのである。特に、政治的暴力を発動して戦争的行為の段階になった場合は、それこそ手段などについて慎重に判断していかねばならないだろう。

第三節　昭和天皇の死亡と「天皇決戦」の対置

八九年に昭和天皇が死亡する。二年にまたがって、「大葬の礼」、「即位の礼」が執り行われる。天皇制は、明治以降の日本史にあっては、特別な位置を有している。明治政府は、幕藩体制に代わって、新しい国家体制を構築するために、天皇に神のごとき無限の権力を与え、思想教育を隅々まで徹底した。俗世間から超然としている「崇高な存在」であることを強調、政治制度としてもそのように扱い、また慈悲深き「庶民の父」のような存在として押し出し、明治期の国民統合を実現した。しかし、昭和天皇は、アメリカとの領土をめぐる帝国主義間戦争で、完膚なきまでに敗北、その責任を問われる危機に直面した。アジア諸国からは侵略と植民地支配の数々の非道が暴かれ、その責任追及から避けることができない事態に立ち至った。天皇は恥をさらして、マッカーサーの前に這いつくばり、助命を乞い、代償として己の地位の象徴への後退を承認、占領軍の軍政、沖縄の基地の島としての差し出しを行った。戦争責任はすんでのところで回避した。新憲法によって象徴天皇の地位を与えられ、儀礼的任務を執り行うこととなる。天皇の戦争犯罪にケジメはつけられなかった。東京裁判の法廷に起訴されることはなかった。支配層は、象徴であれ何であれ、天皇がブルジョア的権力の守護神として振舞い、資本主義日本の歴史が断絶にいたらなかった結果に、感謝し胸を撫でおろしたのである。象徴というものは、霞ではなく、支配層からすれば人々が日本国家の構成員であることの実質的思想内容をなすものなのである。天皇の一貫した親米的態度は、そのまま日米安保体制の精神的支え手でもある。

昭和天皇は、第二次大戦後は、新憲法のもとで、第九条の「戦争放棄のシンボル」、「平和国家日本の象徴」というイメージを押し出すことで、戦後の帝国主義再建の支え手の役割を果たしていった。しかし、戦争行為の原罪を背負った者が、天皇である事実は終生消すことができなかった。

天皇の戦争責任問題は、一部軍部の軍国主義が適切に天皇を「輔弼」できなかったために起きてしまったこととして解釈し、昭和天皇の戦争責任を免罪した。GHQマッカーサー司令官は、敗戦後もなお天皇を慕う日本国民の帰依ぶりを見て、アメリカの軍政統治において、「天皇の役割は百万の軍隊に値する」と考えた。こうして天皇は、連合国の一部での責任論を抑え込んで、中国大陸や朝鮮半島、アジアなど軍事占領国での過酷な統治の責任を免罪された。また前述したように、沖縄の差出しをはじめとして、助命嘆願に全力を挙げた。

少々脱線するが、戦後社会においては、天皇制問題は、左派と右派の激突点でもあった。左派は天皇の戦争責任論を主張してきた。それは、少数であったが。多くの国民は、「一億総ざんげ」のキャンペーン、怪しげな「人間宣言」（一九四六年正月）や、「全国行脚」で初めて天皇の姿を見たり、身近で親しみの持てる、強面ではない、かつての「現人神」（あらひとがみ）の姿に接することになった。軍部責任論がＧＨＱの結論でもあり、マスコミもそれに唱和した。

天皇に戦争責任がないという構図は、戦地に赴いた兵士たちにとっては、複雑な思いで受け止められたであろう。彼らにとって、特に中国大陸やシンガポール、マレーシア、フィリピン、ベトナム、インドネシアなどでは、食料の強制調達、軍政に従わない抵抗派の大量虐殺、慰安婦の徴用、英国など連合国軍捕虜を過酷に扱い、強制労働に駆り出したことなど、上官の命令＝天皇の命令に従ってのこととはいえ、多くの兵士が直接間接に残虐な戦争行為の担い手でもあった。現に、ＢＣ級戦犯として多くの兵士たちが、現地で処刑されている。生き残った捕虜である元皇軍兵士たちは、追尾を恐れながら祖国に復員した。ここでは、天皇の「免罪」は、各々の戦争犯罪の「免罪」を肯定してくれるものでもあった。一蓮托生である。多くの場合、復員した者たちは戦地での話に口が堅かった。そこには、犯罪行為以外のいろいろな要素があろう。現地の人々への支配者然とした横暴の数々、戦友を救えず自分だけが生き延びたことへの自責の念、上官による横暴な支配や制裁など、いろいろとあるだろうが、何といっても、統治した人々に対する残虐行為への直接間接の関与は重みが違う。彼らにとって、天皇の「免罪」は、そのまま自分の「免罪承認」に繋がっていると思われる。

さらに次の要素もある。天皇の臣民であった日本国民の、戦争総括にかかわる問題である。果たしてＧＨＱが断罪するように、本当に間違った戦争であったのか。長期にわたる侵略戦争とその延長戦で火を噴いた日米戦争は、一方的に日本が悪いといきなり宣告されても、納得しかねるものがあった。その点で、戦後ごく一部に、「大東亜戦争肯定論」がずっと存在している。安倍政権は、日本側からする対米戦争を、「やむを得なかった防衛戦争」という解釈に変更しようと策動している。こういう点で、天皇の免罪は、「大東亜戦争肯定論」者にとり、自己弁護の梃なのである。

他方では、こうした右側の人々にとり、対米従属は、自己のナショナリスト的態度とは矛盾していないのである。論理的に矛盾しているのは明白だが、これまた、天皇が、戦後助命嘆願のために一挙に親米に宗旨替えして、資本主義日本の死守を願い出た。それは、対ソ連緊張をはらんだ戦後処理に向かっていた米国には大きな力になった。当時の日ソ不可侵条約を敗戦直前に踏み破り、一挙に旧満州になだれ込んで、長期にわたる強制労働収容所での「抑留」生活の苦しさを強要した旧ソ連への憎しみが、米国の反共反ソ政策と共鳴したのである。こうして、象徴天皇制の擁護、隠された本音としての「大東亜戦争」の肯定、親米と対米従属的態度が、ひとつながりになっていたと考えられる。左派もまた、第九条を掲げた日本国憲法肯定の中で、天皇の地位が象徴天皇制に後退し遠慮がちになったことをもって、「まあ良し」としたところが見られたのである。その意味で日本国憲法は、妥協の産物という面が見られた。このあいまいさが、対アジア諸国に対する戦後処理を不徹底なものにし、戦時賠償という点では、国内外で禍根を残すものとなったのである。

それは、戦後民主主義の欺瞞性とも言われ、後々全共闘運動などが問題化するきっかけにもなった。

話を戻す。

その昭和天皇が死んだ。皇太子が天皇に即位するに当たり、非常時の護り手としての機能が使えないのでは困る、というわけで、儀式漬けの政治日程をつくる。予算は、湯水のように用意された。それは、問答無用の厳戒態勢と結合していた。

革共同は、この儀式が、軍事帝国の復活を狙う支配層の大反動だと喝破する。そこで、八〇年代を通して蓄積した軍事的力量の全面的発動を行い、これまでの革命戦争路線の成否を賭けた「天皇決戦」として闘うことを決めた。厳戒態勢の中でゲリラ攻撃が、数多く配置された。合わせて、大衆的蜂起に似通った観点をもって街頭デモを組織した。知識人や無党派活動家たちは、儀式の悪意を暴き抗議したが、大衆的憤激を七〇年闘争のようには組織できなかった。政治的には、「大きな空振り」のようなものであった。しかし、一部良心的かつ左翼的な人々の異議申し立ては、国内にあっても、天皇家の微妙な位置を、引き続き問題にしていく未決着事項として残す役割を果たした。

革命戦争によって政治的共鳴度を高め、支持基盤を厚くしていく、武装蜂起に賛同する多くの大衆が階級闘争に参加してくる、こうしたアイデアは結果から見れば成功していない。九〇年「天皇決戦」は、七〇年闘争過程以降、「内乱・内戦—蜂起」の路線の下、対革マル派戦争を含めて武装闘争、革命戦争を戦略的基軸に闘ってきた革共同にとって、その総決算を賭けたものといってよい。いわば、七〇年闘争を質的にも量的にも超える、「小蜂起」的な決起を実現しようとしたものであった。しかし、党の公然・非公然組織の総力を挙げて決起したにもかかわらず、それはかなわなかった。「天皇決戦」は、たしかに、鉄道ゲリラによる首都圏交通網のマヒ、全国各地の神社の炎上等のゲリラ戦が一定の衝撃を与えたが、こうした武装決起と結びついた大規模な大衆的実力決起を実現できなかったという点で、自分たちの武装闘争が大衆を覚醒させ、革共同の革命戦争に合流するという、信念にも近い思想が決定的に破綻した、という現実を突き付けられるものとなったのである。

これは、革共同の綱領、戦略戦術にかかわる重大な問題が提出されたことになる。革命に向けての大衆的熱気どころではない。組織は、疲弊しきった。栄光の革命的左翼の武装闘争戦術は、プロレタリア革命の前進を生み出さなかった。――この現実に引きずられるようにして、革共同は、ようやく路線の転換を余儀なくされていく。九一年「五月テーゼ」がそれである。

天皇決戦の「不発」の原因を探る過程で、最高指導者であった清水丈夫氏は、ようやく組織が「極限的に縮小」（「一九全総」）している現実を知らされたという。官僚的組織の中で、ネガティブな情報は上層部まで届かなかったのである。

第四章　三里塚闘争が階級闘争全体に与えた影響の大きさ

第一節　三里塚闘争の発端

革共同は、自分の運動を「革命的共産主義運動」という。すでに触れたように、革マル派は「反スターリン主義運動」といっている。この表現には、言葉以上の大きな思想と理論の違いがある。しかし、そのことについては、若干前に触れたが、また別の機会にしたい。

革命的共産主義運動の歴史と現在にとって、三里塚闘争が持っている意味は格段に大きい。七〇年闘争が時間的に圧縮したものであったのに対して、三里塚闘争は、なんと一九六六年以来連綿と続く抵抗の歴史であり、しかも今なお生きている。

三里塚闘争についてはこれまでに、外国人の学者や国内の学者、当該、支援者、法律家、知識人などによる多くの著作が残されてきた。筆者の人生を決めたのもまた、この闘争であった。政府やマスコミの言葉では、この闘いを「成田闘争」と呼んでいるが、同じことを指している。三里塚という言葉は、この闘いの原点を示唆している。現在の空港敷地に占める面積の比率からいって、政府、宮内庁の所有地であったかつての三里塚御料牧場を活用すれば、反対派を抑えられるという佐藤内閣の読みからすべては始まった。その前の計画は、富里空港案であった。しかし、これは大量の農地の買収をともなうことから、県庁に農民が乱入するなど強い反対運動にぶつかった。そこで富里案を撤回せざるをえなかった。ところが、六六年六月、各地の反対運動によって、事態が行き詰るや、佐藤政権は、三里塚に候補地を決定、間髪をいれず七月四日、正式に閣議決定する。政府は、農民たちの反対の声を斟酌していたら事態は進まないと、それまでの数年間を教訓化したといえよう。三里塚に用地を決めるに当たっては、もっぱら反対派対策の観点から検討をしていたといえる。御陵牧場という公有地が広く使えること、また、それまでの候補地に比べて戦後に入植した開拓農民が多く、買収しやすいという、人を食うような判断があった。今は、大部分が空港敷地内となっている天神峰、取香、東峰、横堀、木の根、駒井野などの地区が、農地強奪の標的にされたのである。それでも、一千戸にのぼる立ち退きを要求しなければならなかった。

力で迅速に決着をつける、これが佐藤内閣の考え方であった。そもそも、民主主義などといって、人民の声など聞いていたら、国家一大事の空港建設が頓挫してしまうではないか、と。大事のためには犠牲もやむをえない、などと。

六月に三里塚反対同盟、芝山町反対同盟が結成され、三里塚教会のクリスチャンである故・戸村一作氏が二つの反対組織の連合空港反対同盟委員長に選出された。当初は、社会党も共産党も反対表明するも、共産党は、六七年の闘争にはいるや、農民の座り込み行動を非難し撤退した。以降、日本共産党は、一度も三里塚闘争に関与したことはない。社会党の反対方針は、強攻策一本やりの政府の攻勢に、無力化していく。

三里塚農民は、はじめは知事に陳情したり、保守系政治家に頼ったりしたが、早期に見切りをつける。革新勢力に支援を求めるが、これも脱落。農民が共闘したのは、同年一〇月羽田に登場した革命的左翼、というより実力闘争を闘う全学連であった。それまでの人生の中で政治に無縁であり、いわんやお上に抵抗するなど想像すらしたことのない彼らにとって、若者でしかも学生と共闘することに、あまり躊躇はなかったようである。農地の召し上げは絶対ごめんである、という一点で、農民は「暴力学生」とマスコミに叩かれていた左翼を選んだのである。それはイデオロギーの選択ではなかった。農民の、生きんがための現実の要請であった。それは、生活の声であった。このことは、マルクス主義者にとり、大事な本質問題を提示している。

政府は、最初から強行策に徹した。土地収用委員会による強制収用の手続きを進めていった。やめてくれ、声を聞いてくれ、という民主主義が最低保障している手続きは、完全に無視された。これに怒らないはずがあろうか。権力は反対派農民を見くびっていた。金に目がくらむだろう、権力の怖さを見せ付ければ、あきらめるだろう、と。

革共同の指揮する「全学連三里塚現地闘争本部」が、天神峰に設置されたのを皮切りに、革マル派をのぞく主要学生組織全部が、農民の提供する土地に闘争本部を設け、日夜の区別なき政府・空港公団との闘いに突入していく。学生たちは、農民に自分たちを理解してもらうために、理屈や難解な言葉を振り回すことをやめ、農村の生活習慣に従い、衝突がない時は農作業の手伝いにいそしんだ。あの高潔な学生たちが、気に入られないはずがあろうか。強制測量があれば、走って現場に駆けつけ、抗議行動を繰り返した。現地闘争は、理屈好きの学生たちに初めて、民衆に溶け込んでいくことの大切さを教えた。正確にいうと、共産主義の政治を現実の大地に定着させていくためには、何が必要なのか。感謝されること、信頼されること、わかる言葉で話すこと、農村の生活習慣に合わせること等々、現地の生活様式に、進歩的学生が頭では忌み嫌うことであっても、学びながら対応していったのである。それは、硬派の革命的左翼が垣間見せた柔軟性であった。

第二節　三里塚の七一年決戦

三里塚ではその後、強制測量が終わると、千葉県土地収用委員会が土地収用の裁決を強行、そして、七一年春から機動隊を前面に立ての実力収用を進める。二月からの第一次代執行は、A滑走路予定地の駒井野、木の根に砦、地下壕を作って抵抗する、反対同盟に対する襲撃であった。老人行動隊、婦人行動隊のお母さんたち、青年行動隊、少年行動隊、そして中核的働き手である大黒柱の成年層が、地下壕に立てこもった。地上の砦では、婦人行動隊が、太い木で形作ったバリケードに鎖で己の身体を縛り付けた、捨て身の抵抗をする。また、糞尿をビニール袋に詰めた糞尿弾を公団職員や機動隊に投げつけた。およそ、一ヶ月激戦が闘い抜かれた。ニュースは、連日この大事件を報道、全国の人々は魂を揺さぶられた。学生組織は、提供された地区公民館に分宿、総勢三〇〇人が常駐し、「三里塚現地行動隊」と愛された。このたたかいで、現地農民との付き合いから、武装闘争タイプではない、難しい丸腰デモを指揮して名を挙げたのが、今は別件で徳島刑務所に幽閉されている星野文昭さんである。行動隊は、未だ朝明けやらぬ時間に飛び出し、延々と走り抜けて、現場に到着、頭をヘルメットだけで護った丸腰デモを展開、泥まみれの闘いで、砦を破壊しようとする公団や機動隊に肉迫した。初春の二月~三月は寒い。しかし、身体の震えもデモの熱気で吹き飛んだ。反対同盟が提供した隣接の土地には、大きなテント張りの野戦病院が仮設されていた。全国から駆けつけた主に女子学生が、赤い十字のゼッケンを着け、雨靴で担架をかかえ負傷者を手当てした。

農民は主力として闘った。砦に立てこもったのは、一部支援の学生もいたが、各農民行動隊の面々である。婦人行動隊、重鎮の人々、少年行動隊たちである。彼らは、バリケードに鉄鎖で身体を縛り付けていた。命がけの闘いである。

そして、全部の土地収用はかなわなかった。駒井野と木の根に強力な砦が残されて、第一次代執行は中断せざるをえなかった。そして、七月に別名目の土地強奪があり、今度は巨大櫓をたてて激しく抵抗、周辺では学生の大衆部隊が、神出鬼没のゲリラ戦を展開した。

秋は九月、いよいよA滑走路予定地の最後の砦をめぐる代執行である。地下壕、砦の構造は念入りに準備された。駒井野砦の中央には、高さ二〇メートルはあるだろう鉄塔がそびえた。砦からは、火炎瓶、石、そして角材での抵抗。襲撃は、放水、ガス弾、突入した機動隊による警棒の乱打、金属製の盾の水平打ち。鉄塔の真ん中に、公団の巨大クレーンのワイヤーが巻きつけられ、折れるように崩れ落ちた。砦は崩壊した。最上部には戦士がいたが、容赦はされなかった。全員が成田赤十字病院に収容、一名は、肺を侵され生死をさまよった。木の根では、巨大クレーンを足場に、侵入を試みる機動隊とクレーン上の激突で対抗した。

周囲では、砦を護るべく行動隊が、警備の機動隊と激突した。火炎瓶と石と角材である。早朝には、三ヶ所で激突があり、先に述べたように東峰十字路付近では、三名の死者を出して機動隊は壊滅した。駒井野手前の大清水T字路では、中核派系全学連の正規部隊と機動隊が激突、機動隊は分解して逃亡した。放水車は占領された。同じころ、三里塚十字路では、バリケードが築かれ、闘争側に占領された。機動隊は逃亡した。昼ごろ、駒井野付近は、首都圏から集まった人々で道路という道路が埋め尽くされた。行動隊は何回も何回も衝突したが、駒井野砦を救うには至らなかった。

九月一六日の大闘争後、四日間の休戦があり、焦点は、取香地区の大木よねさんの宅地収用の可否に絞られた。現在の、高速道路の到着点あたりに位置していた。ここは居住する民家ということもあり、砦とはしなかった。最後の最後までよね婆は、土地収用に首を縦に振らなかった。彼女は最後に言った。「おらの身体は同盟に預けてある」、と。一九日、空港公団は、「明日は代執行をやらない」と表明していた。その翌日の二〇日、突如公団と機動隊がよね婆宅を襲った。農作業中の彼女は、にらみつけて黙々と手を動かしていた。このだまし討ちに、彼女は乱れず毅然と対峙したのであった。機動隊は大盾に彼女を載せて、敷地外に放り出した。家屋は、バリバリと重機で破壊された。これが、犯罪でなくて何であろうか。

援農中の行動隊に緊急招集がかかり、取香を救え、と火炎瓶と角材で武装し、突撃を試みた。願いはかなわなかった。夜、空港関係施設は、報復の攻撃に直面する以外になかった。いつもは漆黒の三里塚の夜空は、紅蓮の炎で赤々と染められた。

第三節　二期工事阻止に向けての闘い

その後、毎年、全国結集の現地闘争が圧力を加え続けた。三里塚は、安保闘争が衰退しつつあった時でも、多くの心ある人々を惹きつけ、次々と新しい活動家を育てていった。東峰十字路事件（機動隊員三名の死者を出した事件）では二代目の青年農民に大弾圧が集中した。厳しい試練である。しかし、反対同盟は、これを地域、家族、全国の応援もあって支えきり、初志を貫いた。刑事弾圧を跳ね除けた団結の強さに、権力は驚いたであろう。

工事が進み、A滑走路一本での開港が迫る七七年、敷地外で滑走路延長直下に築かれた巨大な岩山鉄塔が破壊された。激戦が闘われ、東山氏がガス銃の直撃で殺された。七八年三月二六日（三月二六日に管制塔を破壊したが開港予定日は三月三〇日だった）第四インターを中心とする武装部隊が、管制塔を占拠破壊し、開港は阻止された。出直し開港日の五月二〇日、航空管制の神経系統がその機能を破壊された。ゲリラである。

開港後、反対同盟は、内部で試練の時期を迎える。「脱落」する人、新たに農地を売る農民が発生した。空港の機能には不可欠な周辺の安定化のために、買収策とされる成田用水工事が提案される。一坪共有地戦術を軸にするグループが、農地死守原則を掲げる二期工事予定地内農民と対立、同盟は二つに分裂する。八三年のことである。このころから、「三里塚二期決戦勝利・革命的武装闘争貫徹」というスローガンを掲げて、先制的内戦戦略の第二段階（フェーズⅡ）に突入していた革共同は、現地に重厚な体制を築き上げていく。

ここで、一坪共有地運動の評価をしておきたい。「熱田派」と呼ばれたグループによるこの戦術の特徴は、全国の心ある人々に、地上権を分割、分有してもらい、抵抗力をつけるという考え方である。一般的には、こうした戦術は否定されるものではないだろう。だが、事は単純ではない。状況次第である。三里塚問題の核心とは、汗と涙の結晶である自分の耕作地である農地を売却しないことの正当性なのである。ここに、歴代の政権が苦しんできた闘争の正当性がある。これを、目的が正当とはいえ、直接の生活的利害関係のない全国に散在する人々が共有するとなると、農民の抵抗という原点が薄くなり、分筆した分だけ、政府には収用しやすくなるものである。少数の農民に権力の圧力を集中させてよいのか、という問題があるが、課題は、その農民を全国の支援で支えるということなのではないだろうか。あくまでも農民闘争という意味において、三里塚の闘いは、政府を追い詰めることができたのである。

ただ、反対同盟、支援勢力の分裂に伴って、革共同が、「熱田派」の中心的支援勢力であった第四インターに対して、三里塚闘争への「最悪の敵対者」とみなして「反革命」の烙印を押したばかりか、彼らに個人テロ的な襲撃を強行したことは、どう考えても党派闘争の枠を超えており、対革マル派戦争を続けてきた革共同の軍事偏向主義ともいうべき思想の、安易な適用であったといえよう。

その後、二期工事の開始が近づく中で、八五年の激闘が闘われ、今なお、二期工事の完成を拒んだままである。市東氏、萩原氏らが農地を守り抜いている。政府は、昔手を染めたように、いや今日もっとあくどい手段、法律の曲解を弄して、土地収用を企んでいる。法律をいうなら簡単だ。土地収用に関わる特別措置法が予定していた事業期間は、もはやとっくのうちに効力を喪失しているのだ。四〇年経過しても、土地収用がかなわない、かかる事業は失効しているのだ。

これは、歴史的快挙である。現代史はもとより、日本史に燦然と輝く、農地死守の反権力闘争である。

第四節　三里塚闘争の教訓

この闘争の力はどこから育ってきたのか、そのことを検討してこの章を閉じたい。

まず指摘すべきことは、国家権力といえども無法無頼で、かつ人を人とも思わない手法で人民の誇りや感情、生活を脅かした場合、人は否が応でも立ち上がるということである。少なくとも、何らかの組み合わせがあれば、決起する条件となる。これは、真理である。階級的真理でもある。農民であるという強い自覚が、その真理をますます深めていくのである。

農民の闘いが、永続化して屈しないのは、並大抵のことではない。人は、ある程度鞭打って頑張り通せば、諦めという感情が育つことがある。三里塚闘争は、こうした農民層を多く見てきた。

むろん、権力との闘争の中で、権力について学び、「闘う農民」として自己を確立したということもある。この経験は巌のように固い。また、自覚的農民として自己脱皮した彼らは、時代の推移を観察する中で、政治の全体像から、自分たちの闘いの正当性を意識している。

闘争が孤立していない、という条件が必要である。三里塚闘争は、単独で出発したが、程なくして七〇年闘争の息吹を吸い込んだ。この強烈な印象は、農民を今なお支えているといえるだろう。主には、若き学生たちの人生をかけた人間像が蓄積している。それは、その後の支援の奮闘によって継続して高められてきた。この連帯感は「血の同盟関係」と言えるだろう。

その中で大きいのは、地元の労働組合である動労千葉の存在である。それは、支援という意味合いすら超え、三里塚支援のため自らの職場を武器にした闘争である。七七年には、航空機用ジェット燃料の輸送を阻止する闘いが、動労千葉の組織を賭けたストライキとして貫徹された。こうした労農同盟関係が基本なのである。これをもベースに革共同は、反対同盟と強い絆で結ばれているのである。

また、三里塚農民は闘う農民としての自覚的立場から、「農地死守」という原点を貫くだけでなく、政府による「成田空港」建設が「軍事空港」として使用する狙いであることを見抜いて「軍事空港反対」運動として取り組んだ。こうした全国政治の動向と結びついた三里塚闘争の性質が、全国の反戦平和運動を担っていた人々をはじめ、反基地闘争たたかう住民、「公共事業」の名の下に犠牲を強いられていた住民、「入会権」をめぐって生きるために闘っていた農漁民（住民）等々、あらゆる種類の闘いに取り組んでいた人々の三里塚闘争への結集を招き、反政府闘争の最大の拠点としての地位を確固たらしめた。

三里塚闘争の今なお有効な原点は、「農地死守」にある。このスローガンある限り、政府は苦しみ続ける。農地死守というスローガンを別の面からみれば、階級闘争全般の論理にも示唆を与えている。つまり、「当事者性」ということである。労働者階級の闘争をはじめ、あらゆる自己解放闘争に通底する問題である。大地に根を下ろす、職場に根を下ろす、生活の場に根を下ろす、こうした地べたからの抵抗闘争が、圧倒的な暴力的力量を保有する権力者の意図を打ち砕いていくことができる。労働組合、はたまたソビエトというものは、言い換えればこういうことなのではないだろうか。三里塚闘争における支援の位置は、反対同盟の自力闘争という主体性があって、はじめて強固なものになりえたのである。闘争主体の当事者性の獲得と維持ということが、暴力における優者である権力に対して、どれだけ政治的正当性、政治的自由をもたらしてきたか、考えるべきであろう。政治的正当性の高さなしに、反権力の闘いは、打撃力と持続性を保持できない。農民の闘いは過激か穏健かと、問われればそれは前者だろう。しかるに、その過激さを少しも世論から浮き上がったものにしなかったのである。大地からの魂の叫びは、人々を揺さぶり、強大な権力を撃ってきたのである。左翼は、やたらと、スローガンの華々しさを競ってはならない。急いてはならないのである。ある種の運動に「革命的」表現を与えたところで、それが、実質があるものかどうかで評価されるものである。軽佻浮薄は、厳に戒めねばならない。

三里塚闘争は、あくまで農民闘争である。「農地の防衛」という原点あるがゆえに、永続化している闘争である。そして、労働者階級とは立場を異にする同盟軍である。その上で両者が、棄民的悪政をもたらしている日本帝国主義を打ち倒すために、手を取り合うのである。そのうえで大事なことが、抑圧されている人民全体の反乱の中核的存在は、資本の死命を制している労働者階級の闘いだということである。労働者階級の立場が重ければ重いほど、他の階層との共同の闘いを重視すべきであろう。その前提の上で、同盟関係を構築するのである。それは、後で述べるように、被差別人民との関係においても理解しなければならない事柄である。したがって、「闘う農民に労働者階級の立場に立て」(*)、などというべきものではない。農民に労働者階級の立場に立つことを求めたなら、三里塚闘争は瞬時のうちに崩壊することを免れない。この同盟関係の建設、維持に当たっては、労働者階級は、農民の心情と希望についての把握と理解を深めなければならない。労働者階級の都合だけを押し付けるようなことは、厳に慎むべきである。

＊二〇〇八年、革共同は、三里塚現闘が反対同盟の立場に寄り添って、農民闘争としての三里塚闘争を主張する偏向に陥っていると批判して、現闘責任者を解任した。それに関して革共同は、「三里塚現闘は農民解放の立場ではなく、労働者階級自己解放の立場への移行が必要」、「農民の利害の立場ではなく、労働者階級の立場に立って」、反対同盟の農民を労働者党である革共同に獲得すべきだと主張して、事実上、従来の労農同盟論にもとづく農民闘争としての三里塚闘争論を「修正」した。

三里塚闘争は、革共同の革命戦争論にとって、「政治的正当性」の根拠とされてきた。たしかに、安保・沖縄闘争が後退して以降、三里塚での政府の失政と非道さは、合法的枠内での抵抗は無力ではないかとの印象を与えるところがある。革共同が、先制的内戦戦略の第二段階＝フェイズⅡへ移行した際に、「三里塚二期決戦勝利・革命的武装闘争貫徹」というスローガンをもってしたことは、革命戦争の政治的正当性を三里塚闘争の大義に頼ったということである。

しかし、農民の農地死守・実力闘争に、「やむをえないではないか」という道義性をあたえてきたものは、政府の非道さにあったのは間違いない。だから、三里塚闘争に関わる実力闘争や関連武装闘争を、政府が非難する資格はない。

しかし、ここで問題は、革命党が三里塚闘争を含む、階級闘争全体の発展に、この道義性の高さを、日本全体の変革のために、どのように位置づけたのかということである。こうした独特の農民闘争が生き続けてきたことが、革共同の戦略戦術に正当性を与えてきた。三里塚闘争は、血をもってでも護らなければならない戦場である。そしてまた、三里塚闘争のためには、農民を孤立させない支援運動が不可欠であり、そのためにも労働者階級の復活が必要なのである。小泉改革の中で伝統的農民層は、自民党から離反を始めている。農村は、ただ廃れるだけではなく、抵抗の新たな芽があちらこちらに育っている。あるべき労働運動は、三里塚農民との連帯行動をとおして、己の力と歴史的役割を理解していくであろう。農民層との同盟関係が労働者階級との間に新たに生まれていくならば、階級闘争は正当性を高めて、権力者への重圧をおおいに高めるであろう。

私と三里塚闘争の直接の関わりは、七〇年代初頭から長期のブランクを経て、九〇年代に復活する。その息吹を吸い込んで、私は運動家への道に足を踏み入れたといっても過言ではない。

そして本年七月、三里塚闘争は、反対同盟結成以来半世紀を迎えた。

第五章　「七〇年闘争」と革共同——何が問われたのか

最初に断っておきたいことがある。私は、六七年一〇・八羽田闘争から七二年の五・一五沖縄返還までを、「七〇年闘争」あるいは「七〇年闘争過程」と表現したい。

階級闘争は、字の通り、労働者階級の資本家階級に対する闘争を基本としている。階級闘争とは、労働者階級の闘争が基本だといっても、実際の政治生活史は、労働者階級という経済的社会的規定を受けない人々の、運動世界への参集にもいろどられている。しかし、もろもろの人民の反乱や決起を無条件に称賛するのはいいが、労働者階級の闘争の位置を古臭くなったとして否定するような考え方は、もってのほかであろう。

ここで、階級闘争理論を打ち立てたマルクスを検討する余裕はない。なお、レーニンは階級闘争とは、権力奪取、プロレタリア独裁まで承認する者のみに語れる言葉としている。ただし、資本対労働とはいうものの、高度成長期以降、帝国主義国での高文明社会が、階級関係に与える影響、労働者階級の主体性の変容について、政治学は、本来詳しい検討をなすべき義務があると考える。ネグリとハートは、マルチチュード理論(*)の中で、この新しい二一世紀の変革理論を試みている。この分野の解明には、多くの時間と文献の検証が必要である。とはいえ現在豊かとされた先進国の格差と貧困が、資本主義的世界史の劣化を示すものには違いない。労働者階級の存在と生産における役割は明白であるから、ひとまず、抵抗と変革の主力である労働者階級の動向を基準線とする解明方法を採用していくことにしたい。

＊ネグリ、ハートは、グローバル化、ボーダレス化した資本の支配を「帝国」という新たな概念で表すネットワーク的な権力として提起し、その「帝国」に対抗する主体は、「帝国」支配下にあって「帝国」に対抗しようとするあらゆる人々＝「マルチチュード」であるとしている。ネグリ、ハートによれば、労働者階級を資本主義社会の変革主体とするのは、国民国家論を前提としているが、今日の時代は、国民国家の在り方を超えたグローバルな支配を実現している「帝国」の時代とみなして、その変革主体は、労働者、あるいは労働者層に近い失業者、移民、高齢者等々だけではなく、あらゆる階層の中にいる「帝国」に対抗的な人々としている。

さて、革命運動は理論どおりには進まず、経済情勢、世界情勢、党派のあれこれの存在、文化や風土までも関係してくる。予定通りに行かないのが、この運動である。当たり前といわれればそれまでである。計画が外れたこと自身を責められることはない。私が述べたいことは、七〇闘争過程およびそれ以降の新左翼勢力、とりわけ革共同・中核派の指導指針を評価し、問題の原因を探ることである。むろん、否定的評価の上に立って、その作業を行うだろう。

第一節 革命運動の大衆的本質

社会主義革命は、陰謀ではなく、膨大な下層大衆が参加して行う歴史的行為である。クーデターとは根本的に性格を異にする。よって、武装闘争や革命戦争が長期の戦術の中心に座るためには、革命的情勢が継続していることが必要である。革命的情勢とは、武装蜂起による権力の交代が現実的課題になるような政治的激動をさしている。果たして七〇年代、あるいはそれ以降に「革命的情勢」と言えるような状況があったのであろうか。

革命的情勢というのは、単に、経済的に行き詰っているというだけではなく、経済的危機が政治問題になり、それまでさし当たって共存していた階級関係に亀裂が生じ、対立が険悪化している事態である。それに加えて、労働者大衆の憤激が収まることなく、体制内の処理装置で収束することが困難になり、もはや誰にとっても先が見えないような状況である。しかも大衆の憤激が、その行動力の大きさ、高さに現れていることである。こうした革命の主体の化学変化が必要である。

支配者の反動政策があるだけで、革命的情勢と規定するわけにはいかない。革命的情勢は長続きするものではない。大衆の行動力は、指導政党の宣伝や扇動があったとしても、長続きはしないからである。権力奪取が間延びすれば、労働者大衆は先が見えなくなって、行動力が停滞ないし喪失していくであろう。そして、旧い秩序だけが生き残り、息を吹き返してくる。議会を通じた統治体制を有し、機能している諸国にあっては、武装蜂起に勝利しなければ弾圧が猛威を振い、引き続いて、ブルジョア支配階級の安定した支配装置の下に時局は収束されていくだろう。

七〇年代闘争過程、大学内に限っていえば、全共闘運動はそれだけの激しさと大きさ、参加学生数の多さ、現状を否定する気分の強さから、「革命的」であったと十分にいえる。だが、大学は社会の一部を構成するに過ぎない。当時の日本においては、社会全体が革命的激動に飲み込まれたわけではなかった。

平素は、誠実に生活のために、仕事や家族第一とする生活様式に親しむ人々が、政治的に熱くなるためには、それだけの理由が必要である。運動家の説法も重要だが、それだけでは勉強になりました、とのありがたい確認にとどまる。自主的行動が大量に発生するために、支配者の施策が破綻し失敗して、行き詰まり、もはや納得させられる方策もなく、労働者大衆の生活がただただ苦しくなるばかりだ、という状況が必要である。「革命的情勢」が生み出されるためには生活不安の極度の高まり、命の危険、容認できないほどの人間的誇りの剝奪状態、こうしたことが重なり合って、もはや代議機関や官僚機構に事態を預ける余裕もなくなり、切羽詰まって自らの力を頼りに動き出す、という事態になることが必要である。

こうした条件は、徐々に積み増ししていくあり方で形成されていくもので、革命党の宣伝と教育だけで作り出すことは不可能である。革命が、思想空間から膨大な大衆空間での確認になるためには、国家の統治能力が極度に後退し、いわば最低の約束事すら護れなくなっているという社会の崩壊的状況が必要である。そこで、権力が自分の非を認めるどころか、弾圧の力で剣を振り回すとき、人民は自主的に武装する意味を受け入れることになる。議会制度内の野党勢力にも期待が失われたとき、彼らは議会外の手段で、暴力ないし圧倒的な労働者大衆の制圧力で、生き延びる方法を選択するだろう。

憤激が、権力を空洞化させるような意味を持つためには、いうまでもないが、社会主義革命を綱領とする政党のリーダーシップが必要である。

第二節　「革命的情勢」論の適用範囲

一般的なおさらいをすると、七〇年闘争過程は革命的危機ではなかった。経済的生活は高度成長期にあたり、人々の間で生活が脅かされるほどの危険な状態はなかった。その特徴は、街頭にとどまっていた。六〇年代段階での四年制大学の就職率は、平均して九〇パーセントを超えていた。六八年は、完全就職率に近い九八パーセントを記録していた。その一方で、反乱が激しかった背景には、漠然とした不安があった。

「戦後の若者が直面した事態は教育爆発だけではない。農村から都会への地理的移動と農業などの第一次産業から第二次・第三次産業への社会的移動の（社会的地位の）時代だった。戦後日本においては、戦前から長期にわたって緩やかな移動が起こった欧米とは比べられないほどの急速かつ大規模な地理的移動と社会的移動が起こった。

例えばイギリスでは非農業就業率が七一パーセントから九〇パーセントを超えるまでに、一八五一年から一九一一年まで六〇年間かかっているのに、日本では六七パーセントから九〇パーセントまでの上昇に六〇年から八〇年までのわずか二〇年間しかかかっていない。日本では一九五〇年から八〇年までの三〇年間で農業就業率が五〇パーセント近くから一〇パーセントへと急速に縮小した（苅家剛彦）。こうして戦後日本においては人口革命や教育革命だけではなく、欧米よりはるかに急速かつ大規模な職業構造革命や産業革命構造が生じたのである」（『革新幻想の戦後史』竹内洋）。

こうした事態が、一見社会的不安と危機をつくりだしたが、基底的には、高度成長が人々を曲がりなりにも吸収していく構造も併せ持っていたのである。それゆえ、飢餓におびえなければならないような危機の到来は無かったというべきである。学生は、近代資本主義の非人間性を告発したが、その重みは、大人社会を含めて転覆させるという、本当のラディカルさを持っていたわけではなく、全人民的に浸透したわけでもなかった。たしかに、国鉄などの拠点労組では、「マル生」攻撃[*1]に対して、安保・沖縄闘争の最中の七一年末に闘い、不当労働行為を当局に認めさせる大きな勝利を勝ち取っている。以来、政府自民党は、国鉄労組を潰すために長期に準備を重ね、八〇年代の全国家的取り組みによる「臨調国鉄改革」攻撃を発動することとなっていったのである。また、一九七五年の公労協の「スト権奪還スト」は民間労組も立ち上がったゼネストとなり、首都圏中心に一週間もの間交通マヒが起きた。空前のゼネストと言われた。しかし政府の壁は厚く、成果のないまま中止せざるを得なかった。その挫折感と石油ショックによる不況の影響で、労働陣営は急速に戦闘力を後退させ、もっぱら雇用の維持に執心するという、戦術変更を余儀なくされてしまった。反合理化闘争は後退した。労働界の主流をなしていた社会主義協会は、有効な対抗戦術を形成できず、ずるずると後退し、民間大労組中心の労働戦線の右翼的統一に道を開いてしまった。全国金属などの戦闘的有力大単産でも反合理化闘争が後退し、賃金闘争も抑制気味になっていった。政府はこうした包囲網を形成しつつ、抵抗の強力な主力国鉄労組に臨調行革攻撃をしかけ、労組解体をめざしたのである。動労革マル派は、それまでの「鬼の動労」もどこへやら、行革攻撃に対して、反合理化闘争放棄を指令、当局との間で「安全協定」を締結したのである。闘う組合である動労千葉に対しては、組織会議のたびに本部要員がリンチを加えていた。七九年、歯を食いしばっていた動労千葉の主要メンバーに動労本部から統制処分攻撃が発動された時、ついに分離独立を決断して「千葉動労」(＊2)を結成した。そして今日に至っている。

＊1　「マル生攻撃」とは、六〇年代末から国鉄や郵政職場などで展開された「生産性向上運動」のことで、組合が勝ち取ってきた労働条件の剝奪や強引な組合脱退強要など、当局が政府と一体になって行った組合運動つぶしの攻撃のこと。これに対し、国労・動労、全逓などは「反マル生

闘争」を総がかりで闘い、「不当労働行為」を認めさせ、勝利した。

＊2　動労千葉（動力車労働組合千葉地方本部）は、動労本部を握る革マル派から、中核派系組合として名指しされ、反合理化闘争、三里塚農民との連帯闘争など運動のあらゆる領域で、「本部の言う通りに動かない」ことを理由に、大会はじめ各種会議に出席する動労千葉組合員への暴行などが繰り返されていた。七九年三月、本部緊急中央執行委員会は、動労千葉執行委員の権利停止、組合員の再登録を決定し、本部は組合員を大量に千葉地本各支部に送り込み、「襲撃」と「恫喝」で、動労千葉執行部、組合員に屈服を迫った。これに対し動労千葉は、三月三〇日、臨時大会を開催。本部の「執行権停止」を拒否し、地本丸ごと本部から独立した新組合「国鉄千葉動力車労働組合」（略称「動労千葉」）の結成を満場一致で決定。直後から、動労本部は連日、一〇〇〇名を超える組合員を動員して、当局黙認の下、新「動労千葉」各支部組合事務所などを襲撃させた。動労千葉側に重軽傷者多数を出したが、動労千葉は組合を守り抜き、今日に至る。

さて、七〇年闘争過程およびその後の七〇年代における主体勢力の労働戦線は、かくのごとき状況であった。それを「革命的情勢の過渡期の接近」と規定するには無理があったのではないか。

先を急ぐと、七〇年闘争の街頭での激しい状況を、「革命戦争の開始」と見たのは、狭い観念、イデオロギーの強引で不正確な適用に過ぎなかったといえる。大衆行動の活発化、投石があり、火炎瓶があり、角材があったということは、積極的に評価すべきであるから、戦術的に革命党が対応するのも当然である。しかし、それをもって、「七〇年革命」とか「七〇年代革命」などとテーゼ化したのは、あまりに単純かつ主観的に過ぎた。しかも、社会主義革命というが、本来その中心は労働者主導によるプロレタリア革命なのである。階級定義と無関係な、反政府勢力一般の反乱が問題なわけではないからである。

七〇年闘争とは、学生も労働者大衆も、あの忌まわしき戦争が再び到来するのではないか、戦後勝ち取った平和が踏みにじられようとしている、との危惧を抱いたところに発生したのである。戦中派の親も、その親の戦争観（厭戦、反戦、非戦）の影響を強く受けた敗戦直後生まれの青年も、戦争には敏感であった。こうした、平和侵害に対する怒りの抗議であった。もう一つのモメントは、「民主主義社会」と口ではいうが、その不公正さを見逃すことができない程に深刻であったという、「告発」の側面も強かった。

石油ショックと世界同時恐慌は、生活の破綻に直結はしなかった。合理化、倒産、家計破綻もあったが、地獄に落ちてもはや這い上がれないという絶望状況とは、一線を画していた。ブルジョア社会は、再編され、人々の不幸を踏み台にして、新しい社会経済体制に吸収されていった。

念のために記したい。経済の少しの不況も、条件の悪かった人々には地獄でもあったことを否定するつもりはない。私が言いたいのは、全体の消去できない趨勢ということである。ひとつの悲劇を取り出して、革命情勢を語るのは、世間知らずの青二才の強弁である。その憤怒の心情を晴らしたいモラリストは、テロリズムで憎い相手に教訓を与えるしかないであろう。しかし、テロリズムの集積が革命情勢を創造するわけではない。

七〇年及び七〇年代闘争をリーダーで闘った人々は、抵抗闘争の端緒的部分的武装化の傾向を、正確に評価せず、社会全体に適用する過ちを犯した。大衆の安保反対のムード、実力行動が歓迎される思想風土、また諸党派の、特に赤軍派など「武装闘争至上主義」へと傾斜していった一部の「戦術極左」的傾向を持つ諸グループの動向が、革共同指導部の政治思想に影響を与えないはずがない。しかし、影響を受けながらも、事態の歴史的特質を勘案し、咀嚼し、革命の理論を深めることが必要であった。

革マル派との党派間戦争が、階級闘争が武装していくよい契機だとしたのは、革命戦争論の段階的発展論の考え方にたった理論の類推にすぎず、大きな禍根を残すことになる。段階的発展論とは、中国革命における毛沢東の指導理論であった。その適用をしたと思われる。この党派間戦争の規定が、革命の前進プロセスと結びつけて展開されたために、後に対権力の革命戦争方針に膨張する原因となる。

そして、革命戦争理論を根拠付けるために、革命情勢が絶えてなくなることがないとされた。革命的情勢は、世界経済の危機および政治反動の波と等置された。革命の政治経済学は、いつも革命情勢があってほしいという主観的願望に成り下がったのである。思想が情勢をつくる、という転倒が行われた。

ここで、故・本多書記長執筆の重要論文『革命闘争と革命党建設の事業の堅実で全面的な発展のために』（一九七三年発表『本多著作選』第二巻）という路線論文を取り上げてみたい。

ここでは、まず七〇年代階級闘争が革命的・内乱的に発展するとした。その理由に、帝国主義の側がアジア侵略や小選挙区攻撃など内乱的手段を取り始めていること、反動諸法案や七三年春闘、環境破壊などの攻撃に対して、労働者人民の反応が高まり、政治的行動が活性化していること、階級闘争の各指導勢力の革命と反革命への分岐が促進されていること、などを挙げている。

その上で、「革命的情勢の過渡期の成熟とそれに応じた党の三つの義務」を展開している。ここで、「革命的情勢の過渡期の成熟」という概念が提出されている。

本多書記長は、レーニンの『第二インターナショナルの崩壊』という第一次大戦中に書かれた論文から引用して、革命的情勢の要件を定義している。それを重引する。すなわち、「マルクス主義にとっては、革命的情勢なしには革命は不可能であり、しかもどんな革命的情勢でも革命へ導くとは限らない、ということは疑問の余地がない。一般的にいって革命的情勢の徴候とはどういうものか？　次の三つの主な徴候を挙げればおそらく間違いなかろう。

①　支配階級にとっては、不変の形では、その支配を維持することが不可能になること。『上層』のあれこれの危機、支配階級の政治の危機が、亀裂をつくりだし、それにそって、被抑圧

階級の不満と憤激が爆発すること。革命が到来するには、通常、『下層』がこれまで通りに生活を『欲しない』というだけでは足りない。さらに『上層』がこれまで通りに生活することが『できなくなる』ことが必要である。

② 被抑圧階級の貧困と窮乏が普通以上に激化すること。

③ 右の諸理由から、大衆の活動力が著しく高まること。大衆は『平和な』時期には、おとなしく搾取されるがままになっているが、嵐の時代には、危機の環境全体と『上層』そのものとによって、自主的な歴史的鼓動に引き入れられる。

個々のグループや党の意志だけでなく、個々の階級の意志にも依存しないこれらの客観的な変化なしには、革命は―概して―不可能である。」

以上である。

本多書記長はこう引用しながら、七〇年代中期へと、こうした徴候が現れ始めていると規定している。革命的情勢を見えにくくしている理由もある、と慎重に述べている。つまり、「資本主義体制の延命のために、矛盾の爆発を不断に引き延ばそうとしていること、またスターリン主義の裏切りによって、大衆の自主的な歴史的行動への決起がたえずゆがめられている、妨げられている、情勢の爆発を回避する為ならどんなことでもする傾向がある」とし、「こうした傾向は、革命的情勢への過渡期の成熟を否定するものではない」と結論付けている。

それゆえに、「革命的情勢への過渡期であるから、単に革命的情勢の成熟を待つのではなく、人民の主体的な変化を促すために、能動的に闘わなければならない」というテーゼを提起する。この主張は、革マル派との党派間戦争の意味を強く定義づけるものとなる。そして、「革命の問題を真っ向から提起し、革命的行動への移行を促進し、計画的系統的に強化すること、非合法的非公然的組織を作るべきですぐさま着手すべきこと」としている。

レーニンは、その「革命的情勢」論の中でいみじくも、「上層」「下層」の動向に関する三つの特徴的徴候について、それらは「個々のグループや党の意志だけでなく個々の階級の意志にも依存しない客観的な変化なしには、革命は—概して—不可能である」、と慎重に付け加えている。それに対して本多書記長は「単に革命的情勢の成熟を待つのではなく、人民の主体的変化を促すために能動的に闘わなければならない」という考え方を対置している。本多書記長のこの思想は、革共同においては「客体的情勢の主体化、主体の客体的情勢化」という主体的認識論＝実践論として語られるもので、簡単に言えば、党の総力を挙げた先駆的決起によって情勢を切り開き、より革命へと接近していくことができるという考え方である。七〇年闘争過程を、諸党派の中で唯一「勝利」と総括した革共同だが、その根拠は、革共同・中核派の組織を挙げた実力闘争によって階級闘争全体の激動化を作り出すことができたということ、「党を賭ける」という闘い方ができる組織として革共同を作り上げたというところにあった。まさに、本多書記長のこうした思想が、本多書記長暗殺を経て、先制的内戦戦略および革命戦争論の理論的導きの糸となったであろうことは疑いを入れない。

それでも、このころは、政治闘争、経済闘争、理論闘争のバランスある発展を説き、その一環として当面する革マル派との戦争に全力をあげる、というバランス感覚が働いていたものとも考えている。

それはともかく、予防反革命的な施策があったとはいえ、「七〇年代の傾向が全体として、階級闘争の内乱的発展を促進する流れとなっていた」との指摘には、今日では賛同しかねる。たしかに、七〇年代は、ニクソンショックがあってアメリカの陰りが見え、しかも石油ショックが戦後最大の経済恐慌をもたらした。それは、単なる石油問題ではなく、戦後帝国主義の高度成長経済の根底的行き詰まりを意味していた。福祉国家の流れは続いていたものの、他方では、労働者階級の獲得物を剥奪せんとする新自由主義的攻撃が牙を研ぎ始めていた。

こうした動向が、レーニンの革命的情勢の要件に合致するものではないことは明らかだったのではないだろうか。予防反革命的施策やスターリン主義の抑制的行動によって、革命的情勢が隠ぺいされているから、能動的行動でむき出しにするというテーゼも無理があったのではないか。

第三節　革共同の「現代世界テーゼ」

そこで、どうしてこのような情勢論を打ち立てるに至ったかについて考えてみたい。

何故、こうした「理論」が長期にわたって維持されたのか。七〇年闘争の大きさ、六七年一〇月以来の「成功体験」の大きさがあるだろうが、情勢分析における理論問題もあったように思う。革共同はかつて、「宇野経済学の批判的摂取」という視点を語ってきた。宇野経済学は、資本主義を分析するに際して、経済学原理論を明らかにした。これは、資本主義の成り立ちを、その歴史的展開からいったん切り離して、自律的に展開する社会として捉え、その成立の構造を明らかにしたものであった。それは誰もが認めざるをえない客観的な科学的本質と説明された。そのうえで経済分析は、段階論、現状分析をもって行うとし、それは、帝国主義の歴史的限界を示すものと考えられた。

しかし、革共同は、こうした宇野経済学の社会科学に徹するという立場に批判的で、現実の社会変革は、革命党の媒介によって実現されるのだから、「革命党としての実践的立場に立つことで、はじめて正しい現状分析ができる」という「主体的（主観的）認識論」の視点から、帝国主義の危機を捉えることになる。

こうして、革共同の経済論は、常に段階論の帝国主義間争闘戦を土台にした、各国の不均等発展と争闘戦の展開論として構成されることになった。すなわちそれは、客観的な危機論として具体化された。ドル危機や世界恐慌の度に繰り出される延命策は、必ず失敗する、危機から逃れられない。革共同は、時代認識の基本テーゼを、「段階・過渡・変容―再編・危機」として確立していた。

すなわちレーニンに習って、帝国主義の基本矛盾を帝国主義世界戦争の爆発であると規定した。

第一次大戦と第二次大戦がそれに該当する。第一次大戦は、高度に金融的に組織された新興ドイツ帝国主義が、伝統的な英仏帝国主義の支配に挑戦した戦争であった。アメリカは、前面には立たなかったが、英国への軍事物資を供給した。それは、米国資本にとっては大きな特需であった。革命前のロシアは、ドイツの進攻と対峙した。日本は、太平洋諸島のドイツ領を闘わずして次々と接収した。第一次大戦は世界史上初めての国家総力戦であった。各国にわずかながらに残っていた戦争の騎士団的雰囲気は一掃された。毒ガス兵器や軍用機が登場した。それは、人員と工業力を総動員した国家総力戦であった。欧州を舞台にした戦争は、一千万人の死者を生み出した。ドイツは降伏した。皇帝支配体制は崩壊し、その後、民主主義の先鋒と評されたワイマール憲法が制定された。しかし、疲弊したドイツの経済力を上回る戦時賠償義務は、ドイツを苦しめ社会的不安定の土壌となる。ナチスがそれをついて、共産党、社民党や既存の伝統的保守層を打ち破り政治的に権力に到達する。

他方、東洋の持たざる国日本と、イタリア、ドイツとの三国同盟が締結され、第二次大戦が勃発する。第一次大戦からわずか二〇年後のことである。

革共同は、こうした帝国主義者の動向を捉えて、それは帝国主義の基本矛盾の爆発であり、逃れられるものではなく、必ず世界大戦が世界史に伏在しているものと規定した（「段階」）。

さて、レーニンは、戦争に伴うその破局をつかんで、「帝国主義戦争を内乱へ」のスローガンを掲げた。そして、その成功をとおして、帝国主義の時代を社会主義の歴史的前夜とする過渡期論を主張する。実際に、ロシア革命が社会主義への世界史的過渡期を切り開いた（「過渡」）。

しかし、スターリン主義の一国社会主義成立論によって、中国革命でのジグザグ、イギリス革命でのストライキ抑圧、はたまたフランス人民戦線でのブルジョアジーとの妥協、ドイツにおける社会ファシズム論による社民主要打撃論などの戦術によって、その過渡期が世界革命へと向かわずに捻じ曲げられた（「変容」）。

第二次大戦では、日・独・伊三国同盟・枢軸国は、連合国に完膚なきまでに粉砕された。アメリカが、太平洋でも欧州戦線でも前面に立った。終戦後の戦後革命では、軒並み体制的危機に陥った帝国主義に対して、スターリン（主義）は、連合国側の一員として、戦後革命の方針を放棄して、たとえば「フランスの復興を」のスローガンを掲げて、帝国主義の延命を助けた。スターリンの基本方針は、帝国主義諸国との摩擦はソ連一国の危機を招きかねないという理屈で、革命的危機を革命に転化しようとする各国共産党の革命的方針を抑え込んだ。そしてスターリンは、もっぱら「社会主義の祖国」＝ソ連を防衛する東欧圏を成立させた。東欧圏の支配の過程は、各国の共産党による自主的な革命によるものではなかった。旧体制の支配者をソ連の代理人として登用したりして、ソ連の「衛星国群」を広大に作り上げた。他方、あくまで本来の革命を実行しようとする自主独立派の共産党員に対しては、反革命規定をもって大量虐殺で返答した。五三年のポーランドでの反ソポズナニ暴動、五六年のハンガリア革命の血の圧殺、六八年春のプラハの春の圧殺などが典型的である。それに唯一抵抗して成功したのが、ユーゴースラビアのチトー体制である。また、六〇年代から中国派のアルバニアが独自路線を示した。

こうして、帝国主義の勢力圏では、スターリン（主義）が革命をめざす共産主義勢力を抑え込み、その代り帝国主義側はソ連圏には手を付けない、という共存体制ができ上がった。中ソ戦争やキューバ革命、中越戦争など様々な矛盾が爆発するが、おおむね帝国主義とスターリン主義の併存構造に吸収されていった。

それが破たんするのが、一九八〇年から始まったポーランドでの「連帯」労組を中心にした民主化運動であり、決定的になったのは、一九八九年の東欧危機である。ソ連も手が付けられなかった。それに先立つゴルバチョフのペレストロイカがある。共産党支配の再建をめざしたゴルバチョフの「新思考」路線は、長年のソ連の膿をむき出しにし、ソビエトの内部崩壊を促進した。

いくつか先走ったが、第二次大戦後の世界体制は、伝統的に世界の基軸国であったイギリスに替わって名実ともにアメリカを中心として再編成された。アメリカの政治力・軍事力とドルの経済力が、世界経済の一応の統一に貢献した。五〇年代まで「パクス・アメリカーナ」と称されるアメリカを中心とする「世界平和」が到来した。それは、アメリカの軍事力に依存し、スターリン主義圏を取り込んだ冷戦体制という「平和」に過ぎなかったが（「再編」）。

しかし、五〇年代末ごろからドル危機が発現する。不均等発展の法則が働き、アメリカ体制としての世界体制は危機的となりかけた。そして六〇年代以降、長期にわたってその危機的性格から抜け出ていない、と分析された。革共同は、六六年の第三回大会で、時代認識を「戦後体制の根底的動揺」の時代が来たと提起した。それは、ドル危機とベトナム危機を捉えての示唆であった。当初はその規定は、先駆的で、七〇年闘争に立ち向かおうとしていた多くの労働者人民に影響を与えた（「危機」）。

以降、四〇年間にわたり革共同は、この時代認識を適用している。革共同の情勢分析は、その危機的事態を経済的動向から論証することに注がれることになる。経済危機＝革命的情勢の到来と「等置」が行われた。ここでは、革命的情勢論について、七三年にレーニンにならって定式化された主体的情勢の変化の問題は、否定されたわけではないが、等閑視されていたとみるべきだろう。

すると、世界的な経済危機が恒常的に継続しているわけだから、革命的情勢が続いていることになる。しかし、ここでわからないのは、仮に経済的に危機だとしても、革命的情勢の要件には主体的情勢をも釈量しなければならないはずだ。主体的情勢の成熟がないことは明白なのに、革命的情勢が継続していると主張してきた理由は、帝国主義の危機の爆発を先送りする政策と、スターリン主義をはじめとする体制支持党派の抑制によって、主体的変化が抑えつけられているだけだという独特の理論によって補完されているからである。さらに、抑えつけられた主体的情勢は、自分たちの命がけの決起によって激動化させることができるという、「主体的実践」論がある。

こうして、「本質的には革命情勢なのだ」という、いささか強引な論理によって「革命的情勢」がいつまでも継続されているということになる。それにしても、労働者人民の十重二十重の決起という主体的変化のフィルターを通さずに、客観的経済危機イコール革命的情勢としてしまったのは、どうしてだったのか。筆者には、革マル派との党派間戦争を当面の基軸にし、内乱・内戦―蜂起に向かって恒常的に革命戦争を推進するという革命戦略を打ち立てたことから逆に、「自分たちは革命的であらねばならない」という立場性への拘泥を生み出したのではないかとも思う。それをよく表しているのが、「たたかうアジア人民と連帯し、日本帝国主義のアジア侵略を内乱に転化せよ」という戦略的総路線を、七〇年代初頭の日帝の経済的アジア侵略が始まっていた段階に打ち出し、それを七〇年代から八〇年代まで継続してきただけでなく、何らメスを入れられることもなく、今日に至るまで使われている、ということである。

「侵略を内乱へ」は、戦略的総路線であった。そこには、かつての「大東亜共栄圏」の犯罪性に対する贖罪意識と、新たな新植民地主義的経済侵略への警告が含意されている。すなわち日本がアジア諸国に経済的権益を持っている以上、日本のアジア侵略を内乱に転化すべき革命的情勢への過渡期が常に存在しているという認識である。私は思う。レーニンの「帝国主義戦争を内乱へ」は、人民にとってはるかに深刻な社会的危機的次元での路線であったが、それに比べて革共同の「侵略を内乱へ」は、軍事侵略戦争に至っていない経済侵略的レベルで打ち出すべき路線として、そもそもどうだったのかと。だが革共同は、内乱の発生根拠を経済還元論で立論してしまった。経済危機＝経済侵略＝革命的情勢＝内乱、というように。そこには主体情勢の化学変化に対する革共同独特の楽観論、すなわち党が総決起すれば人民大衆も必ず決起するという主観的楽観論が横たわっていたといえよう。

だから、戦後民主主義への攻撃との対決を叫びながら、実質的には、戦前型国家主義への回帰という「危機と破局」の到来を待ち望む、という本音が出てしまい、労働者人民の理解を複雑なものにしたと言えなくないか。レーニンが語るように、内乱を提起する際の根拠は、現に破局がつくりだされて、人民を塗炭の苦しみで拘束している場合に限られるだろう。何十年も破局の到来を待ち続けるというものではないであろう。七〇年以降、石油危機を発端とする世界恐慌、八七年のブラックマンデー、日本におけるバブルの崩壊、なによりも二〇〇七年のリーマンショックなど、経済的破綻は繰り返し到来したが、革命的危機に結びついたわけではなかった。バブルとその破たんを反復しながら延命しているのである。

今日、革共同は、事実上、ゼネスト方針を革命戦略にまで祭り上げている、と捉えられる。

ゼネストこそ、経済的破綻点の政治的社会的な爆発を隠ぺいしている体制の脆弱性を白日の下にさらし、革命的危機へと転化していく武器である、と強調しているようである。そして、ここに「革命の現実性」があるとしている。

革共同は、国家統治の土台をなす官公労系主要労組、即ち自治労（行政）、教組（教育）、郵政（通信・物流）、国鉄（交通・運輸）など「四大産別」の権力を掌握すれば、権力奪取とそれにもとづく国家統治が可能になると考えているようだが、現状における革共同のそれら主要産別における影響力の決定的欠如という事実に踏まえれば、ほとんど「夢想」でしかなく、リアリティーを示す根拠は何もないという他ない。ゼネストを打ち抜く組織力とは、新自由主義的な苛烈な労働支配にあえぐ、労働者階級の「内的必然性」にもとづく怒りの自然発生的爆発を待つ以外にない。今のままだと、その時、革共同が歴史から放り出される恐れがある。

結局、武装闘争論を支えた革命的情勢の一貫した継続論の最深の背景には、「段階・過渡・変容・再編」論という現代世界規定があったことが浮き出てくる。それに続く「危機」論は、危機になったり、危機が当面回避されたりするというレベルの事柄ではなく、革共同にとっては、それ以降の世界史の時間を根本的に支配している時代的定義なのである。つまりその後の、繰り返される恐慌とそれへの「対策」は一時的延命策という規定性を与えられるだけで、結局必然的に破たんするものと見なされている。だから革共同の情勢論は、常にアメリカ経済の分析が軸であり、米国が風邪を引けば世界が連鎖するという関係となっている。たしかに恐慌は危機であり、そのたびに処方箋が準備され、施されてきたものの、それは一〇年もたてば破たんする代物に他ならない。搾取は、そのたびに強化され、アメリカでのオキュパイ運動などウォール街を直撃する、「九九パーセント」を代表する闘いが起こっているが、それでも社会全体の革命的危機にまでは至っていない。

歴史は実際には、単線的に進まなかった。「過渡・変容」を逆戻りして、一気に帝国主義が独り勝ちする情勢にまで到達してしまった。ソ連が崩壊してしまったのである。帝国主義は新自由主義・市場原理主義の姿を取って、搾取を極限的に進めながら延命している。それはそれで、世界中の労働者人民の怒りを招いているが。

いまや、アメリカでも格差社会批判が爆発している。民主党の大統領候補指名争いで「民主社会主義者」を名乗るサンダース候補が善戦している。たしかに主体的流動状況が忍び寄っている。そして、日本でも同様の傾向が顕在化し始めている。ここで強調したいのは、それゆえに安易に「革命的情勢」などと規定せず、労働運動を軸にしっかりとした大衆運動を作り上げることであろう。

こうした経済危機論にもとづく革命的情勢論は、大衆運動の潮が引いた後にも継続された武装闘争路線という、革命戦略レベルの選択の誤りの大きな背景となっており、七〇年闘争過程の収束後、改めて見直されるべきであった合法的戦術、とりわけ労働運動での取り組み直しへの軽視をもたらした。そして、九一年五月テーゼを契機にした革命戦争路線からの路線転換以来、二〇年が過ぎたが、革命戦争路線へのまともな総括の試みすらできていない革共同は、その後何事かを成し得たのであろうか。

第四節　選挙闘争

ここで、革共同の議会選挙闘争について検討してみよう。

今日、革共同は、八〇年代までの杉並選挙闘争(*)の戦術が、「当選至上主義」であったのが間違っていたと語っている。組織は、杉並区民の名簿を一人ひとりあたり、支持を取り付けていくという、大変な力量を必要とする方法をとった。したがって、全国から三桁に上るメンバーを杉並に集中した。それは消耗戦でもあった。選挙が終わると、多くのメンバーが党を離れた。また、杉並の拠点化に向けて、少なからぬメンバーが東京に残った。それは、送り出した地方組織にとっては、消耗を避けられないような措置であった。

＊革共同は一九六七年、杉並で都議選挙、区議選挙に挑戦、長谷川英憲氏が区議に当選、北小路敏氏は都議選で惜敗した。以降、杉並で七〇―八〇年代の内戦過程でも長谷川氏は区議選に勝利し続けたが、八五年都議選に出馬するも落選。八九年に再挑戦して当選したが、以降は落選。九一年、結柴誠一氏が区議に当選以降、七期目になる。九五年から結柴氏に加え新城節子氏も区議に当選し、革共同は杉並で二人の区議を擁することになった。九〇年代以降、革共同は杉並の

他に、関西の泉佐野、大槻、八尾、神奈川の相模原などで市議を当選させたが、二〇〇六年、革共同は結柴、新城両氏を追放し、杉並区議選に独自候補を立てたが落選。結柴、新城両氏を支援する地元住民の多数派は、革共同と決別して両氏を支援し、区議戦に勝利している。新城氏は二〇〇七年に僅差で落選するも二〇一一年、再選を果たし、両氏とも現区議。また、革共同は、二〇〇〇年、長谷川氏が杉並選挙区から衆議院選で落選、二〇〇五年に都議選で落選。さらに二〇一四年、鈴木達夫氏が都知事選に出て落選、同年杉並から衆院選に出馬して落選。革共同の選挙闘争にとって、杉並は歴史的に拠点として築き上げた地域だが、結柴、新城両氏の追放以来、住民的基盤を失っている。しかし拠点としての位置づけは変わっていない模様。

当選至上主義というかつての選挙戦術への反省は、現象面を捉えているに過ぎない。問題の根っこは、特に都議会議員選挙への挑戦が、「革命の現実性」に根拠があるとされていた点にある。すなわち「革命的情勢論」の過ちに由来している。

東京都議会選挙は、区議会選挙とは異なり、一選挙区で数名の当選者が決まる方式で、総選挙と同様の選挙制度である。ここで自民党や共産党の候補と並んで当選することができれば、国政選挙への挑戦も射程に入ると考えられていた。ここから、都議会選挙での当選＝革命的情勢へのより大きな前進と捉えられた。つまり、当選という勝利が作り出す、一点突破的な勝利が革命情勢を引き寄せるような、「蜂起の勝利」にも似た成果をもたらす、という位置づけをしたのである。いわば、「政治決戦主義」と似た考え方があったといわねばならない。実際、

『前進』紙上の選挙論文では「蜂起的決起で当選へ」などの文言が踊っていた。それゆえに、革命を切り開くために、いかなる手段をとっても当選をめざしたのである。しかしながら、作り出した情勢がさほどでないとわかるや、精神・体力ともに疲弊しきっていったのである。ドイツ革命におけるリープクネヒトを生み出すような状況ではなかったのである。

選挙とは、やはり地道な組織基盤、労働者細胞や居住細胞を黙々と創造していくことが、前提条件なのではないか。しかるに、八〇年代は、政治決戦主義的に革命戦争の一環として、選挙を位置づけ、杉並を通して蜂起に至らんとする情勢に近づこうとして、何度も挑戦を試みたのである。組織に破壊作用が生じたのはやむをえなかった。結局、先制的内戦戦略の問題なのである。指導部は、五万票の票を獲得したとすれば、それがあたかも、五万人の決起に繋がっていくようなものの見方をしていたのではないか。しかし実際には、それは、革共同の革命戦争路線を真っ向から提示して得たものではなく、むしろそうした方針をあからさまにしないような、いわゆる「ドブ板選挙」的なやり方で得た票であった。

七〇年闘争の大きな遺産があり、議会野党が対応できない、恒常的に湧き出る社会の構造的腐敗、人権問題等々があるために、少数ながら革共同への一定の政治的支持者を獲得していたのも事実である。八〇年代末までは、「総中流意識」といわれるほど、階級関係の安定化が図られる。むろん、これは言いすぎだが、命の危険や飢餓の困苦とは、多くの労働者がかなり距離のある状態にあったことは間違いあるまい。杉並での革共同への「一定の支持者」というのは、こうした人々の中の人権意識や平和主義への志向性が高かった人々なのではなかったのか。いずれにしても、飢餓の困苦や戦争の危機という点では、二一世紀の今日、七〇年代とは状況が変わってきているが。

第五節　労働者階級の組織化の後退

しかし、八〇年代、「総中流意識」などと、安楽な気分に浸れるほど、労働戦線、生産現場は落ちついていたわけではない。七四〜七五年世界同時恐慌に対する輸出立国化は、一大合理化を働く者に強制した。造船や繊維は、倒産の危機に効率化のための労働強化に走った。労働戦線統一の動きは加速した。資本の利潤確保のために、働き度を高めることを要求した。労働分配率は悪化したのに、倒産の恫喝の前に春闘はただの中央交渉になり、現場のたたかいは空洞化していった。そして、国鉄の分割民営化攻撃は、戦後階級関係の変更を政治目的とし、国家総力を挙げて始まった。それは、新自由主義攻撃のさきがけであった。ケインズ政策は、戦前二九年恐慌への対処策であったが、階級関係の安定化に重点をおいた。そのために、労働者や人民に対して可能な妥協は行う、そのための財政投融資を重視した。七〇年代中盤の世界恐慌は、特に欧米でインフレとデフレが共存する新現象（＝スタグフレーション）を生み出した。各国は軒並み財政危機に陥った。資本の利益率は悪化した。

これを脱皮するべく、英国サッチャーと米国レーガン、そして日本の中曽根政権が、賃金や公共部門などの領域に切り込み、長年の労働協約を次々につぶしていった。また、資本の投資環境を政策的に作り上げた。公共部門の民営化が強行された。

問題は、革共同が、武装闘争に集中していた七〇年代後半―八〇年代というこの長い期間、プロレタリア革命の基本要素をなす労働運動の領域から距離ができ、戦略的には労働運動を事実上放棄する誤謬を犯したことである。この長期にわたる時期を、粘り強く、経済的要求をも取り上げて労働現場でたたかうことをしなかった。労働生産工程の変化すら知らないほど、労働者階級から浮き上がった存在に成り果てていたのである。

八〇年代の現場労働者メンバーの話を聞くと、組合役員であった者ですら、党からの軍事的行動（大学や集会の特別防衛隊としての行動、前進社の防衛隊―退勤後に前進社防衛の任につき、寝る時間もないまま翌朝そこから出勤する、その他特別作戦のための会議・打ち合わせ等々）の要請を優先して、組合の機関会議や集会を欠席したり、組合員としての日常活動がほとんどできず、革マル派による襲撃を避けるために、出退勤時は、毎日ルート、時間を変えるなど「異常」な行動をとっていたりしたため、周囲の同僚仲間から浮き上がってしまって、職場活動どころではなかった、という。こうした状況の中では、職場の細胞や支部を維持すること自体が困難であった、と。当然、労働現場の問題は、労働者党員個々人の認識にとどめ置かれた。革命党は、メンバーを系統的に労働戦線に配置する必要があるが、各部署に配置された労働者メンバーにとっては、組合運動にまともに取り組める状況ではなかったというのが、実情であったようだ。その結果、労働戦線の右翼的統一をやすやすと許し、社会主義を標榜していた一大ナショナルセンター総評の解体に路を明けてしまった。社民の破産、日本共産党の責任等、声を荒らげて語ったところで、責任の転嫁に過ぎない。責任ということに無自覚な遠吠えに過ぎない。旧い左翼の責任を大声で問題にするからには、自分がやってみなければならない。私はそう自戒していた。

革共同の影響下にあった動労千葉は孤軍奮闘した。動労千葉は、日本労働運動の進んだ面の伝統と、新自由主義攻撃にも耐えうる新しい創造力、柔軟さを持っていた。しかし、他へ波及させることができなかった。その点は、革共同の責任である。革命戦争と政治反動へのたたかいに主要任務を決めていた革命党は、八〇年代中盤の労働者派遣法の制定をはじめとする労働法制の改悪、さらにそれ以降の新自由主義の新たな収奪に、組織として対抗する機会を自ら手放したのである。国鉄改革への分析は、残念ながら中曽根の「戦後政治の総決算」(＝戦後憲法体制の転覆)の領域にとどまり、一九世紀以来の総資本対総労働関係の全面的変更につながるものだという認識は、当初は弱かった。先制的内戦戦略の高次段階論にもとづいて、革命戦争に一層注力していったのは、誠に遺憾な流れであった。

なお、七〇年代後半―八〇年代、革共同が労働戦線から戦略的な撤退を行っていたことは事実だが、動労千葉をどのように位置付けて対応してきたのか、については定かではない。しかし、動労千葉は、革共同にとって最大の労働運動の拠点であり、動労千葉存続のために、戦争最優先の方針の下でも、組織の相当の力を投入していた。そこには、動労千葉そのものが、革マル派との戦争の一大焦点となっていて、仮に動労千葉が革マル派によって制圧されてしまえば、革共同は労働運動の領域で最後の足場を失うことになりかねないという事情があった。同時に、八〇年代の革命戦争は、「三里塚二期決戦勝利・革命的武装闘争貫徹」という政治的スローガンを掲げて展開されていて、三里塚闘争が政治的課題の重心であったことから、動労千葉は三里塚農民との間に築いてきた労農同盟堅持という観点からも、なくてはならない存在であったという事情もある。そうしたことを勘案すると、革共同は、八〇年代革命戦争路線の下、動労千葉の防衛は不可欠の課題としてあったものの、革命戦争下の労働運動としてどこまで積極的な位置づけを与えて取り組んでいたかという点では、疑問が残る。

第六節　革命戦争論の理論的前提

革命戦争論には、奇妙な前提が暗黙のうちにあったといえるだろう。それは、自分たちが暴力革命に特化した行動を示せば、階級の土台は動く、という幻想である。だが、新自由主義のような世紀を画する大きな変動があり、労働運動への大攻撃という徴候は、七〇年代後半にも見え始めていたというのに、体制内であれ労働運動の団結体が無傷で存在できると思ったのであろうか。おめでたい楽観主義ではないか。労働組合という団結組織が、生きるか死ぬかの攻防に入っていたのだ。革共同の階級観は、そのことは何とかなるが、それだけでは改良主義、経済主義で、永遠に労働者を資本の奴隷に縛り付ける、何の積極的意味も見出せないものだとの過小評価があった。

レーニンの理論体系の一つの中心をなす『何をなすべきか』において、マルトフ等の経済主義批判が行われ、レーニンは、ツァーリの体制の枠内では何事も欺瞞にすぎないと提案、権力奪取のための政治闘争を重視した。経済闘争だけでは労働者の自己解放闘争は成就できず、政治闘争が強調された。革共同指導部は、一大ナショナルセンターである総評を、ただもっぱら「経済主義者」として批判の対象とした。批判には力が入った。しかし、レーニンの経済主義批判の前提には、労働者階級の組織体＝労働組合の急速な増大や、自然発生的ともいえる工場での反乱の続発という事態が存在していたのである。レーニンの『ロシアにおける資本主義の発展』や『人民の友とは何か』の著作における問題意識——ロシアにおける労働者や農民が現実にどのような状態に置かれ、どのような傾向にあったのかを実証的に分析して、ロシア革命の主体的条件の基礎をしっかり見据えようとしていたこと——を十分に踏まえる必要があるだろう。

そして、武装闘争は政治の継続だと定義された。一九世紀プロイセンの軍事理論家であったクラウゼヴィッツは『戦争論』で、戦争の定義を、「政治の別の手段による継続」と捉えた。

先達のかかる理論は、革共同の武装闘争理論を補強した。

エンゲルスは、階級闘争の構成要素が、理論闘争、政治闘争、経済闘争の三つからなると述べている。大事なことは、このどれもが欠かすわけにはいかない要素であるということだ。階級闘争を担う中心的組織とは、労働者の政治サークルの陰謀的結集体ではないし、労働者のテロリズム組織でもない。革共同はその中でも、経済闘争を推進する点で脆弱性を有していた。内戦期の負の遺産である。

また特に、刻々変貌していく帝国主義の分析をはじめとする、理論闘争での停滞が目に付く。理論面の遅れは多岐にわたるが、例えば「新自由主義」という概念の導入はごく最近のことで、諸党派に比べても遅いほうであった。八〇―九〇年代に見られた資本主義の歴史的な変貌の実態を、新しい概念で捉えようとすることに批判的で、従来からの「帝国主義」の概念で論じ続けてきた。情けない話である。単なる「段階、過渡……再編、危機」論では、もはや分析できない要素があると思われるが、古い「危機論」は、全般的に新しい相手の攻撃を正しく評価できず、軽視してしまう態度に繫がっているように思われてならない。また、それに伴って、労働者階級の現実的な状態の把握から距離ができてしまい、なんでも、「危機だ、反動だ」といっておけばよい、と思われるような雑駁な議論を生み出した。

また、理論闘争に対する姿勢が不誠実である。

典型的なのが、一九七六年に提示した「現代戦争テーゼ」における日米対決論である。これは、日米の経済的争闘戦論をエスカレートさせた議論であるが、戦後日米関係からいって、相当の脱線であった。七〇年代後半期の福田内閣での有事立法策動を、日本帝国主義の「対米対抗的な軍事大国化」と捉えた。それはたしかに軍事大国化であったが、対米対抗的な策動ではなかった。なぜなら、日米ガイドラインの規制がかかっていたからである。日米争闘戦の激化―日米間の戦争不可避論は、いつの間にか修正されたが、明示して修正するという態度をとらない。こうした最高指導部の対応は、党全体に理論問題を軽視する土壌をつくってしまう。前衛党無謬論が災いしている。また革マル派などからの嘲笑が嫌だったのかもしれないが、そんなことは気にするべきではない。あるいは、そうでないかもしれない。「日米戦争↓破局の到来↓革命情勢」という期待感があった面もあるかもしれない。一九七六年のアメリカ大統領選挙で無名のジミー・カーターが当選した。ウォーター―ゲート事件やベトナム敗退で自信を失っている米国民に自信を回復させようと、「普遍的人権外交」を展開した。さらに人権外交でソ連への圧力をかけつつデタントを推進した。この動向に対して、革共同は、「帝国主義が帝国主義であり、スターリン主義がスターリン主義である限り、帝国主義の侵略戦争、帝国主義間戦争、帝国主義とスターリン主義の一部または全部を巻き込んだ国際戦争、世界戦争の爆発は基本的に不可避である」という「現代戦争テーゼ」を発出して、世界戦争論をキープしようとした。今度は、日米戦争論ならぬ帝間戦争及び帝とスタとの軍事対決論を予測して見せたのである。こうした理論的ジグザクは、結局、根っこに破局待望論が深々と根付いているという事なのではないだろうか。革共同にとって、戦争と革命は双子の兄弟関係なのである。これは理論闘争ではない。独断的断定に過ぎない。革命戦争論はこうした主観的断定の上に成立していた。

理論闘争に関する不真面目な態度は、伝統となってしまったようだ。理論問題に対する厳格な態度を、マルクスやレーニンから学ばなかったのであろうか。政治的ご都合主義で理論問題を曇らせてはならない。

第七節　『戦争と革命の基本問題』における暴力論の検討

ここで、故・本多延嘉書記長の代表的著作である『戦争と革命の基本問題』（七一年六月発表、本多著作選第二巻所収）を取り上げてみたい。

短文に要約することは、えてして著者の文意を骨抜きにしてしまう危険性を持つが、ここでは、私の理解している限りでの要点という角度からアプローチしてみたい。

第一に、六九年四月の沖縄闘争を前にして、行った演説に対して破壊活動防止法を適用され、「扇動罪」で逮捕・起訴されるという事件が発生した。典型的な言論弾圧であった。それはここでは措くとして、本多書記長は獄中で、『暴力の復権のために』（六九年一一月発表、本多著作選第二巻）という、その後の『戦争と革命の基本問題』につながる著作を書き下ろした。そこ

では、

「……ある特定の社会に悲和解的な階級対立や社会矛盾が存在していながら、なおそれが暴力的衝突として発現していないとするならば、それは、抑圧され支配され搾取されている階級が自己を表現する能力を放棄するか、喪失してしまっている結果なのだ……」

「……階級闘争の外見的な平和性は、ただ国家暴力の圧倒的優位性に保障されたものなのである。したがって、被支配階級は、暴力として自己を表現することをとおして国家暴力に対抗していくことができるのであり、積極的に自己の意志を結集させていくことが可能となるのである。」

ここで、マルクス『ドイツ・イデオロギー』からの引用が続く
「革命は、支配階級を打倒するには他のどんな方法によってもなしえないという理由から必要であるばかりではなく、さらに打倒する階級は革命においてのみ一切の古い汚物を払いのけ、新しい社会建設の能力を付与されるにいたりうるという理由からいっても必要なのである」

(『ドイツ・イデオロギー』)

そして本多書記長は、次のように暴力の本質に迫る。

「いったい暴力とはなんなのであろうか。暴力とは、じつは、共同性の対立的表現、いいかえるならば、他者への対立を媒介として表現されたところの共同性とみなすことができるであろう。本質的に人間の類的生活を他者(他共同体)との関係において極限的に表現するもので

あるからして、暴力は組織的な有機性として究極的な表現様式を持つわけなのである。……暴力は人間の類的生活に根底的に基礎づけられたものとしてのみ暴力たりうるのである。……生産力の飢餓的な水準に規定された原始共産制の時代にあっては、他の共同体に対するものとしてはその社会的生産力が暴力として発現したであろうことは否定すべくもないのである。……他者との対立という粗野な契機のもとでではあれ、暴力が共同体を内的に規制し、その英雄主義を鼓吹する人間的表現であったことを見落としてはならないのである。人間が人間を搾取し、人間が人間を抑圧する疎外された現代文明の階級的暴力と比較するならば、原始人たちの戦争と略奪を主要形態とする共同体間の交通様式の方がはるかに人間的だともいいうるのではないだろうか。」

ここでは、共同体的暴力と階級的暴力への暴力の分裂という世界史的事情に光を当てている。そして、結びとして次の文章を置き、六七年の羽田闘争以来の教訓として提示している。すなわち、

「プロレタリアートの暴力性に関する自覚もまた、決して自然発生的に形成されていくものではなく、革命的前衛の組織的実践を媒介としてはじめて形成されていくのであり、しかも、それは、革命的前衛を中核とするプロレタリアートの暴力性の組織化と、それの政治的勝利を主導力として実現されていくのである。革命的共産主義の党は、プロレタリア解放の鼓吹者であるばかりでなく、組織的実践のうちにプロレタリアートの暴力性を先行的に表現していく戦

闘者集団でなくてはならないだろう。」

要約すると

① 社会に階級矛盾や社会的矛盾があるのに、それが暴力的に表現されていないとすれば、被支配階級が屈服しているからだ、という規定である。

筆者は、今日必ずしもこの規定に与することはできない。何故ならば、革命には至らずとも、強力な労働組合基盤、反権力的な圧倒的な世論の存在などは、「屈服」とは対極にある状態を指している、と思うからである。暴力的発現以外の被抑圧階級の状態を、単純に屈服とみなすことはできない。合法的手段での意思表明はいくらでもあることだし、合法デモンストレーションも、抵抗意志の強靭さを示してやまないと思う。暴力的発現でないものは屈服である、というのは極論的脱線であろう。

② 革命は、単に方法論の問題ではなく、古い思想、慣習等々、旧体制の支柱となっているものを変革するために必要なのだ。

たしかに、革命は単に制度を変えるのみならず、人を変えることが重要な要素であることは言を待たない。

③ 暴力とは、発動主体の共同性の表現であり、他の共同体との関係で発現したものだ。よって、本来暴力は人間性に満ちたものなのである。

この規定は、国家権力の政治的暴力以外の人民の側の暴力を「共同性の発現」として肯定していく傾向を持つが、人民の側の暴力であっても、暴力の持つ政治的意義、政治的正当性、道義的説得力が伴っていない限り肯定することはできないのであって、この規定は慎重に理解することが必要であると思う。筆者が言いたいのは、暴力が肯定されるためには、「人民の側の暴力」という規定で十分ということではなく、政治的道義的正当性が伴っていない限り人民を獲得する力を持っていない、ということを重視しなければならないということだ。この規定は、原始共産制の時代の事を直接には指しているが、革命の側の暴力発動を無条件に肯定していく響きを持っているので敢えて指摘した次第である。また、実際、原始共産制の時代、食料の調達、人口の増大傾向の中で一共同体と他の共同体が接触したとき、必ず戦争的対立となったのかどうか考古学的論証が必要でもあろう。筆者は、人類もまた他の動物と似たように一定のエリアでの折り合いをつける交渉・妥協が存在したのではないかと考える。

④ 革命党は、プロレタリアートの暴力性を先行的に表現する戦闘者集団でなければならない。

この文脈は、革命軍建設方針の根拠となる規定である。

以上の指摘を受けて、『戦争と革命の基本問題』では、①戦争の指導原則を、クラウゼヴィッツを批判的に検討しながら明らかにし、②暴力の社会的本質論、③暴力革命論の内的構造を明らかにしながら積極的に展開している。総体として、マルクス主義軍事思想の今日的にあるべき思想内容を開陳している。七二年六月、『共産主義者』一二三号に発表された。

注目すべき論点は次の点ではないだろうか。
一、本書の目的ともいいうるものが説明されている。すなわち、「いまや、日本帝国主義とその徒党は、釣魚台略奪＝アジア侵略の政治をもっとも露骨な形態でおしすすめた。日帝のこの侵略の政治が、その継続としての侵略戦争に転化するのは、容易なことである。侵略の政治と、侵略の戦争との継続性を認識しえないものは、マルクス主義とはまったく無縁であり、日帝のアジア侵略の政治は、政治の継続であり、総括の手段である『戦争の問題』を明白にはらみ始めたのである。侵略と戦争のための帝国主義の国内平和の攻撃と、帝国主義の民主主義破壊攻撃とのつながりを理解せず、後者との闘争を帝国主義打倒の革命的内乱を準備する見地から暴露し、指導しようとしないものは、まったくマルクス主義と無縁であり、帝国主義の国内平和の政治に投降するものである。帝国主義の侵略の政治に反対して、革命的内乱の戦略と準備を考慮しないものは、マルクス主義とまったく無縁であり、労働者人民をあざむき、敵の手に売り渡すものである。」
つまるところ、帝国主義の戦争の時代になったのだから、人民の側は革命的内乱の準備をしなければならない、と強調している。本書の目的が書かれている。
二、クラウゼヴィッツの金言である「戦争は政治の別手段による継続である」という文言を引きながら、七〇年代革命論の指導原則を明らかにしている。すなわち、

「反帝国主義・反スターリン主義の世界革命の旗を掲げ、『沖縄奪還、安保粉砕・日帝打倒』『たたかうアジア人民と連帯し、日本帝国主義のアジア侵略を内乱へ』の総路線に圧倒的人民を政治動員する」こと「侵略→内乱の問題を、文字通り実現するために、プロレタリアート人民一斉武装蜂起の準備を党のもとに計画的、系統的におしすすめることである。……内乱と蜂起の準備の『必要を宣伝し、その実践的な準備をいっそう強化することは……緊急の任務である』」

三、「プロレタリア暴力革命の観点に立って、プロレタリアート人民の総武装＝全人民の武装の思想を提起し、大衆闘争の貫徹にかかわる武装自衛の発展を『蜂起に向かっての今日的、意識的準備と経験蓄積の現実的形態』として積極的に捉え返し、同時に、それを独自の恒常的武装勢力の建設のたたかいと結合し、党の指導のもとにプロレタリアート人民の一斉武装蜂起に向かって前進していくことである」

ここでは、革マル派との党派間戦争を戦争の経験蓄積だとして積極的に位置づけている。また、独自の武装勢力を持つべきだとしている。七二年年頭『前進』新年号は、大々的に「人民革命軍・武装遊撃隊を建設せよ」と打ち出している。その説明である。

四、クラウゼヴィッツの戦争論の意義を次のように結論付けている。

「戦争の本質が『政治の継続』であり、『政治とは異なる他の手段をもってする政治の継続』であることを洞察した……」「戦争を起こさせるのは、国家間、社会的集団間の利害関係の衝突であり、それにもとづく敵対的意図の激しさなのである。……政治目的が本質的な動機であり、戦争の指導の基本的視点であって、軍事目標とそのための軍事行動はあくまでも政治目的の手段でなくてはならないのである。」

五、そして、続いて示唆的な展開をしている。

「戦争の特性を決定するのも、相手の完全な打倒をめざす絶対的形態に高めるのも、戦争に課した政治目的とそれにもとづく敵対的意図の大きさによるのである」「戦争の政治的本質、戦争指導における政治の優位性……」「戦争の歴史的・階級的性格がいかなるものか、政治目的が正義なものか不正義なものか、を解明し、戦争に対するプロレタリア階級闘争の正しい態度を決定するうえで重要な尺度である。」

これは、革マル派との党派間戦争にも、暴力革命論にも適用しなければならないと含意されている。また特に、革命派の戦争は権力に対しては弱者の挑戦であるから、人民の支持が拡大していくことが必要であり、正義性にあふれていなければならないだろう。

また、本多書記長は、クラウゼヴィッツを挙げて「戦争が戦闘力と装備の対抗関係であるばかりでなく、彼我双方の政府、軍隊、国民の政治的精神的諸力と対抗関係であることを洞察した」と高い評価を与えている。

この指摘は、帝国主義軍隊にもいえるし、革命派の戦争行為に対しては、支持共鳴する人民の動向におおいに関係しているといえるだろう。特に革命派の軍事は、「権力を行使する弱者の戦争」であるから、もっぱら人民を味方につける以外に勢力の維持強化はないのである。

六、せん滅戦について「戦争の特質について『わが方の戦闘力の保持と敵戦闘力のせん滅』をとおして、敵の意志を屈服させる一種の強力行為であると正しく洞察……」と積極的に取り上げつつ、近代ブルジョア戦争は所詮講和が最終目的だからその限界が色濃くあったとしている。

ところが、次のような理解へと発展させている。すなわち「国家対国家というブルジョア的形式から『敵戦闘力のせん滅』の概念を解放し階級対階級、革命対反革命の絶対的な敵対関係の基礎のうえに『せん滅戦』思想を位置づけたとき、それは従来の手段的規定性を突破し、革命的な政治性を豊かにもったものとして新しい飛躍を開始する……」

七、政治宣伝と組織戦の位置づけ「敵戦闘力のせん滅、味方＝戦闘力の保持・強化という……軍事思想は敵の完全な打倒、全民衆の政治的動員とその軍事的武装というプロレタリア革命の軍事思想と結合して、敵の政治目的の破産と民衆的基礎の解体、味方の政治目的の高揚と民衆的基礎の拡大、敵の政治目的の完全な打倒と味方の政治目的への敵味方の全民衆の結合という内乱的、革命的展望を軍事的に表現するものに転化していくのである。かくして、政治宣伝とせん滅戦は、敵を完全に打倒し、わが方の政治目的を達成していくための強力な武器となるのである。」

せん滅戦は、革命派の戦争において最も苛烈な実現が可能となると説き、その一方で政治宣伝を強調しているところが味噌である。このくだりは革マル派との党派間戦争にも当てはめられるのであって、せん滅戦による軍事行動だけで敵を解体することはできない、宣伝戦によって敵の民衆的基礎を離反、動揺、解体へと追い込んでいくことが不可欠であると述べていると思う。七二年段階では、このような慎重なバランス感覚も残されていたと考えてよいだろう。

ただ、このせん滅戦に関する見解は、反革命との戦争において「従来の手段的規定性を突破し、革命的な政治性を豊かに持ったものとして新しい飛躍を開始する」として、後の対革マル派戦争における「完全せん滅」を積極的に肯定していったことへの、思想的土台となる考え方を強調しているといえよう。

革共同は、たしかに、イデオロギー的に革マル派批判を強めていたが、根本的には、組織的解体は軍事的手段のみでは不可能であるとの主旨であったことを理解すべきだろう。対革マル派戦争は、権力の治安管理下で行う、非合法の戦争であるから、なおさら軍事的手段一辺倒で相手を潰すことは困難であろう。すなわち、軍事的手段を行使しながらも、党派間戦争における政治組織戦を重視しなければならないのである。そのためには、私は、敢えて講和や休戦も除外すべきではなかったと、今日では思う次第である。戦争が「政治の別の手段による継続」であるのなら、戦争をどのように終結させるのかは、政治の責任であるだろう。

第八節　暴力革命論の整理　その一

本多書記長の同論文では、暴力革命の必然性は、ブルジョア革命が政治的解放を実現したが、市民社会は解放しなかったがゆえに、プロレタリアート人民の自己解放は全人間的全社会的解放でなくてはならない、市民社会に君臨する資本家的私有財産を資本家から没収する必要があるが、その成果は暴力的に防衛する以外にない、こうして初めて社会的財産が労働者階級の共有財産に代えられて、自分たちの共産主義的全体性が回復される、としている。政治的解放の意味合いは、いわば法制度的形式的には身分差別を無くしたが、市民社会、即ち実生活が経済的実態的に行われているところの社会には階級的区別が強固に存在している、といったところである。格差社会をイメージしてくれればよいだろう。

引き続き『戦争と革命の基本問題』にお付き合いいただきたい。

その場合、暴力革命は前衛党の建設と指導なくしてできないと、いわば「党の戦争」を強調して以下のように説明している。

「全人民大衆は、ブルジョアジーの階級支配を打倒しブルジョア的私有財産を没収し、その基礎の上に自然と人間の全面的な奪還を実現していくためには、自分たちを一個の政治的支配階級に高めなくてはならないのである」

続いて

「このような歴史的過程は、けっしてプロレタリアート人民の自然発生的な決起と闘争の総和として与えられるものではなく、プロレタリアートの革命的前衛党の建設とその指導を媒介として発展していくのである。…プロレタリア階級闘争の最良の部分を結集し、訓練し、革命に向かって戦略的に配置していく作業は、ただ党としてのみ可能である。プロレタリア階級闘争の最高の意識形態、最高の団結形態、最高の闘争形態として党を建設し、党の革命戦略、闘争戦術、組織戦術にもとづいてプロレタリア階級闘争を計画的・系統的に指導することによって、プロレタリアート人民は、心を一つにして反革命と弾圧を粉砕し、革命勝利の道を歩むことができるのである」

次に、内乱と蜂起の準備、課題の解決を強調している。

「……階級闘争に対する革命的前衛党の指導は、革命的情勢の有無にかかわらず、一貫して権力問題にかかわる革命戦略を全階級、全人民のまえに公然と提起し、その観点から一切のプロレタリア階級闘争を総括し、革命的蜂起を計画的、系統的に準備するものでなくてはならない。」

革命的情勢に至る前から、武装の準備と訓練が大事であることを説いている。準備の一環として大衆闘争の武装自衛を位置づけつつ、蜂起のための意識的準備、経験蓄積の過渡的な闘争組織形態をつくるべきだとしている。

さらに、なぜ革命的内乱の思想が必要かについて、以下のように展開している。

「帝国主義の破局的な時代にあっては、革命の問題は、具体的には帝国主義の『国内平和か』、革命的内乱か、という内容をとって不断に提起される。この具体的な分岐を回避したところでは、革命の問題も抽象的な反対物に転化してしまうだろう。換言するならば、民衆一人ひとりが革命と反革命の内乱的対峙の中に全人格的に投げ込まれ、その選択を迫られるのであり、党のみがその外部にあることはありえないのである。」

「本質的には……、革命が国家権力と革命的大衆闘争……の垂直的な内乱の構造をとることはいうまでもないところであるが、現実的には革命の展開過程が、権力対人民の闘争を基軸としつつ、帝国主義によって動員された『人民』と革命党によって動員された人民との水平的な内乱の構造をともなって進行することである。」

言い換えれば、革命の展開過程は、帝国主義的利害を中心に結集する諸勢力と革命的利害を中心にして結集する諸勢力との対立の、流動的な過程ということでもある。この脈絡でも、本多書記長は、高度な政治性が要求される過程であるから、前衛党の指導が重要だと説いている。

そして、革命戦争の合法則性として次のように述べている。

「(革命戦争は)相対的に劣勢な革命勢力が、相対的に優勢な帝国主義勢力とたたかって、しだいに勢力を強化し、やがては敵を完全に打倒していく人民の勝利の戦争である。…大衆の暴力の爆発こそが歴史の転形の決定的力であることは、プロレタリア革命の根本問題である」と言い、個々のちいさな闘争、戦闘と全社会的闘争への参加、および学習を階級闘争の戦略的前進運動に結びつけ、内乱と蜂起の計画的準備を推進する、としている。

最後に、繰り返しくりかえし高度な戦争の計画的推進は、党によって指導発展する以外にない、としている。そして前衛党の定義を、「軍隊の組織性をプロレタリア運動の基礎の上に革命的目的と高い政治的内容をもって発展させたものこそ革命的前衛党である」としている。本多書記長はすべての推進力を党建設への期待にかけていた、といってよい。

その他個々には重要な論及があるが、大方の趣旨は以上のようなものであろう。

さて、問題はその意義と限界をどのように見ていくかという点である。

私にとって気になるのは、

第一に、侵略→内乱の問題が恒常的に沸き起こるという客観的情勢認識である。六八年から七〇年闘争の過程に見られた大衆の暴力の爆発といった基調が変わらないという、多分に楽観的な認識である。紆余曲折がありながらも、世界史がそういう不可逆的時代に突入したという認識が根底にあった。それは適切ではなかった。

革命的情勢が存在するためには、なによりも労働者階級の実生活レベルでの、今まで通り生活できないという、切羽詰まった多くの感情が社会の基調となっていなければならないであろう。体制打倒に向けて多くの人々が立ち上がるためには、そのような社会的要件が必要である。

当時、日本は高度成長期の最中にあり、そのような危機的な社会的状況は存在していなかった。六八年以来の世界的激動は、第一次大戦後、第二次大戦後のような、帝国主義が生き残れるかどうかの瀬戸際に置かれていたわけではなかった。別項目を参照していただきたいが、それはあくまでも反戦闘争であり、また、再建された戦後帝国主義体制の非人間性を弾劾する思想性に満ちた「異議申し立て闘争」なのである。

第二に、したがって、前衛党の武装化の前提となる、「大衆の暴力の爆発」といった時代が当分の間継続する、という展望は外れてしまった。七一年以降の、連合赤軍の山岳ゲリラ、東アジア反日武装戦線のゲリラ、もしくはテロリズム、ドイツでの「バーダー・マインホフ（ドイツ赤軍）」のテロリズムの席巻、イタリア「赤い旅団」のテロリズム、民族解放戦争であるが北アイルランドでのＩＲＡの武装闘争、何よりも米侵略軍を圧倒し始めたベトナムでの闘争、中南米での民族解放・革命戦争の諸潮流など、一部での武装闘争は継続したが、帝国主義国での大衆的潮流は後退していたのである。何よりも、労働者階級という対帝国主義の主要階級は、こうした暴力的過程から距離をおいていた。また、ロシア革命のような破局の到来、またそれを内乱的闘争へと収れんしていく革命党の成熟という点では、極めて不十分であった。レーニンは、「帝国主義戦争を内乱へ」のスローガンを掲げて闘ったが、革共同はそれにならって「侵略を内乱へ」のスローガンを掲げた。それは、侵略戦争がもたらすであろう社会的破局、あるいは疑似破局を衝いて、内乱的決起を巻き起こす好機が来るという想定にもとづくものであった。だが、そのような破局に近い社会的危機は到来しなかった。

第三に、革命的情勢論の項目で指摘したが、本多書記長には、本来は暴力の大衆的爆発を伴う主体の変化が到来しても当然なのだが、戦後の現代では、危機を先送りする予防反革命的な施策の一般化、スターリン主義などが、大衆の爆発的決起を抑制していることなどの要因から、革命的情勢の明示な現れにならないという考え方があった。この考え方には、スターリン主義のほかに体制内勢力としての社会民主主義なども含めていると考えられる。したがって、党の戦争、党派闘争を意識的に闘い、武装闘争に対して能動的に着手する必要性を導き出しているのである。

この論理には、当の革共同がトロツキーに学んで批判していた、三〇年代のスターリン主義の「社民主要打撃」論に通じるものがある。「社民主要打撃」論とは、社会民主主義が、社会主義の衣を被ったファシズムであり、大衆の革命的決起の最後の抑制物になっているから、社民勢力に打撃を与えることが肝要であるという考え方である。

こうした論理の中で、革マル派との党派間戦争は、「大衆的暴力の爆発」の最大の抑制物を除去していく闘いであり、対革マル派戦争での武装自衛やせん滅戦は、内乱と蜂起の準備の現代版だとしたのである。党派間戦争の終結が必要である、という考え方は生まれる余地がなかった。後の先制的内戦戦略の下地が垣間見られる。だが、党派間戦争は、大衆的気分としては、革共同や新左翼の正義性を後退させてしまい、闘争からの離反を結果したのである。いわゆる「内ゲバ」論は左翼内部の抗争であるという前提的認識にもとづくものであるけれども、革共同はこの大衆的気分を払しょくできなかった。

「内ゲバ」論は、権力やマスコミが七〇年闘争の正当性を歴史から消し去るために、過度に強調したことは明らかであるが、不人気の理由をそのせいにしてはならないと思う。この不人気性は、七〇年闘争の正当性に傷をつけたように思われた。私は、党派間戦争は可能な限り、武装対決のレベルでは限定的なものとし、時間的にも区切るべく努めるべきであったと考える。この見方が悠長な、簡単に通用する話でないことは承知しているが、なおそのような指導視点を失うべきではなかったと思う。

なお、本多書記長のこの論文では、帝国主義の危機の下での内乱について、「本質的には国家権力と革命的大衆闘争との垂直的構造をとるが……現実的には権力対人民の闘争を基軸としつつ帝国主義によって動員された『人民』と革命党によって動員された人民との水平的な内乱の構造をともなって進行することもある」として、明らかに革マル派との戦争を措定して、事実上「水平的な内乱」を、帝国主義の危機の下での内乱の基本的な在り方に取り込んでいる。七〇年闘争過程で革共同がイメージしていたのは、あくまでも権力対人民の「垂直的な内乱」であったが、七〇年闘争への反動として登場した革マル派の反革命的襲撃を機に、「水平的な内乱」を重視し、その中に革命に至る「内乱・内戦―蜂起」のすべての要素を見出し、対革マル派戦争にこそ革命運動の積極的発展の道があると結論するようになった。それは、事実上、大きな「戦略的な修正」であった。しかし、この「戦略的な修正」は、「侵略を内乱へ」「内乱・内戦—蜂起」の路線の「軌道修正」というより、その路線実現の「近道」として積極的に位置付けられた。それは、今日に至るまで路線論議の対象にもならなかった。「修正」の当時、革共同の最高指導部内で、対革マル派戦争への戦略的傾斜に反対する意見が一部指導部から出た、という話が伝わってはいるが。

とはいえ、本多書記長のこの論文については、その意義をも語る必要があるだろう。二〇一五年の安保法制反対の一大高揚は、七〇年以来の雰囲気を示したが、その闘争手段は非暴力に徹したものであった。国家権力が政治的暴力で身を固めている以上、敵側から軍事的手段に出てくる可能性がある。そうした試練を通して、大衆の暴力の爆発が問題になることは目に見えている。但し、現段階では、民衆側からそうした手段に訴える条件はない。

しかしながら、本多書記長論文は、権力問題が闘争では不可避となるという歴史的真理を極めたものとして、読み込む必要があるだろう。その点で、暴力をめぐる社会史的考察は重要である。

結論的にいって、暴力革命論の法則性、内容構造を説いた本論文は、革共同の軍事路線を長期的に推進していく理論的下地となったのである。当時、この論文は衝撃をもって党内外で受け止められた。それまでは、武力というと眉をひそめて否定するか感情的になるかで、冷静な議論を欠いていた。本多書記長は、その社会史的唯物論的構造を解明しつつ、社会科学的に検討する道を、いわば七〇年以後の現代において初めて試みたのである。

第九節　暴力革命論の整理　その二

本多書記長の『レーニン主義の継承か解体か』（本多著作選第一巻所収）という論文は、七二年九月に発表された革マル派批判の重要論考である。そのうち「暴力革命論について」の項目では、暴力革命の必然性について次のように語っている。

「第一に、ブルジョアジーの階級支配が、政治的国家と市民社会という二重の構造をもって行われているため、プロレタリアート人民の自己解放のたたかいは、政治的上部構造の変革に止まることなく、全人間的、全社会的な解放にまでおしあげられなくては、決して達成されえないからである」

これは、マルクス主義革命論のもっとも核心的な命題だ、ともいっている。

「第二に、……賃労働と資本の矛盾、…階級対立は、ただプロレタリアートによる資本家的私有財産の積極的止揚をとおしてはじめて達成されるから……」

そして、革命的暴力をもってブルジョアジーの抵抗を粉砕し、資本家的私有財産を没収し、その成果を暴力的に維持しなくてはならない、とつけ加えている。

「第三に、…ブルジョアジーに対するプロレタリアートの革命的独裁の国家が必要であり、……プロレタリア独裁を維持するには武装したプロレタリアートの暴力的権威が必要だからである……」

「第四に、…暴力革命はプロレタリアートの革命的共同性、偉大な世界史的事業を達成する革命的主体性を回復するための不可欠の表現形態だからである……」

そして、マルクス『ドイツ・イデオロギー』における「打倒する階級が、革命においてはじめて、すべての身の汚れをぬぐいおとして、社会の新しい基礎をつくる力を身につける……」の部分を引用している。

さらに、暴力革命が、目的意識性の凝縮したものであることを加えている。

以上が骨子である。筆者は、今日、この暴力革命論を額面通り受け取るわけには行かない。ブルジョア国家権力が、警察、軍隊と数十万の武装部隊を保持していること、また内乱にさいして出動する法律的規定がある以上、闘いの高揚が暴力的形態をとることがあることは否定できない。また、人民の闘いが、暴力的形態をとることが、闘いの敗北への道だとも思わない。

しかるに、本多書記長の言説のように、いわば原理的本質的に、プロレタリア革命が暴力革命以外にない、逆に言えば暴力革命以外の革命は、革命たりえないとまで規定づけてよいものだろうか。

政治的国家と市民社会への社会の分裂は、国家は議会的に、たとえばプロレタリア人民派に制圧されても、様々な根本的な改革が、実際の執行段階では、統治機構を握っているブルジョアジーによってネグレクトされる可能性が残ることを意味している。それゆえに、実力で執行することが必要であるということになるが、そのことが、革命が暴力革命でなければならない必然性と繋がっているとは考えられない。たしかに警察や軍隊は、法律規定ゆえに存在しているだけでなく、私有財産を防衛するという思想的繋がり、また人脈的な連携性をともないながら存在していると考えられる。それゆえ、政府を革命派が占拠したとしても、革命派による政治支配を執行できない危険性があるという問題は考慮されねばならないだろう。

他方では、二一世紀の今日、政治勢力はプロレタリアートを中核としつつ、いわゆる戦闘的市民からも構成されている。労働者勢力以外の抑圧されている人民の政治的成熟度は、世界史的に深まっているとみなさなければならない。その意味で、労働者階級をはじめとする被抑圧階級、階層、諸勢力の総反乱を作りだしていくというネグリとハートの「マルチチュード」論は、一定の適合性を持っているのではないか。実際、プロレタリアートをはじめとした被抑圧諸階層は、国家機構、軍隊の運用に深々と関与しているのであって、彼らが革命派の味方になった場合、社会は大きく動くのである。

既存の暴力装置の反革命的行動は、革命に逆らって行動する政治的組織の存在が必要条件となる。議会主義的統治は、暴力装置の在り方を極力制限するように運用されている。したがって、情勢が激動になろうとも、軍隊などが、圧倒的多数の人民の意志に逆らって、その政治的包囲に対峙して、独自の行動をとるのは困難になっている。タイやミャンマーの軍隊のような行動をとることは、今のところ難しい。しかし、安倍内閣は防衛省設置法をさしたる議論もなく変更し、文官支配を相対化し、武官の支配力を対等なものにしている。軍部自衛隊の発言力と政治家たちとの結び付きが深まれば、軍部が一定の政治集団になることも絶対無いとは言えない。武器輸出の解禁はきな臭い。それゆえに、武官への縛りを強める闘いが必要になってくる。シビリアン・コントロール以前の問題として、この点を確認しておきたい。

さらに、資本の積極的止揚は、労働者階級による工場と事業所の制圧によって、実力で可能だろうし、なによりも革命派によって掌握された政治的国家の応援があるとの想定に立てば、武装した人民の暴力がなくとも可能であると考えられる。関連して、暴力革命が新しい共同性を育てる唯一の道である、という言説は一面的ではないか。マルクスの指摘は、暴力革命に限定して主張しているのではなく、革命というラディカルな行動について述べているのである。政治的行動に参加する市民を大量に生み出している今日の社会は、国家政治の様々な側面で人民の意見と行動力を発酵させているのであり、それらは十分に新しい社会の一つひとつの規範となってしかるべき内容を持っている。世論調査で安倍政権支持が半分を占めていることとは、別の事柄である。こうした点で、暴力革命を排除するものではないが、暴力革命のコースをとらなければ、新しい社会は概して不可能であるという言説に与することはできない。

プロレタリアートの革命的独裁は、革共同によれば、党の独裁と等しいから、そうした独裁を反乱した大衆が受け入れる余地は極めて少ないことになる。独裁といっても、ブルジョアジーに対する独裁であるから、一般人民の自由は拡大するかのごとき見解が見られるが、それは難しい。ブルジョアジーといえども、住民の一部である。住民の一部のみを選別的に規制することは、実際には困難であり、規制の定義はあいまいになり、独裁は意思決定者に無限の権力を与えかねない。ましてや、主流党派の独裁ということになれば、反対派への血の弾圧を排除しない政治となる危険性を有している。それは、ロシア・ボルシェビキの教訓でもある。独裁はどこまで行っても、悪魔の統治形態である。独裁は、統治形態ではなく権力の本質レベルでの話だといってみたところで、本質が独裁で統治は民主的だという関係は出てこない。

そもそも、革命は、圧倒的住民の参加を想定すべきであって、ロシア革命のように、憲法制定議会を解散(*)しなければならないような権力政治、クーデターでは成り立たない。今日の民主主義は、たしかにブルジョアジーの利害を中心に構成されている。すると、プロレタリア民主主義、人民の民主主義は、彼らの圧倒的利害を中心に構成されなければならない。それは、多数性からいって、武力をもって威嚇しなければ遂行できないような性質のものではないだろう。

＊一九一七年のロシア革命は、首都ペトログラードにおけるソビエトの多数派をボリシェビキが握ったときに、ソビエトと二重権力状態であったもう一方の権力、「臨時革命政府」を制圧し、ソビエトに権力を集約して成立した。それ以前、「臨時革命政府」とソビエトとの二重権力状態を解消するため、新たに「憲法制定議会」を招集して一つの権力にまとめることを約束していた

が、ソビエト権力を握ったボリシェビキは、「憲法制定議会」で自分たちが多数派になれないことを理由に「憲法制定議会」を解散させた。

ところで、マルクスは、『ゴータ綱領批判』『フランスの内乱』で社会主義社会、共産主義社会について語っている。社会主義段階は、能力に応じて働き、労働に応じて受け取る低次の社会、高次の共産主義社会は、能力に応じて働き、必要に応じて受け取る、とした。また、権力をとったコミューンの施策は、公務員の選挙制と解任制、公務員の報酬は労働者賃金に合わせるなどを定義づけている。あとは、資本主義をひっくり返せば、搾取の根源となっている価値法則を廃絶することができるとしている。

しかし、それ以上ではない。それ以外は語っていない。それこそ後世の者が創造的に挑戦していく以外にない。レーニンは、『国家と革命』第四章において、簿記と計算ができれば、過渡期の国家にだれでも参加できるとしている。それは、国家の死滅を準備するものと考えていた。レーニンにあっては多分に理想主義的なテーゼであった。しかし、それは、全人民の政治参加とは程遠い、権力と行政に配置された党官僚の特権的統治を育成してしまったのである。いわゆる、ノーメンクラツーラである。独裁国家が、民主主義を担保することはできないのである。独裁を排除するためには、統治形態を民主主義的にするしかない。

第一〇節　労働者階級の組織化の問題

労働組合運動は、直接には経済的要求を基礎にして、団結体を形成する。労働組合は、ブルジョア社会においても合法的な存在である。労働組合とは、人権意識も内包している生活と労働の組織である。しかし、たとえ法律が労働組合を承認しているとしても、現実生活においては資本家との緊張をはらんでいる。合法的行為が実質をうるためには、資本家たちの有形無形の圧力、いじめ、分断、解雇の脅し等々と闘わなければならないのである。生活圏にある存在でありながら、メダルの裏側には、労働者階級の闘争主体にもなりうる性格を持っている。労働者は生産機能を担っているばかりではない。労働者とは、地域の有機体をも構成している。社会を構成する主体が、労働組合として組織されていること、ここに、資本家たちの支配機構を覆すような力量が備わっているのだ。差し当たり経済的動機で組織された労働組合といえども、労働者階級が置かれている資本家階級との関係からいって、否が応でも政治課題に直面することになる。労働者の組合的団結形態は、日常的な生活形態の延長で成り立っているにもかかわらず、容易に政治的にもなりうるのだ。

問題は、経済闘争だけでは社会主義革命に至らないからといって、労働者階級に対して、もっぱら政治闘争を持ち込んでいくという偏向に陥ってはならないということである。経済闘争の軽視は、政治闘争をも、プロレタリア革命と切断していく傾向にダウンさせていくことになりかねない。

しかし革共同には、労働組合運動は、賃金奴隷の立場を解決しない無力なものである、との批判的思想が宿っていた。革共同は、「経済主義」批判の名の下に経済闘争を軽視し、それを克服すると称して、直接には未だ革命的でない多くの労働者に対し、革命的行動で範を示し、意識を政治的側面で引き上げようとしたのである。労働現場、生産現場での労働者と資本の力関係の確保は、一見容易に見えながらも、それ自体血みどろの闘いでもある。その部分を思想的に軽視し、自分が批判する旧い左翼に任せておいて、何がプロレタリア革命なのか。こうした政治思想は、労働者大衆の意識の引き上げではなく、引き剝がしなのである。社会主義・共産主義から見れば、労働運動や組合運動は次元の低い闘いであり、武装闘争ないし権力奪取のための対権力闘争、政治闘争が一切に優先する、との誤解が根深く潜んでいたといえよう。

話は戻るが、革命戦争を枢要の任務としていれば、労働者大衆は見捨てられたことになり、組織が疲弊していくのは避けられない。革命情勢がないのに、革命党の細胞が随所に配置されてもいないのに、それなりのナショナルセンターもないのに、何ゆえに一斉武装蜂起にいたる恒常的武装闘争方針であったのか。

なお、革共同は、九〇年代半ば以降、特に二〇〇〇年代に入ってからは、表面的に「労働運動を通して革命をやる」とか「労働組合こそ革命の基礎」という主張を掲げて、労働組合運動を重心に取り組むようになったが、ここで述べたような労働組合運動、特に労働現場での様々な直接的要求の闘いを「次元の低い」闘いとみなし、自分たちが持ち込む、「より高次の、革命へとつながる闘い」がすべてに優先されるという思想傾向をもっている。

第一一節　「連年決戦」論の思想的背景

このプロレタリア革命論への背信は、革命情勢の見誤りだけでは理解できない。別の思想的側面がある。

政治反動の数年毎の波が、政治史には通常見られる。革共同の政治暴露は、反動が、戦後勝ち取った民主主義的権利を剝奪するもので、自民党は再び暗黒の明治憲法下の政治社会体制への逆流を狙っているといった、危機感をあおる性格を濃厚に持っている。「暗黒の戦前型社会への逆流」という暴露術は、大衆の民主主義的危機感を広範かつ深刻に煽ることが可能であると考えた。つまり、暗黒社会への反発は、戦後にあっては強いから、彼らの怒りを呼び覚まし、行動力を高め、武装闘争が必要とする革命的情勢を作り出すであろう、という読みである。したがって、革共同の政治宣伝は、「大変な反動がやってくる、君はそれでもよいのか」という、人に考慮の余地を与えない方法になっていった。事実、レーニンの革命的情勢の規定内容に踏まえて、革命的情勢が接近しているから、敵の危機の深さを暴露し、革命の宣伝扇動を施行すべし、しかも武装闘争によって対立が鋭敏になるようにしていく、という戦術を一貫して適用してきたのである。かように長年行動すると、革命は、民主主義に対する反動政策があれば、直結していつもチャンスに恵まれているという政治思想に繋がっていく。

経済的危機も、体制的危機と等しいものとされ、今にも世界恐慌がやってくる、と主張し続けた。七三年の石油危機、八七年のブラックマンデーなどの経済恐慌は、革命的情勢到来の指標とされた。米国経済の大きさ、戦後世界経済体制がドル基軸体制であることから、情勢分析は、米国経済の分析に傾注された。米国経済のアップダウンが、革共同の情勢論を規定した。というより、米国経済動向の中から、悪化要因を取り出して強調し、もって危機論、破局論を主張した。主体情勢の分析を欠落した経済情勢―経済危機論が、革命的危機という政治認識に等置される傾向を持ってしまった。

煽動技術なら、それもよいが、心底そう思うところがあった。七〇年闘争過程の決戦論が日常化し、政治闘争の組み立ての判断基準になっていく。したがって、「政治決戦」や、いまや怪しい言葉でしかない「階級決戦」が、毎年呼号される。連年決戦は、政治的に総括され、決戦の理由であった大反動が、生活史のうえでどうなったかの責任ある締めはなされなかった。革命戦争があれこれ前進したから、革命に向けて進歩したと総括されたのである。「決戦」という表現が日常化するのは七〇年闘争のなごりであるが、言葉が醸し出すものは、暴力革命へ向けての土壇場意識である。革命的情勢の継続だから、状況はいつも、「生か死かの決戦」水準なのである。それは、革命戦争論と一体の政治的表現である。

七〇年代後半の有事立法策動や度重なる小選挙区制導入策動など、看過できない攻撃は続いていた。特筆したいのは、アメリカのベトナム戦争敗北、有事法案策動の政治動向は、ゆくゆくは、日米安保同盟の破棄を日本の支配者が実行することを理論的には含む、対米対抗の日米戦争不可避論という主張になったことである。革共同指導部は、経済的対立が抜き差しならないものになってきたと、その背景を主張した。石油危機後の、日本経済が猛然と輸出を強化したために生じた経済軋轢は、アメリカの反日キャンペーンすら生み出していた。たしかに、戦前日米戦争にいたった対立をアナロジーすれば、表面において類似の現象が、両国の政権およびブルジョアジーの心に宿ることがあったとしても、不思議ではないだろう。右翼グループに対米自立の論調が出たのもこのころである。革共同は、日米の経済対立が、レーニンが帝国主義論で分析した資本輸出と市場をめぐる分割戦・争闘戦の現れであると捉えた。それは、経済的には妥当な指摘であろう。現実だからである。しかし、ここから論理が飛躍する。経済対立は必ず、帝国主義間の全面戦争に至るであろう、と。七六年に発した「現代戦争テーゼ」は、日米激突論に満ち溢れた性格を帯びていた。

　ここでは、指導部は致命的な過ちを犯している。経済対立があれば、それは政治的対立にもなる。ここまでは、誰もが認めることである。「アメリカ帝国主義を盟主とする戦後の世界体制」と分析しながら、何故に直線的に、軍事衝突まで展望してしまうのか、ということである。戦前史の政治学を、直接適用する誤りを犯したのである。

日米戦争が何を生むか。民主主義は圧殺され、国民はあの地獄のような戦争に動員される。これは革命的情勢にならないはずはない、という見通しが提示されたのである。危機感を煽り、組織しようと試みる視点が、より一層強くなっていった。

政治反動に対する闘争は、小さな芽も逃さず、戦争体制は一日にして成らずの視点で、反対していくことが必要である。しかし、そのことを革命の展望と直結させて行動計画をたてることは、革命党の宣伝を、むしろ危機と戦争を待望しているかのような、人々の生活を考えない、大衆の気分から浮き上がり、逆に革命家を名乗る者が、勇ましい言葉を吐く明治時代の浪士のような、無責任な言動とみなされるのではないか。実際、革共同の党員は、私を含めて、自分たちは、今は少数派だが、軍事侵略や大混乱の恐慌になれば、革共同にチャンスがやってくると、真剣に期待していたのである。危機と戦争の待望論である。

話がややそれたが、こうした無責任な言動は、戦後民主主義に関する思い入れの深さ、先代が抱いた、思い出すのもつらい忌避的な戦争観に関連しているといえるであろう。戦争は残酷で、殺し合いだ。危機感を持つのは正当である。だからといって、革命情勢になってチャンスがめぐってくるのか。

連年決戦論は、七〇年闘争過程の激動期に、党の総力を挙げた先駆的決起で情勢をより激動化させようとしてきたやり方の継承である。その後、階級闘争の高揚の波が引いてしまった後でも決戦論を掲げ続けてきたのは、結局は、党内に絶えず緊張状態を強いて、党員の自己犠牲や献身性を最大限引き出すものとして利用され、あるいは革命戦争路線に疑問や異論を持つ党内の「異分子」を排除し、組織の一体性を作り出すものとして作用した、ということである。

第一二節　市民運動の歴史的台頭と労働運動

革命的激動は、労働者階級をはじめとする大衆の行動力が相応に活発になるという条件が伴っていない限りありえないのだ。こうした欠陥ともいえる過ちは、革共同が労働者階級大衆との繋がりが薄くなっていったことと関連している。

危機の呼号には、煽動の技術を超える真剣さがあった。そこに内在する政治観は、民主主義に敏感だということである。労働運動を軽視した上で、民主主義の破壊に政治闘争を決戦論で対置する政治思想には、階級組織の重視はなく、国民や市民一般の勢力結集による政治的抵抗となっていく傾向を持っていた。こうした傾向は、労働運動の基盤を持たないかあきらめている労働者、また良心的人士に依存していくことになる。革共同の運動家の人格的高潔さは、人権や民主主義の問題によく反応した。これは、知識人には歓迎されるところである。こうして、労働組合を主力とする大衆結集の政治闘争ではない、人民一般、市民一般の結集という傾向に堕ちこんでいくことになる。断るまでもないが、良心的な市民運動は労働運動への援軍でもあり、労働者は彼らに政治問題で学びながら、自分を高めていくことができる。その場合、良心的で膨大な市民層が頼りにするのも、組織された労働組合勢力だということを忘れてはいけない。間違ってはいけない。六〇年安保闘争は、市民運動の登場でもひとつの特徴を持つが、それは労働組合の連日の国会周辺制圧が呼び起こしたものであるのだ。

革共同の運動家は、良きにつけ悪しきにつけ、「戦後民主主義の申し子」なのである。この定義は、誇るべきものでありながらも、プロレタリア革命の見地から見た場合の欠陥をも示唆している。労働運動を、市民運動に分解して一個の大衆集合にしてはならない。労働者は一人では心細いが、団結体になるとき、支配者を震撼させる力を持っている。ここに、体制の大胆な変革の妙味がある。かつて、マルクス主義は世界の変革を、ブルジョアジーとプロレタリアート両階級の関係において捉え返した。また、戦後の高文明以前には、労働者階級や農民以外の主体は成熟していなかった。しかし、グローバリズムの世界は、様々な抵抗主体を世に送り出した。ネグリやハートは「マルチチュード」理論を打ち立てた。筆者は、この新説を評価すべき準備ができていないが、なおそうだとしても、労働者階級の組織勢力が、あらゆる事態に対応できる中心であることにはかわりはない、というのがマルクス主義者としての私の見方である。

市民運動といっても、それを良心的勢力との規定を前提にすれば、時には労働運動の指針を啓発していく場合もある。また、複雑に入り組んで発生する、人類が予想すらできなかった原発、環境、医療、教育、街づくり等々、それは多岐にわたっているが、このような新たな諸問題は帝国主義の高文明の結果である。資本主義というシステムに大きなメスを入れない限り、解決しようのない問題でもある。そうでないものもある。

さて、さまざまな自主的運動は、政治を専門家のみに委ねない自主解決の姿をしめしている。人類レベルの政治的成熟でもあり、労働者運動は積極的に自分のために学習し、援助すべきだろう。超階級的に見えるNGO（NPO）運動も、政治闘争組織ではないからといって、無視することはよろしくない。労働者と新しい社会が、立ち向かわねばならない具体的テーマを示しているのだ。なんとなれば、プロレタリア革命による権力交代があっても、何か社会問題は魔法のように解決するわけではないからである。今日のような資本主義に特有な労資間の矛盾はなくなっても、新しい矛盾と困難が待ち受けているのが、人間社会というものである。権力の交代があっても、そのまま、旧い社会の残したものに立ち向かわねばならない。それは、政治社会問題への多くの人々の自主参加に依存することになるだろう。「プロレタリア独裁」が万事指令すれば、次々と宿題が消えていくわけではない。それは、失敗したスターリンの一党独裁のやり方である。

私は九二年の出獄後、後学のためにNGOの集会に参加して、彼らの運動を知ろうとしたことがある。国内の課題に取り組む組織や、日本ボランティアセンターなど主に海外での活動をメインにする組織などが、多数存在していた。こうした団体の一定部分が、外務省の資金援助

か先兵であるとか批判するのは、一面的だと思う。実際、いわゆる「開発NGO」と呼ばれた人々の多くのグループの中には、後進諸国の、特に貧困な地域に入って、現地の人々と交流しながら、水・農業・教育など現地の人々の切実な要求を、彼らとともに具体的に解決してきている人々も多い。

彼らは、多くの場合、労働者運動や政治闘争に懐疑的見解を取っているようだが、それは彼らの労働者運動への不満とでもいうべき考え方の表明であって、敵視すべきではない。その評価はあくまで個々に判断されるべきだろう。そんな印象に変わっていった。

だがそのような一定の評価をしたとしても、私は市民運動をもって、労働者運動を中心とする階級闘争に代える、という考え方に変更することはない。

水俣公害との闘いには、七〇年以降のかなりの無党派活動家が集結している。その他の公害問題をはじめとする住民闘争に傾倒した層が存在する。三里塚闘争の持続性を支えたのも彼らであろう。またもう一つの流れは、反差別運動への傾倒である。主な課題は部落解放運動への連帯、それはしばしば地域での同和教育とのつながりで、解放教育との連帯を形成するものでもあった。もう一つは、在日朝鮮人民・韓国人民と反独裁運動弾圧への救援運動である。六〇年代後半から七〇年代にかけて、反独裁（当時の朴正煕大統領の維新統治で半ば恒常的な戒厳令が敷かれていた）闘争では、在日留学生が大量に「北朝鮮」（朝鮮民主主義人民共和国）のスパイ視されて、でっち上げ逮捕されていた。刑は厳しいもので、多くの場合、死刑か無期刑を判示されていた。七〇年代、日本人が大きく取り組んだ運動のひとつに、在日ではないが、詩人の金芝河氏の死刑判決に対する国際的救援運動があった。その後、金芝河氏は減刑され釈放されている。また「障害者」解放闘争も、当該を主人公とする新たな地平を示し、行政の施策に強い影響を与えた。すなわち、この運動が、七〇年闘争過程の息吹をもって展開されることになる以前と較べれば、「障害者」が家から出て社会で活躍できるような方向性が、政府の政策にも一定反映されざるを得なくなったし、町の構造を、彼らが動きやすくなるように配慮する方向性も芽生えた。とはいえ、依然、政府の政策が、「隔離」と「分断」を本質とするものであり、それは「自立支援法」をめぐる攻防でも明らかになったように、新自由主義の下で姿を変えながらより強まってきているのは、間違いのないことなのだが……。

七〇年世代には、その後、就職して、職場の労働組合に参加していった人々が大量に存在する。九〇年代ごろからこうした経歴を持つ活動家が役職に進出し、単産や組合の幹部になっていった例は多い。当初、特に革共同はそうであったが、そうした活動家の人々を支援し、統一していく組織戦術は持てていなかった。

七〇年安保・沖縄闘争や大学闘争といった、全体を束ねる基軸的中心的闘争が後退した結果、個々の個別課題と闘う勢力の分解が進み、それぞれが発展して、一定の形で社会に根付くという成果を収めたのである。このことは、大いに評価すべき事柄である。こうした諸闘争は、七〇年以降の人権と平和意識を下支えしたのである。人民が一つの闘争で出会うことは、そうはない。また、そうした闘争はそう長続きするものでもない。潮が引けば、個々の課題への取り組みとなるのも自然である。それを無理に、政治決戦論でほじくり返すべきではないだろう。革共同が称する「革命的情勢の過渡期」は、人民大衆の内発的な地熱を待つほかない。武装闘争によってこじ開けるとの構想は、歴史的に失敗した。地道な経済闘争が必須不可欠なのである。これらの諸点からいっても、革マル派との党派間戦争の指導原理を明確にしておくべきだった。七〇年代後半、本多書記長亡き後、対革マル派戦争オンリー主義となり、あたかも革命の展開過程が、すべてこの党派間戦争にあるかのごとき言説に陥ってしまったのである。この点を再確認して次に進もう。

話が横にそれた。

武装闘争は、それだけでは、いくら治安情勢に動揺を与えるものだとしても、労働者の団結体を日々作り出し、強化することと距離のある闘争である限り、政治的決算においては、体制内の改良を求める水準に止まるのである。「口では革命、決算書は民主主義モード」ということである。とはいえ、体制内改良も、それはそれで、評価すべき事柄ではある。民主主義的成果を、帝国主義に「取り込まれた」などと称して、懐疑的になるべきではないだろう。一九世紀後半のナロードニキに対する、レーニンの考え方を思い出すべきだろう。

二〇一六年の今日、憲法闘争が政治日程に上がっている。昨年一五年、安保法制をめぐる闘いは大きく高揚した。七〇年以来の大衆運動の盛り上がりであった。その主要層は、七〇年闘争の息吹を吸い込んだ高齢者たちと、さらに特筆すべきは、政治的関心が低いといわれてきた若者世代が団塊となって登場したことである。そのうえで、その高揚に導かれながら、停滞している労働組合の組織的参加が強化される必要があるだろう。労働組合の復権が求められている。労働組合と市民運動が合流したとき、恐るべき政治的影響力と力を発揮するであろう。運動界全体の歴史的動向を一覧するとき、力強く系統的な、強靭さを取得するためには、労働組合の再登場という見解にたどり着く。ネグリの被抑圧者総出のマルチチュード総反乱説に与することはできない。その根拠はと問われれば、どのような形態的な発展を遂げたとしても、資本主義社会が資本主義社会である限り、賃労働と資本という本質的な矛盾はなくならず、それゆえ資本主義社会における労働者階級の存在意義に変わりはなく、資本主義社会における労働者階級の歴史的な役割（＝資本主義の墓掘人）についても、本質的に変わったとは言えないと考えるからである。昨今の市民運動の大高揚が、労働者運動の復権につながっていくように願わずにはおれない。

第一三節　「五月テーゼ」と労働運動路線への転換

一九全総報告で明らかになった「労働運動路線」への転換は、歓迎すべき事態であった。そのことに疑いが入る余地はなかった。九〇年代は、未だその路線が党内的に定着せず、路線論争を呼んでいた。問題は、革共同が最近、声高に主張する「労働運動路線」なるものの実相である。

極端に言えば、二〇一〇年代の今日の状態は知る由もないが、当初はキャンペーン型の性格を色濃く持っていた。「政治決戦」論型労働運動である。それは、一年間の総力量を、秋の日比谷野音での集会に集中動員する、動員型の性格を帯びていた。(*) むろん、それは否定すべきものではないが、労働運動は、政治決戦型の動員戦とは根本的に違うということである。

＊一九九八年一一月、動労千葉、関西生コン、港合同三組合の共同主催による「一一月労働者集会」が正式に発足。以降、毎年一一月上旬に日比谷野外音楽堂で開催されている。革共同は、この集会を一年間の決算の場と位置付け、全国総結集で取り組んでいる。二〇〇三年からアメリカ西海岸の港湾労働者などの組合、韓国民主労総などの参加を得て、国際連帯集会として続けている。

労働運動の第一の契機は、経済的利益の擁護、生活防衛闘争、生活改善闘争だという点にある。すなわち経済闘争である。したがって、その路線に変換したのならば、まず第一に、草の根の職場から闘争を組織することでなければならないだろう。それは地道な要求闘争でもある。職場同僚の要望をまとめ上げ、それを調整して組合としての方針にまとめ上げていく活動である。

八九年一一月、総評が解散してしまった。いったい誰が、労働者を救済する地道な闘争に責任を持つのだろうか。日本共産党系全労連もスタートしていたが、何分全労連は大きくは選挙に束ねていくという傾向をどうしても有していて、不満が残る声が大きかった。革共同は、三桁を超える常任指導層を有した組織である。この部分が、産別・地域の担当オルグ団となった場合の力は計り知れないと思ったものである。雇用の流動化の中では、昔でいうところの全国一般的な労組対策が強く求められていたといえるだろう。

ところが路線転換したにも関わらず、そうした地域職場での闘争組織化に向かうことが少なかった。どうしてなのか？　筆者は、軍事路線の総括の不徹底、いわゆる差別問題の一面的強調が災いしていたと考えている。それに気づいたか、中央指導部は「マルクスに帰れ」と唱和して、マルクス文献などを再紹介し始めていた。

長期にわたる軍事路線に潜むものは、「革命的外部注入」論である。ある点で外部注入は正当であるが、労働者階級とは、生活と労働の現場から時に抵抗せざるをえない本質を有しているのである。マルクスを知らずとも、職場闘争はいくらでも闘うことができる。これは別項目でも触れているが、自然発生性＝内発的必然性といってよいだろう。『賃労働と資本』を読まなければ、労働運動や職場闘争を始められないわけではない。だから、労働者の階級性は不滅なのである。資本は、潜在的に、常に、自らの墓掘人をつくっているのである。革共同は前衛党の指導性の名の下に、常に労働者の現場に、外部意識、すなわち、政治闘争や武装闘争、差別克服意識を持ち込んで来た。それが、プロレタリア意識の啓発に繋がるものだと信じられていた。

そうではない。常任オルグ団は、まず現場の闘いから学ぶべきなのである。そのひとつの闘争に勝利するために、法律や判例、交渉術を駆使する仕方を身につけなければならないのである。可能ならば団交などに出席して、資本や会社側と直接やりあうのである。通常、顧問ないし特別執行委員の肩書をもらえば、団交に出席はできるだろう。こうやって一つひとつ経験し、労働運動の能力を蓄積していくのである。労働相談は不可欠である。労働相談は力試しでもある。相談者の不安を取り除き、解決の方向性を指し示して、闘う勇気を提供していくのである。そして争議になる場合は、一緒に交渉の場に出席し、相談者の利害に応えていくのである。そのためには、実践的に必要な範囲内での猛勉強と準備が求められる。労働運動史も勉強し、戦術研究もしたほうがよい。

労働運動とは、まずもってこうした事柄であるという理解が、遅々として進まなかった。「五月テーゼ」以降の一〇年間は、いたずらに時を潰してしまった。「一一月労働者集会」も、動員型に終始した傾向が強い。労働者集会は、日頃の組合闘争の結果に過ぎない。政治動員型の集会参加ではだめだ。いつまでたっても、一万人に到達することが無いだろう。革共同が彼らとの連帯を強調してやまない民主労総は、日頃何をやっているのか。いかにして、八〇万人のナショナルセンターを形成できたのか。まねのできる教科書ではないのか。

労働運動とは特別のことをするものでもない、というのが私の所見である。争議なら、争議に適合した交渉と戦術を採用する。要求闘争なら、しかるべき要求に組合員の総意を集結させて、当局への圧力性を高める工夫をするのである。一時期、革共同は、「折り合いをつけてはならない。それは体制内労働運動だ」と決めつけていた。しかし、個々の職場闘争や単産の闘いの先に、革命を展望することは概してできない。労働運動とは、直接的には体制内の運動でもある。完全勝利の場合もあれば、妥協もある。問題は組合の団結強化への貢献で、次につながる獲得物があったのかどうかが総括点であろう。

ところが、軍事路線の総括の不徹底とまたぞろ革命的情勢の過渡期の接近説が災いして、最近は、「労働運動で革命をやろう」というような、一般組合員がついていけない政治スローガンを現場で掲げる誤謬を犯すのである。「労働運動で革命をやろう」とは、思想的確認事項であろう。たぶんに不正確だが。「五月テーゼ」以来一五年、未だに労働運動の教本を出版できないようでは、日頃の実践ぶりが見透かされてしまうものではないか。『共産主義者』も、相も変わらず産別路線論文集でしかない。月刊誌『国際労働運動』は、世界の、特に米韓を中心とする闘いの紹介コーナーの性格を免れない。米国西海岸もいいし、韓国もたしかに素晴らしいが、労働運動とは、まずもって己自身の課題の解決が苛烈に要求されていることを忘れてはならない。他人のふんどしで相撲を取ってはならない。自力自闘である。

現在の革共同では、「動労総連合」作りが基本方針と見られる。だが、いくら国鉄闘争が柱だからと言って、地区での活動の主力が、外部からの「動労総連合」作りに傾注しているとすれば、それは本末転倒である。一時期、「動労千葉特化型運動」と呼号されていた。それは、好意的に言って、労働運動の全体指導部の指導視点の問題ではあっても、現場党員全員にそれを実践させるとしたら誤りである。こうした傾向こそが、軍事主義、政治決戦主義の外部注入論と同じだというのである。それは、労働者階級の自己解放闘争とはいえない。こうした懸念を持つのは、単なる杞憂に過ぎないだろうか。そうであることを願いたい。

労働者は闘いに立ち上がる中で、容易に外部意識も必要に応じて取り入れることができる。だから、予め外部意識を注入するというような焦りは禁物である。しかもそれは、労働者の自己解放性を信じない、間違った思想である。それは労働運動ではない。当たり前の運動から離れた、特殊な思想運動に堕してしまうだろう。正直、革共同はこうした思想運動を、長年労働者に対して提起し続けていたのである。組織が衰退するのは当然ではないか。労働運動路線に舵を切って二〇年が経過した。それでも体質が変わらないとすれば、もう再生の見込みはないだろう。解体再出発しかないだろう。

それゆえに、先制的内戦戦略の思想レベルでの反省が必要なのだと言いたいのである。

第六章　六〇年代後半の闘争が歴史に問うたもの

革命的情勢が数十年の長きにわたり続いた、少なくとも革共同は結果として、そのように規定し続けた。武装闘争の正当性を語り続けるためには、時代をそのように描き続けることが必要であった。その原因を考察するに当たり、社会を激動に叩き込んだ、六八年から六九年にかけての学生反乱の歴史的性格に注目すべきであろう。

それは、世界情勢であった。それを、根元で規定していたもののひとつは、ベトナム戦争であった。圧倒的な経済力と軍事力を誇っていたアメリカ帝国主義は、アジア全体の「共産主義化」を阻止するとして、ベトナム侵略戦争にのめりこんでいた。ホーチミンを指導者とするベトナム労働党および南ベトナム解放民族戦線（略称「解放戦線」）は、五〇万に及ぶ米軍と真っ向から対峙した。焦土作戦、一般農民の村の焼き討ち、枯葉作戦、北爆、抵抗政治犯の投獄、拷問等々あらゆる残虐な手段で、ベトナム人民を殺しまくった。「解放戦線」は、農民を政治的に獲得しつつ、全土に見えつつ隠れつする広範な抵抗網を築き上げ、米軍を翻弄した。この闘いは、正真正銘、民族解放・革命戦争であったといえよう。抵抗闘争は、報道、写真をも通して、全世界の魂を揺さぶった。泥沼化する戦況に、まずアメリカ本国で反戦闘争が激しく闘われた。その後、七五年、米軍は、サイゴンをも明け渡し、完膚なきまでに敗北したことは周知の通りである。アメリカ軍事神話の崩壊であった。

この時期の学生運動は、欧米でも同時的に発生した。アメリカでは、ベトナム反戦闘争が高揚した。また、アフリカ系アメリカ人の解放闘争が、一部にはブラックパンサーという武装闘争重視の組織をも生み出した。デモは大学内外で、日誌のようになっていた。欧州では、フランスとドイツ・イタリアで特に高揚した。ドイツのSDSは日本の三派全学連のように、角材で武装した街頭行動を華々しく展開した。パリの学生街であるカルチェ・ラタンは、バリケードで繰り返し打ち固められ、警察との市街戦が闘われた。

欧米日という中心国で、変革のためのあらゆる言論が花開き、戦後における、否、それまでの現代資本主義の構造的かつ道徳的諸問題が、批判の的となった。新しい文明の影の側面、きらびやかな衣装にまとわれた、帝国主義の高文明の裏側に潜む非人間性が弾劾された。帝国主義の繁栄の反対側には、より巧妙で収奪度の高いアジア、アフリカ、ラテンアメリカの新植民地主義体制の過酷な現実が、横たわっていることが暴き立てられた。欧米日いずれにおいても、後進諸国で商売の旗をたてて、膨大な利潤を蓄積した巨大資本は憎悪の的となり、武装左翼の攻撃にさらされた。以来、今日に至るまで、先進諸国家は、公安部門の充実、武装化と政治警察化が進み、抜かりのない治安国家に再編成されていった。それは、第二次世界大戦後初めての、帝国主義の挫折であった。

飢餓の不満のないこれら帝国主義先進国において、一様に既存の秩序を否定するスローガンが掲げられた。左翼の活動家や組織は、そこに現代革命の可能性を垣間見たといえよう。

さて、日本における学生運動のモメントは、社会全体に対して、大学は期待されている役割を果たしていないではないか、「大学の自治」という国家権力に容認されている相対的な自由空間の名の下に、生きた社会と自分の使命を切断し、研究のための研究が自己目的化し、つまるところ支配階級を担う官僚や大資本の支え手となる存在を、教育マシーンのように送り出しているだけではないか、インテリゲンチャに求められるべき知性は、資本主義の利潤追求の道具に貶められ、真理とは程遠い存在に成り果てているなどと糾弾した。それは、「自己否定」という内部切開を伴ったものであった。学問の目的とは何か。学問を志す者は、はじめは社会と呼吸すること、そこで貢献していきたいと考えたが、実際の大学は、資本がただ労働者を労働力商品としてのみ生きることを容認されているような秩序を打ち固めているだけではないのか、こうした根源的な問いかけがなされたのである。

学生は、標的を、教授会や講座制によって牢固として守られている、教授を頂点とするヒエラルキーに絞り上げ、それが学問の必要条件ともいえる自由すらなくしてしまっている、としてそのシステムにも向けていった。階級関係から、国家権力から自由になって、真理の探究をめざすべき大学が、金儲け主義で私的利益をめざすものでしかない、資本主義企業の奴隷に成り下がっているではないか、というラディカルな疑問を投げかけたのである。

東大という頂点は、支配層を送り出し、日大は、資本につくすおとなしい労働力商品をつくりだすために、自主的活動を徹底的に抑圧する規則で学生を縛り付けていた。原始的自由を要求して、日大一〇万の学生が反乱に決起した。校舎はバリケードで封鎖された。警察機動隊が未だ鎮圧行為の準備ができていないころ、大学理事会は、私的右翼暴力部隊に襲撃を繰り返させた。この対応は、日大全共闘の武装対抗スタイルを生み出し、反乱層全体の日常の行動モデルとなった。六八年九月三〇日、今は国技館となっている、当時の日大両国講堂は、万余の学生で埋め尽くされ、最高責任者・古田会頭は、学生の前に膝を屈し謝罪、学生の要求を受け入れざるを得なかった。ところが、古田会頭の盟友であり、時の総理大臣・佐藤栄作は、この事態を放置できなかった。学生たちの天にも上るような勝利の後には、牙を研いだ警察機動隊が襲いかかる。だまし討ちだ。

高校生も、安保、ベトナム反戦、受験戦争批判、日の丸・君が代批判、自主新聞会、校則、生徒管理への反発等々、活発に行動を開始した。六九年春の卒業式や入学式、学園祭、街頭闘争で逮捕された生徒の処分問題など、多くの社会批判、学校批判が噴き出た。バリケードや封鎖も登場した。ヘルメットもまれではなかった。学校が、教育委員会が、親が、おろおろし対応に四苦八苦した。いわゆる進学校では、かかる動きが目立った。革命的左翼の各党派は、高校生対策部をつくり予備軍とした。高校生組織が党派別に組織され、大学浪人すら、受験勉強そっちのけで、「大学って何だ」と思い悩み、ヘルメットに身を固めた。大いなる哲学とゲバルト、これが彼らの過渡的人生観であった。

学生は、同時に革共同の街頭闘争にも大いに触発され、七〇年安保反対の機運が、怒涛のように学内に還流した。学生は、既成の帝国主義、資本主義の秩序の総体、民主化されたという戦後の憲法体制下の政治、経済、文化、歴史等々、あらゆる領域で、告発のダンビラを振り下ろしたのである。

ブルジョアジーにとっては、意外なことであったろう。第二次大戦後の経済や政治の混乱期ならいざ知らず、高度成長の渦中で、資本が敗戦から立ち上がって、経済成長にダッシュしているその時、何が不満なのだと言いたかっただろう。

しかし、学生の求めたものは、お金でも地位でもなかった。告発・弾劾の対象となったものは、資本主義的秩序が万事順調だとしても、なお資本や国家には応えることのできない、階級を超越した人類普遍の真理という領域の事柄である。労働者階級からすると、一見観念的とも見えるこの探求は、実はそうではなかった。高度成長過程にあった戦後の帝国主義、アメリカ型の生産力の拡大を基調とする工業化は、労働者間の競争を激しくし、労働密度は強まり、大量消費財は、利潤原理のもとで、典型的には公害を必然なものとし、人間世界がかつて経験したことのない新しい矛盾を作り出したのである。他方では、この時期は、飢えはなかったが、大学進学率は十パーセント台（七〇年で一七・五％）であり、今日とは比較にならないくらい、生活は慎ましく、学費を出すのもそう簡単なことではなかった。今ほどではないが、貧困は残っていた。地方からは、都市へ都市へと人々が脱出した。上野駅構内は、制服を着た十代後半の少年少女が不安そうな顔で列をなし、出迎えの大人を待ち受けていた。中卒就職組は「金の卵」と呼ばれた。集団就職花盛りである。

学生は、社会的公正、人間間の平等といった点を重視し、人間の真理に反する不条理と同居することができなかった。撤廃されねばならなかった。その後に何が来るかは、さしあたりどうでもよい。告発と糾弾なのだ。資本主義社会に生きる己の否定なのだ。「自己否定」とは、資本主義社会の拒否のことでもある。学生の共産主義者は、それは大学だけでは実現できず、社会を変える必要がある、本当の社会主義こそその要求を満足させるだろうと言ったし、いや、ソ連のような官僚的な国家ではダメだ、社会主義は期待できないという者もいた。

革共同は、「大学を安保粉砕・日帝打倒の砦に」なるスローガンを掲げ、国家権力に対する政治闘争に目を向けるよう注意を促した。革共同は、自ら命がけで闘いとった六七年の羽田弁天橋の闘いをもバネとしていたが、大学闘争が広がっていったことに、認識としては後れをとった。新左翼を含む既存の党派とは別の流れで、自主的な運動が起き始めたことに、「どこまで続くのか」と懐疑的であったと思う。革共同は、「安保粉砕・日本帝国主義打倒」という表現で、革命に向かっての政治的拠点論で理論武装したが、それは自ずと全共闘の学内問題の解決の要求とは位相を異にしていた。バリケード闘争を、ロシア革命やドイツ革命になぞらえて、「ソビエト」とか「レーテ」（いずれも「自主的評議会」の意味を持つもので、ロシア、ドイツの革命運動の中から生まれた大衆組織）などと性格付けするブント系の中の一部党派や社青同解放派の位置づけには反対した。

全共闘運動は、科学の社会性を問い、「科学は中立である」という大学教授たちの言説に疑問を呈した。

山本義隆氏は『私の１９６０年代』のなかで、明治以来、科学および技術は、ほとんど国家の軍事政策と緊密につながっていたことを指摘し、また戦後の例として日本物理学会への米軍資金の提供問題を挙げている。それだけではない、六〇年代後半は、いわゆる第一次ベビーブームの世代であり、大学が次から次へと開設されたし、既存の大学は校舎を立て替えて大規模化していった。それは、あたかも資本の労働力を量産する非人間的装置に思われたのである。

このように、全共闘運動は、帝国主義高文明が作り出す矛盾を、学内から暴き立てるとともに、ベトナム戦争とそれに協力する日本政府に対する怒りを表現していた。それは、自ずと七〇年安保粉砕、沖縄闘争を推進していくエネルギーを持っていた。全共闘は、己自身の行動を決定していくにあたり、ストライキの問題等全体にかかわる領域の場合は、従来の自治会の採決という手続きを踏んでいる。クラス討論から学生大会、クラスごとの自治委員の選出と自治委員総会による執行部の選出など、民主的手法をとっている。しかしながら全共闘という任意の団体が、何の手続きも経ずに、バリケード封鎖したりしている事例も多い。長崎浩氏『叛乱の六〇年代―安保闘争と全共闘運動』によれば、いわば、「ポツダム自治会」の拘束性から解放されて、行動の自由を拡大したのである。そのことが短期の期間においては、問題の鋭い提起につながったことも否めない。

新しい文化、芸能、ファッションが登場した。週間漫画誌、フォークソングにロック、長髪とジーパン、ミニスカート、喫茶店等々。筆者がなじめたのは、喫茶店ぐらいではあったが。この運動は、帝国主義の文明が、耐久消費財の生活圏への登場、大量生産、「快適」な都市文明等々の、新しい姿に脱皮する際に、必然的に直面しなければならない、産みの苦しみだったのかもしれない。資本主義は、新しい生産と社会のスタイルに脱皮するとき、スピードに着いていけない、旧い生活様式と価値観を踏み潰して進んできたものなのだ。近代労働者を生むには、職人の誇りは汚さねばならなかったように。

青年学生は、新しい矛盾と見逃されてきた過去の不条理、第二次大戦の清算を済ませていないことも容認できなかった。何しろ社会的不正は糾されねばならない、これは学生証明のような思想になった。こうした学生が、七〇年安保闘争、ベトナム反戦闘争にこだわったのは当然のことであった。

このように見てくると、この反乱は、闘争手段の激しさにもかかわらず、成年層をも巻き込んだ生活の困窮、政治的混乱、統治体制の乱れと結びついていたものではなく、革命的情勢の到来を意味したものとはいえない。反乱は、姿を見せ始めた経済先進国の高度文明に対する「異議申し立て」ではないだろうか。その点では、将来に対して人間社会が直面する課題を、先行して提出するものではなかっただろうか。大学闘争は、高度成長社会の限界性や問題性をラディカルに予見して見せた。大学闘争とも全共闘運動ともいった、この圧縮された時間は、現体制を強く否認する矢のような鋭さをもっていた点で、社会全体を転覆する革命的要素をはらんでいた。しかし、行き着くべき共有の目標もないままの永続的な反抗に止まった点では、この大学闘争も、ブルジョアジーによって取り込まれてしまう要素をもっていた、といわねばならない。

他方、学生たちと年齢の近い青年労働者は、どう感じていたのだろうか。

青年労働者の一部は、学生の闘いに、共通の敵と闘ってくれているような共感を持ったし、労働者に革命という夢を提供することになった。この時期、多くの青年労働者有志が、革共同の門をくぐったのである。高度成長の時代、地方で食ってはいけない青年労働者、跡継ぎになれない次男坊や娘たちが、地元の中学校、工業高校や商業高校を卒業して、都市の大企業や中小・零細企業に殺到した。当時の水準では、彼ら青年は低賃金であり、資本の利潤増殖に貢献した。夢見た都会、だが既に工場は、同型商品の量産のシステムで近代化されており、労務管理は厳しく、労働に疎外感を感じざるを得なかった。低賃金は、将来への不安をかきたてた。

学生の「異議申し立て」が、既存の労組に飽き足らない青年労働者に浸透するのも流れであった。既存の労働組合のナショナルセンターである総評は、反戦闘争や権利闘争の契機を一部持ちながらも、高度成長の配分を多くするよう迫ることを主要な闘争課題とした。労働青年の不安と疑問に答える内容は有していなかった。そうした中で、労働者階級内で既成の大組織から自由に行動する組織として、「反戦青年委員会」が、地域や産別ごとに組織されていった。

革共同は、反戦青年委員会への影響力を高めて、その分野の主導権をとるべく活動したが、それでも既存の労働組合の中にあって、労働組合の中に細胞を形成しつつ、組合の規約を通して、執行部を握っていくという戦略を基本としていた。六二年の第三回全国委員会総会で決定された方針は、職場の合理化攻撃と地道に闘い、青年労働者の疎外感を吸収するものであった。

今から考えるならば、労働組合の諸規定に拘束されずに行動できる任意の反戦青年委員会は、激動の特定の時期の産物といえる。なぜなら、労働者本体の原則的組織化とは、職場や地域を基礎とする単位で形成されるものだからである。そうでない限り、反戦青年委員会運動は、大衆的検証を経ない、一定の主張に賛同する人々の狭い組織体になってしまう負の側面も併せ持っていた。革共同はじめ諸党派が、その後長期にわたり「反戦」（反戦青年委員会の略称）の旗を掲げたが、それは当初の役割を終えた後の、党派的紋章に過ぎなかった。

革マル派との戦争が、職場に根を張った労働組合運動の阻害要因になったことは否定できない。何しろ、一九七二年から、革共同の労働者党員は、自己防衛に力を集中しており、とても職場闘争どころではなかったからである。その面はたしかに否定できない。だが、反戦青年委員会運動が総括されずに、そのまま継承されたことは、労働者細胞が労働運動ではなく、職場の外の課題に傾斜する性格を後押しすることとなったともいえよう。むろん、多くの産別で自主的に産別的課題への取り組みが見られたが、全体的系統的指導があったとは言えない。

六八年の反乱は、労働者階級、生活者たちもが、街頭と生産点で反乱に立ち上がることと結合していたわけではなかった。革命的情勢に至らない中での、特定の層のラディカルな要求、反乱は、ブルジョアジーに新しい政治的、社会的、文化的取得物を与えていくか、若しくは労働者人民に対して、伝統的保守層との力の関係に変化を与え、将来の真正変革の条件を財産として残すか、のどちらかである。後世の人々に財産は残したであろうか。残したことは間違いない。

六〇年代後半から七〇年代初頭にかけての闘争は、戦争の清算をあいまいにして出発した日本の、戦後憲法体制の欺瞞性を厳しく批判した。また、戦後民主主義に隠された欺瞞性を暴き立てて闘争課題にした。「社会的弱者」への差別を認めない闘いを開始したのも、彼らの功績である。

さらに、日本国憲法に定義した憲法九条の思想、反戦思想を、決定的に社会のコモンセンスとして定着させた。平和思想、個人の人権の尊重、少数者の権利を捨象しないこと、文化的生活の保障などが、軽視してはならない社会的基準となった。

そして、社会がもたらす矛盾を個々の市民が解決していく、という社会関与の価値観を歴史に残した。社会的悩みへの対処を、政治家や官僚・行政機構、共同体の顔役にゆだねるのではなく、自らの行動によって解決する社会風土を作り出した。社会主義の革命は達成されなかったが、社会に活動的市民を生み出した。これは、あの激動の産物である。

七〇年代以降の、革命的左翼の政治闘争や個々の改良闘争は、こうした市民とも融合し、思想的にも交じり合う傾向をもった。階級的帰属から自由になり、自分の直接的な物質的利害からも自由になって、社会に対して発言する社会現象は、社会意識の高さでもあり、レーニンが『国家と革命』で夢見た「社会の構成員全体の統治への参加」の可能性を示唆するものである。だが、反面、階級的帰属関係を紐帯とする組織は、生活が絡んでいるだけに強力な集合力と積極的な拘束力を生み出すが、市民運動はそうした組織体質とは異なるものである。権力機構は、市民運動に治安問題の恐怖は抱かないが、抗いがたい圧力を感じる。社会関与の市民運動と労働者階級の階級運動の相互関係は、また別に論じる問題であろう。革共同は、市民運動の自律的展開に消極的であり、絶えず自分の党派的スタイルの支配下に置こうとした。そうした市民運動への一定の距離を置いた懐疑的態度は、市民活動家から冷たいまなざしで見つめられた。

市民運動は、階級運動の外の余白に棲息するにすぎない現象なのか。いや、労働者階級が実現しようとする課題、若しくは次の世界史に刻むべき何らかの有機的要素を持っているものと考えるべきだろう。そして、歴史を逆流させるような権力者が、社会に対して強制力を発動している現在では、労働者階級の組織力は抵抗側全体に力を与えるという関係を、やはり確認しておくことは重要である。国鉄の分割民営化、総評の解散以降、労働者の団結体は無力となり、支配層の安全弁の役割しかはたしていないとも見える。かかる悲惨な現状にあってなお、労働者階級の団結体、利害関係を紐帯とする組織が持つ大きな役割を確認すべきだろう。

七〇年闘争は、政府との対立がのっぴきならない状態に立ち至るとき、その闘争は、権力闘争の性格を帯びてくるということを教えてくれている。大衆的実力闘争、バリケード闘争などの闘争手段は、闘いの経験の中から登場したものであり、決して上から党が与えたものではなかった。それゆえに、あれだけの広がりを持つことができたのである。現在、新自由主義的経済体制に対応して国家権力は、かつてのいかなる時よりも警察網を張り巡らし、武装警察を強化して、日々人々を監視している。安保法制も、秘密保護法も、盗聴法も、マイナンバーカードもそうしたものである。国家権力が武装している以上、彼らが民衆運動に追い詰められれば、それを弾圧に使うことは自明の理である。それでも闘いは継続するのだということを、過去の闘いは伝えてくれているのだ。

さて、そうした教訓化に立つとき、革共同はいかほどのスタンスを取れたのか。

革共同が党派間戦争と権力に対する武装闘争に熱心であった七〇―八〇年代、戦後の経済はほころびを見せながらも、むしろそれを糧として、経済の新しいスタイルを示し続けた。

だが、新しい革命思想は創造されなかった。次の世界的変革の機会に、根底からの革命が達成されていくような、労働者階級や人民の主体的力量を蓄積しなかった。その責任は、革共同の政治思想、戦略戦術の誤りに求められるべきである。権力が革共同を弾圧したからでもなく、革マル派の責任でもない。「革命の現実性」を思想として持つことと、現に革命的情勢が接近しつつあるとの分析をすることとは別の事柄であった。この二つのことを混同したために、武装闘争を正面に押し出して、長年闘う方針上の誤りをもたらした。悲劇というほかない。

第七章　差別との闘いにおける傾向

第一節　被差別人民との連帯について

さらに、指摘することがある。軍事の重視と非労働組合運動の性格を持った、革共同の政治思想は次の特徴を持っていた。差別とのたたかいの戦略的重視に潜む独特な思想である。

反差別の思想は、七〇年代から、二〇〇八年まで党のもっとも重要な思想上、路線上の柱であった。この思想は、七〇年代の狭山差別裁判糾弾闘争や在日朝鮮人に対する民族差別との闘いの中で、位置付けられた。

差別とは、労働者階級に対する経済的搾取とは次元を異にする。差別されている存在が、性や民族、地域、身体、病気、祖先の出自などによって、社会的活動を抑制されるというものである。その特徴は、差別する主体が支配者だけではなく、人民でもあるという事実である。

日本における部落民は、不当に労働など社会的活動を抑制され、かつ人格的にも平等に扱われず、その結果経済的にも苦境を余儀なくされてきた。ブルジョア的平等思想にも反する社会の現実である。それは、長い歴史のなかで伝承された。社会の主導勢力であるブルジョアジーの行状は、通常、社会の構成員全体に対して、規範としての強制力を有している。ブルジョアジーの有形無形の示唆は、差別の固定化を支えている。差別の特徴は、労働者階級をはじめとする人民に内在化して、差別される者への重圧となって襲いかかるというところにある。ここでは、差別が一見、階級の属性とは無関係に存在している。ブルジョアジーが、表向きは露骨にしないが、他の人々に比べて実質的に社会から冷遇するというあり方をとることによって、被支配層の中にも、差別意識というものが牢固として蓄積している。様々な差別意識がそれを補強する。意識は、一人歩きして再生産されていく。一方、資本主義社会は、法制度上、政治的には人々を均一な関係においたが、経済的には格差、対立をもたらした。法制度上の建前が均等であるということは、歴史的にきわめて大事なことであるが、資本主義社会といえども、かつて、先進国の植民地とされた民族、また先住民にたいしては、法制度上も抑圧装置を残していたことを見逃すことはできないであろう。

この資本主義社会は、憲法上は私有財産の優位性を明記することで、実質的に経済的差別を公認している。それは、人格に対する差別ではなく、単に、人の才能、努力の差であるから「やむをえない」という形式をとっている。法の下の平等形式に経済的実力が打ち込まれると、実質的には、政治的実力の格差に結合する。「ブルジョア政府」と、左翼から言われるゆえんは、ブルジョアジーの経済的力が、官僚機構と政治家たちとの緊密な盟友関係を形成しているからである。

経済的苦境や貧困といっても、実相も、深刻さの度合いも様々である。先にあげた社会活動において、実質的に均等に処遇されない差別される階層は、貧困の中でも、さらに底辺を構成する場合が多い。さらに、差別観念は、企業公害として生み出された「水俣病」などのように、帝国主義の新たな矛盾が生み出した、解決困難な「新種の被害者」に対しても形成されていく。労働活動が困難な人々は、同情と悲哀の眼をもって見つめられる。経済的搾取という資本主義社会の動力こそ、差別を再生産している主因に他ならない。というのは、差別は、生活苦に結びついているため、次世代も苦境からなかなか這い上がることはできないからである。資本主義は、一九世紀後半に帝国主義となって、驚異的な生産力の膨張を実現したが、それは、グローバルに生活水準を引き上げたわけではなかった。俗にいう富の偏在である。富とは、貧困の代名詞である。世界においても、一国においても。

こうした資本主義社会が、旧い意識を、新しく再生産している根源である。

社会を構成する人々は、一様ではありえない。社会は異形の総和ですらある。同形ということはありえない。あることで差別されている者が、他の要素で差別されている人を見下すことが日常的に存在する。労働者間の競争社会でもあるこの社会は、常に「劣等なる者」を繰り返し再生産している。他者に対して、競争によって対立的に登場せざるをえない現在のブルジョア的社会経済制度に、まずもって退いてもらわない限り、人格的完全解放の根拠はあたえられないだろう。

経済的搾取制度が消滅してなお、現行の生産力水準をキープできれば、富の偏在は緩和されて、差別という忌わしい拘束力は一定の「打撃」を与えられるだろう。だが、資本主義制度がなくなれば、差別が自動的に消滅するわけではない。差別意識は、世代を超えて継承されるからである。なぜならば、社会は常に有限だからである。したがって、将来の社会構成体が、不断に努力して、差別と向き合い、もって、共同体の人間力を、精神的にも、文化的にも、格段と高めること抜きに差別を消滅させることはできない。

差別意識と差別行為は、人権にもとる腐敗した行為である。人の平等と名誉を著しく侵害する犯罪行為である。六八年来の、学生を中心とする真理探究の流れは、革命には至らずとも、差別を許さない思想を先見的に社会に刻印した。七〇年闘争過程で、それまで差別に対する闘争を独自に行ってきていた被差別階層の人々は、差別糾弾の闘いを新たな地平に押し上げた。また、「障害者」、女性たちなど、差別される人々の自己解放的決起が生み出された。

第二節　革共同と「七・七」の歴史的糾弾

革共同がこの領域に目覚めたのは、七〇年は七月の「七・七華僑青年闘争委員会の糾弾」によってである。以来、差別との闘いは「七・七」と呼ばれてきた。それは、厳しい糾弾という形をとった。日本人の階級闘争は、支配階級、政治権力との政治的対決の日程を組み立てるが、在日中国人、朝鮮人は、日常的に入管体制の下で、自由を束縛されており、日々苦境を余儀なくされている、この日常性の打破のために闘わない日本人の左翼を、信頼することはできないというものであった。この正面からの批判は、当時、飛ぶ鳥も落とさんばかりの勢いにあった、革命的左翼に一大衝撃を与えた。労働者といっても、具体的姿は、日本の歴史性を継承している日本人の労働者階級である。労働者階級を理想形で抽象的に描くのではなく、腐敗渦巻く社会の中でのリアルな存在として捉えるよう示唆したものでもある。

革共同は、彼らからの二度にわたる糾弾を深刻に受け止めて、党として「自己批判」を行った。それは、自分たちの、帝国主義国の抑圧民族プロレタリアートとしての立場が、侵略という歴史と入管体制という現実を背負ったものであることとの切開からはじまった。そして、支配階級の意識である社会意識の中に存在する「差別する意識」を、無自覚のうちに身につけてきてしまった現実の労働者という自己存在を、徹底的に自己批判的に捉え返すことなしに、被抑圧諸民族の人民との国際的連帯はありえないということ、こうした立場性をもって日本帝国主義打倒、民族解放闘争勝利をともに闘おうとするものとして、魯迅の言葉から「血債」の文字を借りて「血債の立場」とか「血債の思想」と呼ばれる考え方を形成していった。

こうして、政治の季節は過ぎたが、反差別の意識と行為は市民運動ともなって、活動的市民が歴史的に登場する大きな契機となる。差別との闘いは、被差別人民と労働者階級人民の共同闘争に発展していく。

差別を反人倫的行為として憎み、自らの正義心を傷つけられた革共同の若い活動家、すなわち、「内なる差別意識」を自覚させられ、それと苦闘し続ける若い活動家たちは、その原因が体制にあることを悟り、そこからさらに革命の必要性を正当化した。革命に必要な革命的意識を曇らせているものこそ、ブルジョアジーから絶えず流布される差別意識だから、労働者階級、日本人民は、革命に到達するためには己の顕在化しているか、若しくは潜在的な差別意識と闘わねばならない、とされた。権力と闘わないことは、差別への加担だと糾弾された。糾弾が、闘争組織化の手法の一つとなった。一般民の日本人学生の場合は、己に歴史的にまとわりついている差別という実在性を払しょくするために、闘争に決起するケースが多く見られた。革命に与することで、差別構造の中での己の意識を純化していく。革命党への参加の動機が、差別意識からの己の解放をめざすところに設定される。

この傾向は、七〇年代後半から顕著となる。七〇年世代と違い、それ以降の革共同への参加世代は、反政府闘争というよりも、「差別者」という己の「原罪性」との闘いという、個人的な内省的動機から結集している人が多いのも特徴である。

革共同指導部は、純粋な青年層のヒューマニズムを集約し、「七・七」にもっとも誠意ある態度をとる党派として自分を押し出し、理論的説明と解決の方途を指し示そうとして、不断の理論的深化を図った。そのための専門的指導機関および各部門から構成される、「諸戦線(*)」と総称される大衆運動の指導機関を作り出した。その機関は、差別の諸形態に対して、思想的にも指導性を発揮した。問題の提起は、帝国主義諸国の労働者階級は、ブルジョアジーの超過した利潤のおこぼれをもらっていて、差別に加担している存在であることに気づいていない、差別と闘えないようでは、本当の利益である階級意識が曇ってしまうため、自らの解放を求めるような革命的行動には決して参加できない、という考え方にたっている。

＊「七・七」以前に結成されていた「全国部落研究会連合」に続いて、全国各地に「入管闘」が立ち上げられ、さらに「被爆者青年同盟」、「沖縄青年委員会」、「『障害者』解放委員会」等々が相次いで結成されていった。これら反差別運動をたたかう領域を、革共同は「諸戦線」と総称して独自に位置付けた。

だから、労働者階級は、自らの自己解放能力をつくりだすためには、差別との闘いを、大きな柱にしなければならないというものである。簡単に言えば、「差別と闘い、己に目覚めよ」、というものである。革共同内外のメンバーは、差別との闘いを、意識変革の達成度、革命的精神の主体化の度合いを示すものと指導された。

それは、「階級性の鮮明化」と定義された。つまり、差別問題に無自覚な活動家や人々は、労働者階級のミッションを自覚できない、革命を担いきれる意識に到達できないという考え方である。労働戦線の展開領域を失うか狭めていた空間において、この理論的定義は実践的には、労働者階級の階級的自覚が、差別問題の自覚と実践に転移されるという結果を招くことになった。「プロレタリア的」という言葉は、労働者階級の自主的決起の世界から、自らの差別意識と対決する「革命的自覚」の獲得闘争に転化した。労働戦線は、そのためのひとつの戦線に位置付けられた。労働戦線においても、組織活動は、差別問題に見識か関心のある人に傾向的に絞られ、労働現場における労働矛盾とそれに伴う苦悩は、関心の外に追いやられた。職場の差別的日常会話を見つければ、逆に軽蔑の対象として扱い、距離を置いてしまい、批判しながらも獲得する方向性が不十分となったのである。

労働者階級の自主解放の思想に依拠しながら、差別問題への取り組みを進めるべきであろう。

第三節　「七・七」的課題への取り組み

植民地支配の時代、政治的には独立したものの金融的経済的には帝国主義諸国に従属したアジア諸国の姿、部落民に対する迫害の数々、特に狭山差別裁判は、無実の部落青年が、部落民に対する偏見の中で、「殺人犯」に仕立てられた事件として部落差別の象徴とされた。狭山差別裁判は、一審浦和地裁が貧困ゆえの犯罪と「事実」認定、極悪の差別判決＝死刑であった。高裁段階で、部落解放同盟、総評の連合を軸にして、大衆運動が一〇万人を超える規模で高揚する。狭山闘争は、反政府・反権力のたたかいを代表する位置を持つことになる。狭山差別裁判糾弾闘争が、このような高揚を実現していった背景に、六九年に、「全国部落研究会連合」のメンバーが狭山差別裁判を糾弾して、死刑判決を下した浦和地裁を占拠するという先駆的闘争があったことを忘れることはできないであろう。狭山闘争には、革共同も全力を挙げて取り組んだが、それは「七・七」を経験した後のことであった。

部落解放同盟は、あらゆる差別迫害から人民を救済する、ナショナルセンターに近似した役割を果たそうとする。解放同盟は、総評に比肩するようなセンターとなる。部落民は、差別糾弾権を社会全体に認知させるまでにいたる。支配者は、部落の解放闘争が、国の一大治安問題に発展することを避けるためにも、住宅改善等で財政措置をとり、政府および各自治体機関が、解放同盟を正当な交渉相手として、丁重に対応するよう指示をしていく。就業、事業支援、住宅、教育などの予算措置がとられていく。

十年間の予備期間を経て、九二年春、既存の解放同盟が体制内団体に変質したとして、解放同盟の支部のうち、革共同の指導・影響下にある組織が連合し、大阪、山口、福岡、長野、茨城等を軸にして、「部落解放同盟全国連合会」という大衆的団体を立ち上げる。通称「全国連」と称されるこの大衆団体の特徴は、真に部落差別を撤廃するためには、社会主義革命と一体でしか実現できないと主張したことである。そして、九〇年代、財政措置がなくなっていく中でも、差別糾弾を掲げて、改善策を要求し続けたのである。奈良県等で全国連への加盟があったが、組織は伸び悩み、また、国、地方の財政危機、新自由主義型の施策推進のなかで、要求闘争はきびしい状況にさらされる。

部落民の全国的大衆組織として結成された「全国連」は、革共同系のメンバーで構成される「全国部落青年戦闘同志会」の組織指導の下に置かれていた。革共同にとって、大事なことは、組織が小さくなった九〇年代以降、全国連が大衆闘争における最大の動員団体となり、綱領や戦術の決定に際し、党に大きな影響力を与えたことである。ミニ革共同にとって、全国部落青年戦闘同志会が牽引する大きな全国連は、党の中で別党のような発言力を持ったのである。

第四節　女性解放と労働者運動

七一年夏の全学連大会で、中核派の女性活動家は、運動世界において男性活動家が女性蔑視もしくは軽視の伝統的体質を残しているとして、議事をボイコットして糾弾行為に立ち上がった。女性活動家は、運動界で男性の活動の支え手としか位置づけられず、有意義な責任ある仕事を与えられていない、というものであった。そこには、ブルジョア政党と何の違いもない、男性優位の女性差別思想が宿っているという痛烈な告発があった。そのような実態は、運動世界に存在していた。

女性の権利を向上させるとの思想は、すでに欧米でのフェミニズム思想に現れていた。日本では、女性の社会的権利を向上させる思想は、それまでも様々な形で運動化されてはいたが、それが一つの社会的潮流となるような運動レベルには到達していなかった。高群逸枝などの研究者が、女性論に生涯かけて、先進的に踏み込んでいた。高群とも一緒に初期の女性運動を担った平塚らいてうは、「元始、女性は実に太陽であった」と叫んだ。六八年の「異議申し立て」の主役である革命的左翼の内部から、この声が上がった。

女性差別は、原始共産主義が終了して、私有財産の社会になるとともに始まった。その時女性は、世界史の上で敗北したとされた。以来、女性は、男性優位の社会で、跡継ぎの子どもを産む道具として主要に位置づけられ、社会的活動や労働から切り離され、補助的役割しか与えられてこなかった、と分析された。それは、差別のうちもっとも根源的な差別とされた。資本主義の時代、労働者家庭の女性は、夫の差別と資本の差別処遇という、「二重の抑圧」に耐えねばならなかったとされた。古代期、中世期においても、農民層や職人層においては、生産的労働と家庭内の労働の二つを担わねばならなかったと、女性差別の歴史の根強さが語られた。

資本主義社会は、労働力を商品化したために、女性の社会参加を革命的に促進した。女性の社会参加は著しい。それに対応して、差別処遇を社会のもろもろの次元で撤廃するとの、形式的法制度が施行されている。一九世紀から二〇世紀にかけて、女性の社会進出は、必然的に階級矛盾を基とする政治社会問題との格闘の空間を作り出した。歴史は、大きく前進しているといわねばならない。だが、彼女たちの社会参加の拡大が、階級矛盾をも溶解し、社会全体を斬新的に「幸福」にしたとはいえない。というより、資本主義制度の下では、女性と男性の位置の「制度的平等」が進んだとしても、経済的貧困等々が横たわる限り、人類は一歩も前進できていない、ということが実証されている。

たしかに、女性は、差別されてきた者としての蓄積された歴史があるがゆえに、男性社会として築かれてきた階級社会において、反面教師的により上手に社会を動かしていく資質を持っているとはいえるだろう。戦争への抗議として、女性や子どもは平和を求める、との叫びは、権力への糾弾であり、戦争への反対勢力を、特に女性に働きかけていくというだけでなく、男性への強い呼びかけでもあるものとして受け止めるべきであろう。その上で、現在、期待されるのは、労働現場での女性労働者の不当処遇を、いまだ男性優位世界である労働運動や労働組合が特に重視することではないだろうか。

女性の社会的運動が歴史に登場したのは、工場制度の中であったということを忘れることはできない。つまり、プロレタリア運動として姿を現したのである。彼女らは、伝統的、慣習的な女性差別的な圧力に抗して、自分たちがおかれていた労働現場での不当で、理不尽な処遇に対して、改善・撤廃を求める声をあげ、身をもってする闘いを資本と政府に対して挑んだのである。

明治時代、最初の近代工場労働者は、繊維工業で働く女工であった。最初のストライキは、一八八六年、山梨県は甲府市に所在した雨宮製糸工場であった。百名を超える女工たちは、長時間労働、低賃金、劣悪な労働環境、些細な事を理由とした罰金制度などに抗議し、ストライキを決行した。雨宮製糸工場を描いたものではないが、山本茂美が著した『あゝ野麦峠』(*)といえば、ご存知の方もあるだろう。明治憲法が制定される一八八九年には、大阪天満紡績で働く女工三〇〇名が、賃上げなどを掲げてストライキを打ち抜いた。彼女たちは、解雇や身体的危害の恐怖を跳ね除け、逮捕の攻撃に臆せず闘い抜いたのである。その要求を、資本家たちは認める以外になかった。当時、女性たちは、家族制度の下に市民的権利を抑圧されていた。当時の労働組合運動は、女性労働者を組織する自覚に乏しかった。一九三〇年には、工場労働者全体に占める女性の比率は五〇パーセントといわれているが、組合に組織化されている比率はわずか六パーセントであった。現在の日本においても、女性労働者の組織率は極めて低い。

＊『あゝ野麦峠』は、一九六八年に山本茂実が出したノンフィクション作品。サブタイトルは、「ある製糸女工哀史」。岐阜県飛騨地方から野麦峠を超えて、長野県の諏訪、岡谷などの製糸工場で働いていた「女工」（一〇歳代の少女たちが多数いた）たちの姿を、出身である農村の事情、輸出産業として国策化されていた製糸工場での労働・生活の実態などを、当事者などからの

取材を重ねて、まとめ上げた。

一九二一年五月の第二回メーデーには、一万人の仲間と共に、二〇人の女性がデモに参加した。それは、「赤瀾会」(*)という社会主義の旗を掲げるグループに組織されていた。山川菊枝が起草したとされる宣言文は、ロシア革命を賞賛、「姉妹よ……・兄弟と共に無産者解放の合図の鐘をつこうではありませんか」とうたい上げ、「入っては家族奴隷、出ては賃金奴隷以外の生活を私たちに許さぬ資本主義社会を倒壊せしめよ」と糾弾したのである。以後、数多くの女性労働者の争議があり、なかでも、戦後、近江絹糸の女工の闘いは、特筆に価する。

＊一九二一年に結成された、日本で初めての女性の社会主義団体。「赤瀾」とは「赤い波」の意味。メンバーの多くは、社会主義者、アナーキストを夫あるいは兄にもつ女性。前年、「社会主義同盟」が結成されたが、当時の治安警察法で、女性の政治結社への加入が禁止されていたため、自分たちで独自に結成した。すでに平塚らいてう、市川房枝らの「新婦人協会」が女性参政権を求める運動を展開していたが、それを「ブルジョア的」と批判し、社会主義を掲げた運動を展開。弾圧により事実上解体させられたが、「八日会」へと継承された。

戦後にあっては、青年婦人部の存在は、組合を支えその力を示してきたのである。全国金属に属する女性の工場労働者は、ストライキを闘い、構内デモをやりぬいた。彼女たちは、集団就職で都市に移動した人々である。あまり知られてないが、地方の競輪場で仕事をする家族持ちの女性たちは、戦後労働運動が力で既得権を闘い取った七〇年代以降の時期においても、無権利を強いられていた。彼女たちは、ストライキ、篭城、大衆団交、座り込みなど意を決して闘い抜き、権利を獲得した。労働運動が、女性の歴史的な不当なる地位を撤廃する闘争に道を開いたのである。韓国は民主労総の下で闘う女性たち、中国や東南アジア諸国で低賃金労働を強いられる若い女性労働者たちが、いかなる道筋で人間性を回復するのか。他人に意見などしたこともない人々が、鉢巻を締めて立ち上がることがいかなるものか。歴史的事業である社会主義革命を語る者は、見つめるべきであろう。

労働者という階級的属性が、女性に団結の根拠を提供したのである。まことに、感動すべき歴史の転回点ではないか。そのことが、女性を政治的に大量に目覚めさせ、体制内での地位改善を副産物としても、勝ち取ることにつながったのである。

七一年、全学連大会の女性活動家の勇気ある糾弾は、こうした労働者階級の闘いとの交錯のなかで、歴史的意義を高めていくのである。

一九世紀後半に比べれば、女性の社会的地位は向上したが、現在、女性労働者の社会的処遇は、賃金水準はもとより、非正規労働者が圧倒的に多いなど、怒りに耐えない実情である。女性労働者は、副収入だから、という根拠のない理由付けで、差別的な低賃金に置かれている。これは何も、新自由主義の攻撃に始まったわけではない。昔から補助的労働として、不当に低い扱いを受けてきている。すでに、連合内外を問わず、女性労働者に対する差別処遇へのたたかいは続いてきた。差別賃金、差別的雇用関係の撤廃は、労働運動の喫緊の課題である。したがって、女性労働者は、自らの差別的に不当な処遇の問題を、労働組合、労働運動全体の課題として訴え、男性労働者を巻き込んだ闘いとするべく働きかけるであろうが、逆に男性労働者の側からすれば、労働組合、労働運動の本格的発展のためにもぜひとも解決しなければならない問題として、自覚的に取り組んでいかねばいけない、ということであろう。

「家庭内奴隷の地位」とは、有産階級の上層部分においては財産の継承者を、できうるならば男子を出産すべきであるという圧力となり、その点で家庭における「子産み道具」という現実をもたらしている。他方、労働者の家庭においては、家族がまずもって生計をたてていくということが、第一義的課題である。夫が働き、妻が家族を支えるという構図になるが、特に戦後の重化学工業を軸とする経済成長が安価で大量の労働力を必要としたことから、単身および既婚の女性労働者の社会的進出が顕著となった。その場合、傾向的に、女性労働者が家庭にも責任を持つという、二重の負担を背負わされることになっているのが現実である。ここで、男性あるいは父親である労働者が、家庭内で均等に家事を請け負えば、問題は事足りるのであろうか。抑圧は解消されたことになるのであろうか。そうではない。負担が軽減されることにはなるだろう。しかし、問題は家族という単位で提出されており、労働者的現実の克服という基底的事柄を打ち破らない限り、次の進歩はありえないのである。実際には、女性労働者にとっては、自分をも含む労働者階級全体の自己解放が問題なのである。戦後生まれの新しい世代にあっては、特に貧困ではない労働者部分で、家事の分担とかの新しい家庭像が目立つ。その一方で、経済的困窮に由来する家庭の崩壊も著しい。われわれ労働者の標的は、労働現場の許しがたき不当処遇であるし、民法上の女性の差別的地位等を定めている、現在の国家社会制度なのだ。

プロレタリア運動とは、直接には階級関係の外にあるかに見える、それまでの不当な現実や歴史をも、変革の対象物として光を当てる性質を持っている。プロレタリアとは、次の社会を準備する生産的物質力を自前で持ってはいない階級だからである。生産手段も土地も、財産として持っていない。私有していない。かかる、無産の階級が社会を掌握するということは、その外にあるかに見える不正を暴き、膿を出し切る性格を持たざるをえない。これが、ラディカルということではないだろうか。

つまり、差別問題に向き合う場合、プロレタリアというキーワードを希薄にするか相対化したところで論ずる、あらゆる反差別の潮流は、民主主義的権利の向上を要求する点で、大きな役割を果たしているが、労働者階級の運動は、自ら自覚的に、自分の世界史のために、意識して連帯していくべき課題であろう。また、それは、労働者階級が権力を獲得したとしても、引き続き課題解決のために、新しい社会が取り組まなければならない問題である。

第五節　「階級性の鮮明化」

一九七〇年の「七・七」にあたり、革共同はこの課題への取り組みを、理論的には「階級性の鮮明化」のためのものであると提起した。このテーゼの核心は、主語が労働者階級であるということだ。

この点について、あるマルクス主義研究者は、「社会的現実的存在としての労働者階級の階級性は解体されることはないが、階級意識は希薄化されたり、あるいは堅固になったりする」と指摘していた。これを援用すれば、このテーゼは正しくは「階級意識の鮮明化」と言ったほうが正確であろう。さらに、階級的団結をいかになしとげるか、というベクトルで捉えられるべきであろう。

「階級性の鮮明化」というのは、労働者階級の自己解放闘争にとって、すなわち労働者の階級的団結のためには、避けて通れぬ課題だということを主張しているのである。労働者階級とは、国際的存在であり、彼らとの間に国境はなく、共通利害で繋がっているという考え方である。その国境を越えた階級的団結のためには、その具体的在り様を、歴史的にも今日的にも捉えつつ、ブルジョアジーによって分断されている限界を突破すべきであるという。

レーニンの提起した被抑圧民族の「宗主国からの分離の自由」の承認とは、被抑圧民族の民族自決権を指している。しかし、それは、被抑圧民族のブルジョアジーの、帝国主義に抗する部分をも含めて積極的に連帯するとの意味を持つと同時に、被抑圧民族の労働者農民との連帯論を重視して語られていると考えるべきであろう。レーニンにとって、「分離の自由」論は、世界的規模での社会主義革命のプロセスにおいて、帝国主義宗主国の支配に打撃を与える点で評価すべきだと考える。その意味で、今日労働者階級の国際的団結が要請されている。

出発点での「七・七」テーゼは、労働者階級の国内的、国際的団結のために必要であり、目標でもある、というベクトルを持っていたと考えたい。だが、「七・七」テーゼの核心は、労働者階級の自己解放と被抑圧民族との連帯論におかれていた、と今日革共同は弁明しているが、労働者階級の独自の存在としての労働者という言葉ではなく、どちらかというと、抑圧民族である日本人民一般を主語として語っていたように思う。

労働者階級にさしあたり属さない人々も被差別階層にはたしかに存在するが、現代史にとって問題は、被差別階層をも含む労働者階級の解放なのである。マルクスはいう。「労働者階級は己の解放のためには、あらゆる社会的抑圧から社会全体を解放しなければならない」と。けだし、名言である。被差別階層の利害内容と労働者階級の利害内容は、個別的には別物として現れる場合もあるが、指導層は、労働者階級の団結の創造および被差別階層の自主解放の観点から、共に闘う方向で、それぞれの運動を進めるべきであろう。その本質的かつ現実的な共通項の上で、労働者階級の団結形成のために、差別との闘争を内包していくべきである。

この資本主義制度の社会は、これまた様々な差別が入り乱れている。差別感は、継承されるだけでなく、再生産される。形をかえる要素を持ちながら、社会にしぶとく居座り、人々の間に亀裂を持ち込むのである。労働者といえども一様ではない。特に、女性、外国人、部落民、「障害者」、高齢者等は、不当な法制度や処遇の下に置かれている。労働者階級の運動が差別に無自覚だということは、階級の団結という利益から見れば、労働者間の共同関係に亀裂が生ずるという働きをする。だから、差別との闘いは、きわめて重要なのである。

第六節　革共同にとっての組織的意味

革共同にとって、七〇年から八〇―九〇年代にかけて、差別との闘いは、いかなる組織的意味を持ったのか。

政治闘争が沈滞してきた長い時間の中で、反差別の闘争は大衆運動を支えることになった。それは、新たな大衆との貴重な接点でもあった。労働者大衆との泥臭い接点を絶たれた革共同は、差別とのたたかいを、革命論にまで深化した。プロレタリア革命は、被差別階層と労働者階級の共同事業と規定された。その思想には、「差別に苦しむ人々に対して、そうでない人民は、血を流してもあがなわなければならない債務を背負っている」（「血債の思想」）という「原罪論」的ベクトルが見られる。こうした考え方の中で、差別と闘う組織機関の発するテーゼは、党内外の左翼性の基準となった。差別の実体は、経済的搾取に悩むことと比べれば、はるかに深刻だとの観念が徐々に形成された。
　ここに、転倒現象が発生する。

　そして、差別との闘いを、思想上の最重点とすべきであるという考え方は、相対的に労働者階級の苦しみの根源である、資本主義制度がもたらす深刻さを軽視する思想を生み出すこととなった。日本人の労働者階級は、在日外国人に比べたら裕福ではないか、部落民に比べたら、就職にも結婚にあたっても人格を拒否されることはないではないかと。差別という、この時代遅れとも言える現実と闘わずして、社会の解放などと言えるわけがない、ということになる。差別に無自覚な者は、他の何を言おうとも虚偽であるとの主張につながっていく。
　労働者階級は、「あるがままでは」とか「自然発生的には」階級性をもっていない、と長年語られてきた。そのためには、差別との闘い、「差別に対する階級的自己批判」が必要だ、と説明されてきた。この論理は、深刻な誤りを含んでいる。資本の支配に対する様々な闘争が、差別との闘いを重視し、差別との闘いに自覚的に取り組んでいない限り革命的ではない、積極的意義を持たないという流れになるからである。いや、あるがままの、資本に対する要求闘争は、つまらぬものであると規定された。だが、考えてみるがよい。階級的空間の外から「ある意識」を注入しないかぎり階級的にならないとの考え方は、労働者階級を自己解放闘争の主体として規定しない問題性を孕んでいるのではないか。なぜ、一八世紀のマルクスは、労働者階級を世界史的存在と規定したのか、この、その後の世界史を変えた偉大な思想が否定されることになる。
「七・七」自己批判は、正しい方向をはらみながら、階級的自己批判の側面が強調され、労働者階級の自己解放闘争が外部化されるという、党組織構成員の思想的傾向を育てていった。かくして、差別とのたたかいが、資本との階級闘争と区別されて、より上位に置かれる。差別的現実とのたたかいが、プロレタリア革命にとってかわる。差別は帝国主義の構造と結びついているというわけだから、労働者階級一般は、あらかじめ差別存在だと指弾される空間におかれる。良心的メンバーは、おのれの「原罪」とも言える差別観念を払拭しなければならない、という思想空間に自分を置いていく。

かくして、「革命をもってしか差別をあがなうことはできない」」、との革共同のその後の「七・七」観は、民族的問題に照らせば、経済的に優遇された日本人の労働者という捉え方となって、この長い時代、労働者の真剣な組織化の必要性を感じない感性を作り出すことに貢献した。いわんや、日本人労働者の経済闘争は、唾棄される風潮をもたらした。生活水準を上げるための闘争は、むしろ差別の助長になるという反動的主張がはびこった。戦争関係にある革マル派が、差別との闘いを嘲笑したので、反作用が働き、労働者にあくまで目を向ける左翼としては当たり前の思想が、ますます崩れていった。社民など社会党・総評勢力があくまで生活闘争に落ち込んでいったことは、対抗上、「七・七」観にたった労働者観を増殖することになった。「排外主義・差別主義と対決する労働運動」が、革共同のこの領域の党派性となった。資本主義と闘う労働運動に代わり、「排外主義とたたかう労働運動」、「差別と闘う労働運動」がテーゼとなった。差別感覚や差別抑圧を第一の問題意識とする活動家が、地域や職場で行う実践的テーマは限定されていき、職場闘争は消失していく。「労働運動」は中身のない用語に過ぎなくなる。

こうした言説は、事実上差別の容認になるのではないか、という疑念が寄せられる可能性もあるだろう。しかし、よく考えていただきたい。労働者階級の誰にでも不断に発生してくる怒りや疑問を感じる諸問題を、改善若しくは根本的に解決する労働運動の領域に、運動のロケーションを置かずしては、彼らの自主解放闘争は抹殺されたに等しい。資本による労働の支配とは直接的には別の次元の矛盾との闘いをなさなければ、プロレタリア的ではないという思想は、労働者階級の自主解放闘争にたいする不信の表明でしかない。そうした思想は、労働者階級の自主的解放の内的必然性を、無条件で認めない過ちを含んでいる。日本共産党は、労働者階級の闘う力を根源的には信用していない。その点がスターリン主義だというのである。「あるがままの」労働者階級の姿の中に、変革のヒドラが絶えず宿っているのである。労働者階級に対する「不信」は、労働者階級の闘い、労働運動によって克服するしかない。ある意識を、外在的に注入することによって成し遂げられるわけではない。戦後の労働運動が傾向的に体制内改良主義的な社会主義の綱領に指導されていたとしても、それを打破していく主要な道が、差別問題への取り組みにあるわけではない。

正しいあり方は、差別解消のために「労働運動」を実践するのではなく、労働者を主語とするときは、労働運動のために差別と闘い、かつ当該と連帯していくのである。ここでは、マルクスのプロレタリア観、すなわち、「労働者階級は、全社会を解放せずしては己を解放できない」というテーゼを思い出すべきだろう。この理想主義的なテーゼは、労働者権力の獲得が、あたかも全社会の病根を溶解するように消失していくものだ、との脈絡で理解することはできない。あくまで、被差別階層の政治参加を梃にしながら、不断の努力が必要とされるのである。

革共同は、二〇〇八年に新「七・七テーゼ」を発し、それまでの差別との闘いに「血債主義」的、「糾弾主義」的歪みがあったと反省し、軌道修正を掛けた。だが、差別との闘いのいかなる側面が歪んでいたのか、の説明が極めて不十分であったと考えている。そのため、革マル派に類似して「プロレタリア解放が自動的に差別問題を解決する」なる極端な理論に走ることになった。従来の「七・七」的思想は、「労働者の不信感を組織した」と語るものの、切開が不十分である。

革共同の「七・七」領域の限界は、反差別闘争を、労働者階級の自主解放闘争を低めるか、否認するかして、語っていた点にある。それが、内戦期の運動組織生活の特質と結びついていたことをも捉え返すべきだろう。すなわち、例えば、「七・七」の原罪論的意識の強調は、組織構成員をして「罪なる自己の解放」への志向性を強めさせたが、それは内戦期には、一方では、非常に過酷かつ苛烈な任務をとても高い献身性や自己犠牲をもって遂行していく精神的な支えにもなっており、他方では、そうした戦争的任務を担えるほどの意識的高さがない労働運動を、一段低いものと見るという傾向を持つようになったということである。「七・七」の血債主義的歪みを批判するといっても、それが、どれほど、どのように、平時、とりわけ内戦期の運動組織生活の特質と結びついていたか、ということを反省的に捉えることなしには、空論に等しい。「七・七」から何も学んでいなかったことになる。

社会主義が、自動的に資本主義が残した差別構造をなくすわけではない。仮に資本主義的経済制度が、大きく後退しても、差別意識は根強く残るからである。それは、新たな社会建設の足枷になる。だから、社会主義をめざす労働運動は、差別との闘い、排外主義との闘いを、自分の解放闘争の強烈な断面としてもっていなければならない。ロシア革命の教訓でもあるだろう。レーニンは革命以前においては、民族問題を先進的創造的に提起したが、革命後は、民族的抑圧に手を染めてしまった。プロレタリア独裁は、ロシア人のボルシェビキによる民族迫害行為をもたらした。プロレタリア革命であったロシア革命は、実際には、後進地域の農民と、ツアーリによって抑圧されてきた周辺民族を、強引に統合したに過ぎなかった。そのことは、とくにムスリム系ボルシェビキへの処遇に現れていた。レーニン主義を標榜する人々には、目を背けたくなる文章かもしれないが、歴史的事実は曲げられない。だから、排外主義や差別との闘いは重要なのである。

労働者を中心勢力とする団結や組織体を、積み重ねの努力によって形成しなければならない。この努力において、差別への無自覚は、労働者の闘争のための共同体を作り出すのに有害である。ところで、差別的現実は、資本の労働者支配と分かちがたく結びついている。労働者の闘争、労働組合は、自らのために、小さな困りごとも含めて万相談所なのである。したがって、労働運動の指導部や活動家は、急速に拡大している在日外国人や、移民労働者、入管体制の制限のもとで有期滞在している外国人労働者問題にも見識を持ち、彼らの労働処遇改善のためにたたかう思想を持つ必要がある。肌の色は違っても、同じ労働者を人間として扱うように、労働組合は努めなければならない。部落民に対する差別意識は、陰険に沈殿しているが、差別が発覚した場合は、差別の糾弾を、資本に対して向けなければならない。労働者仲間のための当然の活動だといえる。労働者内部の差別事件は、指導部が責任をもって、学び、指導を行い、自分たちの資本への団結に転じなければならない。労働運動は、資本に対する武器を研ぎ澄ますために、日頃から学習をする必要がある。

さて、差別との闘いが、帝国主義打倒の革命の思想的戦略課題とされた。労働者階級以外の部分にも当然反乱の芽は存在するが、それを社会主義革命の構成要素として多軸化して捉える時、それはプロレタリア革命への思想的、論理的背反となる運命にある。プロレタリア運動に強力な拠点のない運動は、それだけで階級闘争とはいえない。「差別意識を克服して階級性を鮮明化せよ」と主張し、労働者階級に課題を提示したとしても、それは、単なる自分たちの抑圧民族プロレタリアートとしての歴史的自己批判を確認する認識運動、あるいは反差別運動を第一義的に闘おうという倫理的整風活動にとどまるか、若しくは、たとえ実践に移されたとしても階級闘争全体の中では個別的な運動として展開されるほかなく、したがってそれをもって帝国主義打倒の革命運動にとって代わることができるというものではありえないであろう。うまくいってもそれは、体制内における改良運動にまとめあげられるにすぎないであろう。むろんのこと、筆者は改良運動の有効性を否定するものではないが。

推進主体を労働界におかないあらゆる運動は、どのような勇ましい標語を掲出しようとも、それは、民主主義や人権の範囲に留まる運動に止まる。したがって、行政に譲歩させて、一定の成果を収めることは可能である。

今日、労働者階級の歴史的位置を規定する思想は、相対化されている。労働者階級の団結力の後退、社会的影響力の低減などから、労働者はもはやかつてのような心棒の役割を果たせないのではないか、との見解が見られる。ネグリとハートの思想もそうしたひとつの潮流である。だが、今日の社会が資本主義という独特の制度にある以上、資本家階級の搾取の対極にある労働者階級の存在が決定的位置を占めていることは否定できない。ロシア型プロレタリア独裁は敗北した。それは党の独裁に過ぎなかった。そうではなく、諸階層と対等に連帯する労働者階級の存在が、次の社会の車輪となるであろうことは明白である。

革共同の実力闘争戦術を内包した政治闘争の底流に流れている考え方、差別問題の闘い方に内在する思想性は、戦闘的民主主義者の思想性に近似している。

「反差別運動の社会主義革命に向けた戦略的重視」という綱領は、大衆運動レベルでは、社会的処遇を改善する現実的有効性を持ちつつも、七〇年代から八〇年代、九〇年代という党にとっては限定された力量しかなかった時代においては、労働運動への力量の配分を極小化することになった。しかも、あらゆる運動がそうであるように、労働者階級は、自分に内在する資本への怒りや憎悪を、恐怖を振り払って噴出させる解放闘争を闘う。自分のことは自分でやる以外ないからである。それをのびのびとできずして、どうして運動の未来が開かれよう。「七・七」領域の淵源は、帝国主義の社会における人間性の根源的描写にあったともいえる、六八年から七〇年にかけての闘争の性格にもよっていたといえる。すなわち、この世代が形成した社会的価値観は、運動による革命と、内容では人間のあらゆる疎外からの解放、自由への飛翔という問題を、社会的課題であると同時に自己の精神的思想的な課題ともしたという、魅惑的な哲学を持っていたからである。その点の理解はしっかりとしておかねばならない。人間の不当な社会的差別という不正義を許せなかったのも当然であり、この基調は、その後社会や行政にも大きく影響を与えたのである。

革マル派は、「七・七」提起を、「被抑圧民族迎合主義」、「被差別迎合主義」とあざ笑った。日夜権力や革マル派との厳しい緊張を支える意識は、この革マル派を憎悪する倫理観であった。人を差別しない清らかな倫理性が、革命思想のメインテーマとなる。倫理性の会得のために活動する人間像が生み出される。それは、宗教者の自分を清める感性と近い世界である。権力、革マル派との日々命をかけた厳しい現実の闘いの中で、この思想は、闘いが苛烈なものであればあるほど自分を清めるための実践であり、自分たちの正義性を確認する証ともなった。黒田寛一の「プロレタリア的自覚」の論理と倫理からすると、「七・七」の観点は、それに敵対するものと捉えられた。革命運動の前進の過程が、労働者の「プロレタリア的自覚」の拡がりの深化と捉える黒田理論にとっては、この反差別潮流の広がりは見逃せない、という思いを持ったはずである。だが、被差別階層への血債を重視する考え方は、「プロレタリア的自覚」の同心円的拡大を革命運動の前進とみなす考え方と、似ている側面がある。

革共同にとっては、この分野における革マル派の対応は、党派間戦争の正当性の論証に役立った。対革マル派との党派間戦争は、差別との闘いとの二重の意義をも有することとして語られた。同時にそれは、党内の統制にも大きな役割を果たした。

軍事力と反差別を党派性の「紋章」としてきたのが、七〇年闘争過程以降の革共同の歴史である。

革命的情勢の存在をいつまでも主張して、革命が接近しているから武装闘争を推進しなければならないとしてきた革共同、どうしてこんな錯誤が数十年にもわたって堅持されたのか。謎といわねばならない。

それは、理論問題でもあるが、他方では、組織が労働者大衆の動向と切り離されたためではないか、とも考える。革マル派との党派間戦争の時代、組織の日常は、軍令による上からの命令が基本となった。上意下達である。本来マルクス主義の政治組織は、現場に密着した労働者細胞と地区党を基礎とし、中央委員会から成り立っている。

「県委員会や地区委員会や産別委員会は、党中央と基礎組織を結ぶ中間の指導機関であり、党中央委員会の指導の下にその所属下の党組織を単一の党の指導系統に集中するものである」（『堅実で全面的な発展のために』）

その特徴は次の点にある。

「党を種々の傾向の集合体、種々の党組織、党機関の集合体ではなく、あくまでも中央集権的な一個の統一体として建設していかなくてはならないのである」（『堅実で全面的な発展のために』）

労働者細胞の業務は、当該地区の労働実情や政治的動向を鋭くキャッチして、見解をまとめ、闘う方針を立て、中央委員会に報告するとともに、必要に応じて援助を求めていく。中央委員会は、生きた情報をつぶさに検討して、全国的動向を分析しながら、組織全体の方針を立てていく。この双方の交流が行われなければ、組織は、労働者大衆から切り離されてしまう。全体および個別の諸事件もわからなくなり、組織は正しい判断を下すことができない。

革命的共産主義者同盟は親組織であり、そのもとにマルクス主義青年労働者同盟、マルクス主義学生同盟、マルクス主義高校生同盟が存在している(*)。

＊ 革命的共産主義者同盟は、マルクス主義青年労働者同盟、マルクス主義学生同盟、マルクス主義高校生同盟を、「兄弟組織」としている。それらの下に、大衆組織として、反戦青年委員会、全学連、反戦高協がある。一般的には、労働者、学生、高校生は、まずそれぞれの大衆組織である「反戦」、全学連、反戦高協に参加し、一定の活動期間を経たのち、マル青労同、マル学同、マル高同に加入する。加入は、規約にしたがって、二名以上の推薦人と上級機関による承認が必要となる。マル青労同、マル学同、マル高同への加入によって、「党員」として認められ、党の原則にしたがって活動することになる。革共同への加盟は、マル青労同、マル学同、マル高同として一定期間活動した者の中から、主に指導的役割を担う者、また党の組織活動の基幹を担う者

などが、やはり規約にもとづいて選抜的に行われる。少なくとも九〇年代までは、革共同の同盟員になる者は選抜的に選ばれた者で、現場の労働者には数十年もマル青労同の同盟員のままである者も多かった。

第一節 「民主的中央集権制」の実態

革共同の組織論は、「民主主義的中央集権制」と言われてきた。中央指導部の党内支配が強い、という特徴を持つ。そのあたりは、いわゆるブント系諸党派とは様子を異にしていたと思う。元革共同系の書物が少ないのも、この支配力に影響されてのこととも考えられる。組織である以上、統率、統制、統一性はたしかに必要である。他方、その方針決定と運営過程は民主的でなければならない。細胞下部は、ただ決定に従うだけの存在だとしたら、組織は活性化しないし、人材も育成されない。

党は民主主義的中央集権制を、〝民主主義を超えるあるもの〟に到達すると考え、上意下達的現実を正当化した。それは、一つの路線、方針の下に、意思一致が堅く勝ち取られた時、極めて機能的な同志的空間が実現される、というイメージなのだろう。しかし、それははなはだ過信であった。宗教集団ではなく、日々、世の政治社会動向と対峙している生きた政治組織においては、そんなことは幻想に過ぎない。革共同は、内戦期の長期にわたる軍令主義的組織指導の下で、極めて観念的な紐帯を作り上げつつあったといえる。

細胞にこそ、階級大衆の気分、要求が反映されるものである。そこは、人民大衆の希望と怒りなどが集中している場所なのだ。また、そこは、激しい党派闘争の現場でもある。他党派の機関紙等の論文からだけではなく、いかなる党派が一定の戦線や闘争にかかわり、特定の見解を持っているのか、組織は、政治的必要性においても、理論的研鑽という点でも、諸党派の見解や動向に関心を持たなければならない。それは、細胞が正常に機能していて、初めて生きた情報として得られるものである。断っておくが、こうした機能を、党がまったく失っていたとは思わない。内戦期のいかなる厳しい時でも、細胞会議はあったし、上意下達ではあったとしても、報告は上がったであろう。特に拠点細胞の場合は、そうした機能は生きていたに違いない。問題にしたいのは、組織の中で一定の指導的地位を占めていた私に照らせば、職場実態や地域の情報はそれほど重視されていなくて、報告事項に対して「どうする」という反応が極めて弱かったという傾向があったことである。内戦への動員、日々の防衛戦争という重圧の中でも、現場党員には、産別的職場的課題に取り組もうとする意欲は存在していた。しかし、そうした動向を、中央的に整理整頓し、中央労働者組織委員会が援助していくという、有機的関係は失われていたのが実情である。なにしろ、党の上層部に近づけば近づくほど、内戦への力量投入が顕著であり、期待されるべき中央機能は発揮されずに経過したのである。一九全総において、「(これからは)母なる労働者階級に帰っていく」と言ったとき、それは本音だったのではないか。事実、筆者が九〇年代前半に活動を再開したとき、日産座間工場閉鎖事件が起きた。その時、党は、自動車組み立てのジャストインタイム方式の実態を知らなかった。内戦期の負の影響は、計り知れなかったというべきだろう。

そういう中で、特筆すべきことがある。国鉄戦線の動労千葉は、革マル派の牛耳る動労本部と対峙して、貨物合理化反対の旗を掲げ続け、七七〜七八年には、三里塚芝山連合空港反対同盟の成田空港開港阻止の闘いに連帯して、航空機用のジェット燃料の輸送を拒否する歴史的闘争を打ち抜いている。本部から大量の組織統制処分を被った動労千葉は、その後分離独立の道を選んで橋頭保を守り抜いた。また、七八年〜七九年明けにかけては、全逓労働組合の郵政マル生合理化反対の物だめ順法闘争が爆発し[*]、年賀はがきの配達に大混乱が起きるという空前の闘いが巻き起こった。革共同の労働者党員は最先頭で闘い抜いたことを、幾重にも記しておこう。

＊ 七八年末〜七九年正月の年賀状配達期に、全逓労働者は、当局のマル生攻撃へのたまった怒りを解き放って、年賀状配達拒否の闘いに打って出た。当局の業務命令、訓告、戒告、減給、処分の脅しに負けず、闘い抜いた。当局は、七九年四月二八日、解雇三名、懲戒免職五八名をはじめ、全国で八一八三名におよぶ報復処分に出た。全逓中央の方針で闘った物だめ闘争であったが、重い処分が最前線で闘った組合活動家に集中した。「ヨンニッパ」闘争と呼ばれてきた処分撤回の闘いは、当該はじめ全逓組合員の仲間、地域、全国の支援の仲間によって支えられ、二八年間の闘争を経て、二〇〇七年、最高裁で免職処分の取り消し、職場復帰が確定した。九〇〜九一年、全逓中央の闘争への取り組みの停止、組合員の資格剥奪などの逆流にも抗して、勝ち取った勝利

だった。

さて、話を戻そう。

党大会、中央委員会、地方委員会、地区委員会、労働者細胞の運営は、全会一致の場合を除いては、必ず一定の議決を経ることを媒介にして運営されねばならないだろう。議論を尽くしたうえに、多数決が行われる。少数派は、次の党大会まで自分たちの見解を留保しつつ、大会決定には従い、行動は統一する。また、分派活動は認める。いつでも意見を述べ、少数派の見解に従うように働きかける工作は、容認される。レーニン全集を読むと、よく機関紙『イスクラ』での多数決行為が見られる。

革共同の姿はどんなであったろうか。それは、徹底した中央集権主義であった。中央の方針は、ほぼ指令として中間機関や細胞に下ろされた。トップである政治局内部では、ある程度の討論の自由があったかもしれないが、革マル派との党派間戦争という「非常事態」の中では、政治局のうちの少数部分が党運営を独占していたのが実態である、と聞いている。たしかに、革マル派や権力の包囲と攻撃から守って会議を設定していくことは、並々ならぬ困難であったといえるだろう。非公然に行わなければならないから。非公然性を保証するためには、場所の確保、移動の手配など、実に多くの専門援助要員が行動しなければならないからである。だから、党大会や中央委員会の開催回数が減ったりすることは、やむをえないことでもあろう。が、政治局は、いわば常務委員会、執行委員会であり、定期的に開催されねばならないだろう。また開催頻度を減らしたとはいえ、党大会や中央委員会での議論検証は、所定のタイミングで保証されるべきであった。その決定の範囲外での執行は、余程の事情が無い限り許されない、と決めておかねばならない。

革マル派との党派間戦争は、機関会議を形骸化し、上意下達の軍令主義的運営を常態化した。組織討議の多くは、動員戦や財政の点検、防衛戦争の対策に充てられた。組織会議は、上部からの通達を承認するかどうかの場でしかなかった。それでも、当初は、質問は許されたし、異議もある程度は認められていた。しかし、徐々に全会一致の儀式の場となり、異論をはさむことは難しい状態になっていった。組織会議は、延々と流される世界情勢分析が、毎週毎週繰り返された。そのために、貴重な時間が、当該細胞の解決すべき問題の討議に当てることができなくなり、いつも不十分さを抱えていた。むしろ、当該の個別問題より、全体に下ろされる内容が、組織的紐帯を引き締めるために必要とされたのである。九〇年代は、路線問題での議論がいろいろあったので、機関紙『前進』は、「人格の一致を実現する」とまで強調した。マルクス主義者といえども、人格は様々であり、それこそ十人十色であろう。

革共同第三回大会が六六年、報告集が出た第六回大会が二〇〇一年。その間に第四回と第五回の大会があったことになる。それについては、現在に至るも組織は沈黙しており、真相は不明だ。

第六回大会は、路線転換の中で、大会代議員の中の労働者党員の割合に意見も出て、労働者党員を大幅に増やしたと聞いている。しかしそれは指名制であったようだ。本来は、党大会の代議員は、各細胞段階、少なくとも地区党段階での選挙によって選出されなければならないだろう。あれこれ困難をあげつらうのではなく、やってみればいいのである。

第二節　異論の排除と処分について

しかし、革共同は、逆のベクトルで党運営をしているようだ。実権を持つ政治局の一定のグループに異論を述べ立てる者を、次から次へと排除していったのである。いわゆる「粛清」である。しかも、党員への処分は党大会の承認を経ることもなく、政治局の決定とその本人への通知だけで発動された。独裁的運営といわねばならない。一千人を超える党員を要する組織の運営には、それ自体で自ずと時間と労力がかかるものである。それでいいのである。実権を持つグループの独裁的運営にゆだねれば、組織は上部の言いなりになる茶坊主の集まりとなり、事なかれ主義の集団と化してしまう。民主主義とは面倒なものである。

長期にわたる内戦期のなかで、政治局内部若しくは中央委員会段階で意見の対立や論争はなかったのか、一切は闇の中である。第六回大会で公にされたものに、故・白井朗政治局員の除名問題がある。白井氏といえば、故・本多書記長と並ぶ革共同のもっとも古い同志であり、六〇年前の二回にわたる分裂過程を闘い抜いた、最古参の革命家である。六〇年代は、機関紙『前進』の発行の安定化に尽力し、また理論家としても革共同内外で著名な指導者であった。数々の指導論文の中で、「七・七」提起にこたえて帝国主義論を進化した『帝国主義論の諸問題』は、帝国主義の非経済的指標の、たとえば貿易、戦争、植民地等々の重要性を提起したものであり、レーニン帝国主義論を創造的に発展させたものといえよう。

以下は推測であるが、白井氏は、たぶん、八〇年代後半から九〇年代前半にかけて、レーニン主義の評価と問題点を明らかにし、討議に付すよう提案したとみられる。それは、勝利したロシア革命の農業問題、民族問題への見方の修正を迫るものであったに違いない。この提案は、ソ連の崩壊を間近かに控えて、レーニン主義を評価する点と、批判し相対化する点をえり分けたものと考えられる。したがって、極めて重要な提起であったはずだ。それを政治局多数派は、レーニン主義批判は右翼的だとして、一切取り合わずに、地下活動をする白井氏に言論外の弾圧をもって応えた。はては、住居の放火まで行い、氏を苦境に陥れた。スターリン主義の崩壊を他人事としていた政治局多数派だからこそ、できたことであろう。党を正式に除名された白井氏は、不屈の執筆活動を続ける中で、ついに二〇〇二年、刺客に自宅を襲われ、瀕死の重傷を負うことになった(*)。まことに理不尽なことだといわねばならない。

＊二〇〇二年一二月一八日、何者かが白井氏の自宅を襲撃、全身打撲、数ヶ所の骨折などの重傷を負わせた。革共同は前年に開催された第六回大会で、白井氏を「反革命」と規定し、「除名」

処分に付したと公表、白井氏を「粉砕せよ」と怒号していた。次いで同月二五日、元革共同幹部で、盗聴法反対運動などを担っていた角田富夫氏が、何者かに襲われ、ろっ骨骨折などの重傷を負った。角田氏もやはり、革共同から「スパイ」「反革命」規定され、弾劾されていた。いずれの事件についても、いわゆる「犯行声明」は出されなかった。両事件をひとつのものとみなして、政治諸団体、諸市民団体、運動家・文化人らによる緊急声明など、幾つもの批判声明が出されたが、革共同は沈黙を守った。

にもかかわらず、白井氏は、二冊の大著を発表している。『二〇世紀の民族と革命』、『マルクス主義と民族理論』で、いずれも労作である。私は、白井氏の提起に対して、レーニンを教条主義から解放した点で、高く評価している。他方では、内戦期とその後も党内に蔓延した「七・七」が付きつけた、差別問題を一面的に強調する傾向を見抜けずに、革共同から労働者階級を遠ざけてしまった点についての自覚が、十分でない傾きを持っていたともいえる。それは、白井氏が、あまりに長期間にわたって公然面と分断されたために、知りうることができなかったためとも言える。

差別問題への対応は、軍令主義的組織指導と並んで、組織内の自由で闊達な雰囲気を抑圧していた。それは官僚主義と一体であった。在日朝鮮人民や在日外国人（いわゆるニューカマーの人々など）とたまたま党員が接触すると、それは、彼らの厳しい生活を考慮できない軽薄な行動だ、として取り上げられ、問題視された。入管戦線の専権事項であった。韓国ソウルでの反核学会に出席した学者は、そもそも日本人が朝鮮半島に足を踏み入れるとは何事か、新たな侵略に等しい、という罵詈雑言を浴びせかけられ、自己批判を迫られた。ある在日指導部は、組織内での自分の権利と地位を上回る待遇を受け、組織系列も無視するような行動も数々あった。そして官僚的に横暴であった。民族差別問題に関する判断権を持っているという力は、組織指導における官僚主義と結びつき、党を属人的組織へと導いた。

部落解放戦線でも一部指導部は、差別問題を梃に、労働戦線や動労千葉の伸長をけん制し、有力地方委員会の議長にまで取り立てられ、そこでは横暴な組織運営が日常化した。民主的組織運営が無いところに、差別問題を梃に、「権力」を手に入れた一部指導部の行状は、財政的私物化を含めて腐敗を極めた。今の政治局指導部は、それがまじめな党員たちにどれだけの精神的苦痛を与えたのか、知っているのであろうか。まことに遺憾なことといわねばならない。清水議長には、人を見る力がなかった。大言壮語と張ったりを言う人間に、ろくな人物はいないのである。

差別問題の領域における発言は、その領域を軽視するような傾向を持った場合、「糾弾」と「自己批判」の対象とされた。自己批判に弁明など無く、弁明はますます厳しい追及の餌食となった。それは、自分の精神的改造までたどりつかねばならなかった。自己批判要求は、これまた時に、政治問題における見解の相違を「解決」する手法としても使われた。白井氏のケースでは、レーニン主義の評価をめぐる論争事項が、「反党分子」規定に始まる自己批判要求問題にすり替えられたのである。白井氏に対する暴力的対応は、彼が屈しなかったためと想像される。

自己批判問題は、それは峻烈を極めて、「自分の打倒」まで続けられた。すると多くの場合、あきらめが先行し、ただ言いなりになるしかなかった。それは自己変革というよりも、「自己の喪失」につながった。全員がそうではないが、残された者は、「ついには許してくれた」組織への忠実な下僕となるほかなかった。受動的服従をもたらすこの手法は、中央指導部の党内支配の梃となったというべきである。こうした自己批判要求は、労働者党員には手加減されたが、いわゆる常任、専従活動家に対しては厳しく適用された。常任集団における「異論」の放置は、組織の中心線で、統率力の低下に繋がるものと危惧されたからであろう。

そもそも、思想レベルの変革は、その指摘が正当な場合でも、議論と文書書きだけで成し遂げられるものではない。何よりも実践、時間が必要ではないか。

第三節　「党のための闘争」と「党としての闘争」

「党のための闘争」とは、党の質量の拡大をめざす直接的闘いを意味する。同時に、革共同は、「党としての闘い」を重視する傾向を持っていた。

「われわれは、真空の中に存在しているわけではないので、まず党建設をかちとり、しかるのちに党として闘争に取り組むというようにすすむことができない。たとえ、建設途上にあろうとも、その一定の政治的組織的力量に踏まえて、われわれは今日的に党としての闘争にとりくまなくてはならない。……それを党建設にたえず結びつけていくのである」（本多延嘉『……堅実で全面的な発展のために』）

こうした党建設の視点が、革マル派と違い、七〇年闘争を切り開いただろうし、犠牲を厭わぬ中核派精神を支えたのも事実である。

革共同は、かねてより党建設を促進するものとして、党派闘争と党内闘争を強調していた。本多書記長は、例の『…堅実で全面的な発展ために』論文で、党はあくまでも中央集権的な一個の統一体として建設すべきことを説いたうえで、次のように述べている。

「党派闘争と党内闘争をとおして党の統一と純化をたえず前進させていく……。党派闘争は、共産主義の意識、共産主義の政治をめぐる闘争のもっとも純粋な形態である。……党内闘争を正しくおしすすめることによって、党の団結と階級的強化を本当に勝ち取ることができる。党の原則上の問題から闘争戦術や組織戦術の問題まで、われわれは党内の誤った意見について、それがどんなに小さなことであろうと、徹底して討論し、党の統一と団結を絶対的に強めていく方向で解決していかなくてはならないのである。」

党派闘争の積極的位置づけは、大衆運動をめぐる競争戦や論争にとどまっている間は健全だが、この理論は、党派闘争に暴力を持ち込むことを肯定する「内ゲバ正当化」の温床となっていく。また党内闘争の徹底化は、自由な討論が反対意見を含め許されるとの意味ならば、組織に活力が生まれるが、実際は、党中央の方針への服従を求める力学として働いたのである。自己批判の温床となり、組織統制の武器となった。

筆者は詳らかにしないが、八八、九年ごろ党建設について、新しい風が吹いていたような印象がある。その性格は、上意下達的な組織の風通しを良くして、組織に活力を回復するという狙いであったのではないかと思う。「自由な議論」や「反対意見を言う権利」という意味合いで、「報告の義務」、「通報の権利」が強調され、多くの一般党員が機関紙に投稿し、紙面づくりを支えた。他方では、自分が所属する組織の幹部の告発という要素も見られ、一種「紅衛兵運動(*)」のような下剋上の作風が蔓延したようである。地方によっては、組織の統制が効かなくなり、混乱もあったと聞く。この整風運動が果たして純粋な組織の活力運動なのか、一定の段階で急に停止してしまった経過を見ると、疑わしい面もある。中央での権力闘争の側面があった疑いもある。あくまで推測であるが。筆者が出獄するころには、この整風運動は下火となっていて、機関紙『前進』の声欄は、翼賛的な原稿で埋まっていた。

＊紅衛兵運動とは、一九六六年から七〇年代前半まで続いた中国の文化大革命で、毛沢東ら権力の実権を失った指導部が権力を取り戻すため、若い学生、青年を「紅衛兵」として組織して、当時権力を握っていた劉少奇や鄧小平らを打倒するため、急進主義的な行動に駆り立てた運動の

こと。彼らは、『毛沢東語録』を掲げ、「造反有理」「革命無罪」を叫んで、出身階層別に、地主、富豪出身者を攻撃したばかりでなく、「反党分子」「反革命」とレッテルを張って、政敵を攻撃した。文化大革命中に殺された人々は数百万人ともいわれている。いわゆる「上山下郷（下放）運動」といって、都市の学生・知識人を地方の農村にまるごと追放したのも、この運動の中で行われた。

第四節　「前衛党」論を今日どう考えるか

革共同の党建設論は、レーニンの組織論に習っている点で、大きく言えば、ソビエト共産党や新左翼諸党派、日本共産党とほとんど一緒である。その要点は、レーニンの『何をなすべきか』、『一歩前進、二歩後退』に提出されている。

それによると、組織は、厳格な規律にもとづく、職業革命家の秘密組織でなければならない、かつそれは、中央集権的組織でなければならない、自然発生的な運動に対して、党は社会民主主義（＝共産主義）的意識的政治を、外部から労働者階級の中に持ち込まなければならない、意識的政治と中央集権的組織を担保するためには、全国的新聞を持たなければならない、などとしていた。レーニンの関心は、ツァーリの秘密政治警察に、様々な闘争団体が繰り返し壊滅されていることへの強い反省があった。そこで、かれは、ナロードニキ(*)の厳格な組織論を援用したものと思われる。

＊一八六〇―七〇年代にかけて、ロシアでは帝政支配の実態を富裕農民（クラーク）による小作農の支配にあるとし、小作農の解放のためにクラーク支配を転覆し、帝政を打倒しようという、一部のインテリゲンチャを中心とする運動が展開されたが、彼らの運動を総じてナロードニキ（「人民のなかへ」の意味）という。一部で小作農の反乱などがあったが、彼らはツァーリ専制支配体制に対してテロリズムを主要な闘争形態とした。ツァーリの彼らへの弾圧はすさまじく、次々と壊滅的な打撃をこうむった。レーニンは、ナロードニキの闘いを評価しながらも、その失敗に学びつつ、一八九五年、労働者階級を解放主体として社会主義革命をめざす組織「労働者階級解放闘争同盟」の結成に参加した。

レーニンによれば、革命的意識は、労働者階級の内的必然性としては、出現しないとされていた。労働者階級は、資本主義の一定のサイクルの中で生活しており、その労働生活の中では、その己の在り方を変革する革命的意識は芽生えないと考えられている。「自然発生性」とは唾棄すべきものではなく、組織が必ず依拠しなければならない革命的意識の芽生えであるが、かといってその延長に、自己の資本主義制度内でのあり方を否認するような意識に直接つながるものはない、と考えられている。ここに、いわゆる「外部注入」論の検討の余地が出てくる。外部注入論とは、意識の担い手＝労働者階級に問題があることを指しているわけではない、と考えられる。労働者が生きる基盤そのものの廃絶（＝社会主義革命）をめざす意識は、労働諸関係の外部から持ち込まれる以外にない、という考え方には一定の合理性があると思われる。

そこから、前衛党がそれを持ち込むのだ、という機能面での指摘と繋がっていくのである。それは、労働者階級を見下したイデオロギーではない。意識が生産される本質的問題での指摘なのである。だが、ここからが問題なのである。労働者階級の革命的潜在能力は、党を媒介とすることによってのみ発現していくという組織理論は、実体論としては前衛党の優位性理論、その死活性を提起していく傾向を帯びるのである。この点に、前衛党の唯一性と官僚的統制を生み出す根拠が形成されていくのである。どの前衛党と称する組織が労働者階級の指導部となるかが、死活的問題となることによって、前衛党を名乗るもの同士の争闘が頻発する。主導権争いの厳しい展開が特徴となる。前衛とは、誤りと無縁な無傷の存在でなければならない、という観念的神話へと繋がっていく。「無謬神話」が発生する。無謬論が複数組織にはありえないから、「唯一の正しい指導部は誰か」、をめぐって争闘は激しくなる。

それゆえに、大衆運動に対しても、支配型の介入を特徴とするようになる。相手が党派の人間であれ、無党派の人間であれ、党派闘争が重視されるのは先にみたとおりである。小なりといえども、党指導部官僚が重要な役割を果たすようになる。こうした特徴は、組織が上から下まで血の通った状態にあるときはよいが、そうでない場合、党官僚の仕事は、現実から遊離した観念論に陥りやすい。

革共同においては、六七年一〇・八以降、激動期の中でマルクス主義学生同盟に加盟した若き学生は、ほぼ大学は中退して、職業革命家になり、中央や地方の党機関か地区指導部に配属されるのが理想とされた。私の場合は地区志望であったが。

さて、右のような組織論の特徴からいって革共同は非常に統制力の強い、全国的な同時行動が得意な組織であった。内部に向かっての組織統制力には、高いものがあった。前衛性を担保するために、組織内部に向かって党内闘争を重視し、異論を排除して、厳密な一致を勝ち取ろうとするのである。筆者は、前衛党をめざしているのだから、それも当然と考えていた。現実には、日本の革命的左翼内部では、唯一前衛党論は弊害をもたらした。

外部注入論は、党内民主主義の保証、先に述べたような反対意見の尊重・留保の権利、分派形成の承認と結合していなければ、硬直した組織理論となり果てる危険性を抱えている。実際、革命的左翼の大部分は、「党治」というより「人治」を特徴としていた。反対意見が排除されであるから、常に分裂を繰り返す消耗戦を特徴としていた。それは別の言い方をすれば、唯一前衛党に名を借りたご都合主義でもある。各組織の党内民主主義の保証および党派間闘争は、大衆運動の正しさで計測していくという原則を立てておくこと、離党の権利も承認することである。その点では、高度な倫理性が指導部には求められる。「昨日の同志は今日の反革命」となるという言動は、為にするご都合主義以外の何物でもないだろう。それは、スターリンの反対派狩りの手法と共通している。

革共同は、大衆蜂起に対する「組織された不信」という心情を抱いていた。全共闘運動の内部での一つの傾向をなした、日本共産党・民青の否定が、あらゆる前衛党的なものへの否定へと繋がっているのではないかと警戒した。また、縦の指導系列がなく、そうしたものを嫌って、規律も各個人に委ねられるような全共闘的な組織の在り方自体に反発的であった。だから、党は、様々な大衆の自主的決起に組織的に介入しようとしたが、その場合、その闘争を自分の党の路線に整合させ、支配しようとした。ヘゲモニーを握るべく、工作活動を積み重ねたのである。対革マル派の早稲田解放闘争のケースでは、各学部行動委員会などからなる代表者会議が方針決定をおこなっていた。中核派も、オブザーバー参加を認められていた。ある時、われわれの代表が「指導する」という言葉を使ったとき、強い反発にあったことを記憶している。そうした事例にとどまらず、一般に大衆団体に接触を試みる場合、その団体の一角で、闘争参加に伴う義務を果たすというよりも、常にヘゲモニーを取ろうと努めつつ、自分たちの総路線に適合するように働きかけていた。まさに「社会民主主義的政治の持ち込み」を厳としていたのである。それが直ちに悪いというわけではないが、多くの場合、当該の人々に「何をしに来ているのか」と、不信感を持たれたのも事実である。

他方、三里塚闘争現地闘争本部の場合は、中核派の現地派遣要員は、現地の作風になじむように努め、腰を低くして、溶け込もうと頑張った。メンバーは、農民と会話するとき、正座で応えた。その自覚のほどはさすがである。農民の手足として働くことを厭わずに、好感をもたれていた例もある。なみなみならぬ努力の結晶である、と考える。

疑問に思っていた点に、他党派への権力弾圧に、新左翼諸党派、特に革共同は相互に無関心(*)

であったことである。冷たい相互関係である。他党派に関する弾圧事件とはいえ、自らにふりかかる事案だというのに。エゴイズムというべきか。こういった点にも、前衛党理論の悪しき慣習がにじみ出ていたのではないかと考える。

＊　革共同は、連合赤軍事件や東アジア反日武装戦線などの事件の被告たちに死刑の求刑、判決が出ても何も動かなかった。彼らへの死刑反対運動は、革マル派を除く新左翼勢力の統一戦線で運営されていた救援連絡センターを中心に広範に展開されていた。他方、七一年渋谷暴動闘争の被告・星野文昭氏へ死刑求刑がなされたとき、革共同は星野氏への死刑反対運動を広範な大衆運動として展開した。星野氏への死刑反対運動は当然であるが、他党派への死刑攻撃を、やがて自分たちにも適用されることになる、革命的左翼勢力への攻撃として受け止めることができないほど狭い自派中心主義であったといえる。

第Ⅲ部 いくつかの理論問題と課題

第一章　レーニン主義の闇の部分

ロシア革命を、すべて正当として、金科玉条のごとく神聖化することはやめにしたほうがいい。

一九九一年のソ連崩壊後、それまで封印されていた、ロシア革命の多くの資料が閲覧できるようになった。

レーニンは、コルチャックなどの反革命の跋扈の下で、プロレタリア独裁権力を維持するという重圧と闘いながら、権力護持の一点で、農民と被抑圧民族に対した。

第一節　農業・農民問題と革命政権

ロシア革命後の、農業・農民問題の動向を見てみよう。

レーニンの農業理論は、ドイツ社会民主党の指導的理論家カウツキーの影響を受けているといわれている。「両極分解」論がそれである。それは、工業における資本主義の発展などの他の要因を考慮しなかった。白井氏は次のように指摘している。

「(レーニンは)農村内部での自生的な商品経済化と資本主義化によって農民はブルジョアジーとプロレタリアートに完全に両極分解すると主張し、自営農民の存続を否定する…農村内部から自営農民が絶えずブルジョアジーに発展すると考えるため、農民をプチ・ブル、ブルジョアジーの発生源と敵視する経済学的根拠を生み出した」(『農業・農民と社会主義について』白井朗)

ロシア革命直後の「土地についての布告」では、土地の全人民的所有が表明されていた(『労働者・兵士代表ソビエト第二回全ロシア大会』レーニン全集第二六巻所収)。ところが、一八年一月の全ロシア食糧大会では、農民の生産物である穀物は「国家資産、人民資産」と規定された。五月の人民委員会議(*)での「内閣の訴え」では、土地と工場だけでなく、穀物も全人民的資産となるべきだと定義した。また、土地の社会化＝全人民的所有と国有化の違いは明瞭ではなかった。関連法では、土地の私有権が廃止されて、全勤労人民の利用に移ると規定されているものの、穀物は国家専売、社会主義を達成する目的で、個人経営よりも集団経営に優先権が与えられていた。

＊革命後、労働者・兵士ソビエト第二回全ロシア大会が発した法令にもとづき、「国家業務の個々の部門を管理する」ことを目的に、「ロシア・ソビエト共和国人民会議」が設置された。これが、事実上のロシア革命政府となる。各人民委員部がそれぞれの領域の問題を担当し、人民委

員会議がそれを統括した。これは、まだロシアの政府であり、各地方、地域で同様の手続きを経てそれぞれの人民会議を構成することになる。各共和国が連邦制になり、ソビエト連邦が成立したのは一九二三年であり、形の上ではここで初めて、ソビエト連邦人民委員会議が中央政府の役割を果たすことになる。なお、立法府と行政府の分離を統合して、立法、執行、行政をひとつの機関で遂行するという在り方は、革命前からレーニンの構想にあった。

こうした一連の規定、決議は、戦時共産主義期における農民からの割当徴発の根拠となった。レーニンは、「両極分解論」にもとづき、階層分化の結果、富農層は生産財市場を形成し、貧農＝農村プロレタリアートは消費財市場を形成し、こうして徐々に国内市場が形成されつつあるとした。ただ、問題点もあった。想定される貧農層とは、レーニンによれば農村プロレタリアートということになるが、当時の大多数は「共同体」農民(*)であり、このような存在は僅かであった。貧農とは、共同体農民のうちの零細農であるから、その意識や生活様式は、プロレタリアートというよりも農民的であった。たしかに、農村プロレタリアートはいるにはいたが、実質的に共同体から排除された存在であり、「部外者」であった。さらに上層農民とは、地主か富裕農民であり、レーニンによれば、これらは貧農を雇用する農村ブルジョアジーとみなされた。ところが、富裕農民とは生産手段を多く保有する共同体農民であり、大家族で活発な経済活動に従事する農民層かつ共同体の有力者でもあった。この共同体農民について、レーニンの理解は欠如していたと思われる。

＊ロシアでは、一八六一年の農奴解放令によって農奴は解放されたが、農奴に与えられた土地の多くは、数百年も存続してきた「ミール」といわれる農村共同体による共同所有のままであった。ミールは、その中に富農から貧農まで農民の諸階層を抱えながら、租税の割り当て、土地の割り当て・耕地の割り替え（連作を防ぐため）、共有地の入会権の管理等々を、慣習的な共同体の連帯責任制の下に行ってきた。ミールは、その共同体的自主管理性の強さから、マルクス主義にとっても位置づけが問題になり、マルクスは、一八八一年、ザスーリッチ宛の手紙の中で、ロシアのミールは一定の条件の下に、ロシアの社会主義革命の中に包摂されうる可能性を認めている。なおレーニンは、マルクスのこの手紙の内容を知らなかった。

レーニンの捉え方は、次のようなものであった。

「いわゆる『勤労』農民とは、実際は小経営主ないしは小ブルジョアなのであって、ほとんどいつでも他人の仕事に雇われるなり、自分で労働者を雇うなりしている。『勤労』農民は小経営主であるから、政治上でも、経営主と労働者の間、ブルジョアジーとプロレタリアートのあいだを動揺している。」「完全に市場に依存している資本主義社会では、農業における大量の小（農民）生産は賃労働を大量に使用しないではやっていけない。『勤労』農民という甘ったるい言葉は、この賃労働の搾取を覆い隠して、労働者をごまかしているに過ぎない。」「近代社会における小規模の農民の地位そのものが、彼らを不可避的に小ブルジョアに変えつつある。

彼らはたえず賃金労働者と資本家の間を動揺する。農民の多数は貧乏し、零落し、プロレタリアに変わるが、その少数は資本家になろうとつとめ、農村の住民大衆が資本家に従属するのを支持する。だからすべての資本主義国では農民の大多数は……いろいろな反動政党やブルジョア政党の味方をしているのである。首尾一貫した階級闘争を行う賃金労働者の自主的な組織だけが、農民をブルジョアジーの影響から救い出し、資本主義社会では小生産者がまったく活路の無い状態にあることを農民に説明することができる。」(「農民と労働者階級」レーニン全集第一九巻所収)

ここには、農村の両極分解論の適用が見られるだけであり、ドイツやオーストリアの農村を引用して、基本構造は同じだと断定している。つまり、生産の中核が共同体農民という規定がなされていない。こうした傾向が、のちの農民圧迫につながり、ソビエト最大の矛盾に拡大していくのである。

「土地の布告」によって、二〇〇〇万人はいたと推定される土地なし農民に共同体を通じて土地が配分されたために、小土地共同体農民として再編され、レーニンの意図に反して、農村プロレタリアートを消滅させる結果となった。皮肉というほかない。地主と言えば、私的所有の廃止によって消滅したため、革命後は農村の支配層が富裕農民、クラークとなり、または農村ブルジョアジーは富裕共同体農民となった。その結果、共同体農民の土地利用は高まり、共同体的関係が著しく強化された。

ロシア革命の背景に、全社会的飢餓問題が存在していた。ツァーリの下では食えない！　ボルシェビキの「パン、土地、平和を！」のスローガンは、全人民を引き付けた。革命後も、飢餓問題の解決が喫緊の課題であった。食糧をめぐって、持つ側の農民と持たない側の都市労働者の対立が顕現した。農村と関わりのある都市労働者は、食糧を求めて故郷に戻る例が多かった。後に残された都市住民は、食糧入手の方法を持たない純然たる都市プロレタリアートであった。しかし、大戦による疲弊も含めて、農村も半飢餓状態であった。

こうして、多くの農民は、食糧の自発的供出を拒否するようになる。これは、ボルシェビキの基盤である都市労働者が解体するという危機に直結していた。政府は、都市労働者を武装させ、調達部隊として組織化した。

こうして、少ない穀物の取り合いが発生した。供出を拒む農民を「クラーク」と認定し、容赦ない弾圧が吹き荒れた。供出を拒む農民の氏名公表、穀物の力ずくでの没収、縛り首、処刑をも導入した。富農やクラークが何者であるか、の検討はされなかった。人質や公開処刑が、戦時共産主義期の日常風景となっていった。

事実上、都市と農村との内戦となった。

レーニンは、供出拒否が、飢えた農民の命がけの抵抗であったことを見落としていた。また、抵抗が農村ブルジョアジー＝クラークの反乱に違いない、と誤った判断をしていた。反乱ではなく、餓死を逃れるための共同体の運動であった。根底には、農村での階級闘争理論とプロレタリア独裁の絶対視が横たわっていた。「クラーク蜂起」に対する無慈悲な弾圧は、こうして正当化されていった。無慈悲性の他方の理由には、地方での左翼エス・エルの支持が高まり、地方ソビエトの自立的傾向が強まったことも挙げられる。レーニンには、権力維持にかかわる危機感が強烈にあった。

こうしたことを背景としつつ、農村も食糧危機に見舞われる中で、地方ソビエトは、域外への穀物の供出に抵抗した。穀物の専売廃止を決議した。ソビエトは、こうした中で、一八年五月、「食糧独裁令」を布告した。

「この法令は地方ソビエトの自治を否定し、中央集権的ソビエト体制にそれらを再編することを目的としていた。こうして、本来ソビエトが内包していた自律性は葬られ、ソビエトの国家機関化と骨抜きが始まる。地方権力は中央から派遣される全権を長とする執行委員会と、その後は地方党委員会に支配されるようになる」（『ロシア革命における農民とボルシェビキ』梶川伸一）。

こうした経過の中で、左翼エス・エルとの分裂が決定的となっていく。六月布告の貧農委員会法令によって、ついに左翼エス・エルを中央政府から決別させ、ここにボルシェビキ独裁が始まった。二一年二月には、クロンシュタット蜂起が発生するが、背景には、農民経営の崩壊に胸を痛めた赤軍兵士の危機感があったのである。

二〇年中には、国内の反革命軍は駆逐された。しかし、内戦の停止は、戦時共産主義の終了に繋がらなかった。食糧割り当て徴発は、中断したにすぎなかった。ペトログラードでは、生活条件が悪化、工場は操業停止、ストライキや騒擾が頻発した。労働者は食糧を求めて四散した。ボルシェビキの基盤は、崩壊的危機に瀕していた。これを回避し、国民経済を立て直すための措置がネップ体制であった。

「ネップへの移行の本質は飢饉であり、食糧危機である」（『ロシア革命における農民とボルシェビキ』梶川伸一）

農村の飢餓民は、自由交換が発布されるや、郡外や県外での穀物探しに出かけて行った。担ぎ屋が国中に蔓延した。また、経営が崩壊し、家畜の絶滅、農機具の放棄・投げ売りなどが横行した。他所の県への脱出者が相次いだ。それでも権力は、現物税の徴収を遂行した。しかし、割当徴発の遂行率は低かった。同じように、武装部隊が断固たる措置を講じた。したがって、戦時共産主義期とネップ期との断絶を見るのは、難しかったのではないか。

私は、食糧独裁令をはじめとする戦時共産主義期の諸措置は、コルチャックなどの反革命内乱と外国の干渉戦争からソビエトを守るための窮余の一策、という見解を支持してきた。が、よくよく検討すると、独裁令等は、外国の干渉戦争や国内の反革命の跳梁に、時間的には先行していたのである。したがって、外的条件が「農民との階級闘争」を招いたのではなく、農民問題へのそもそもの無理解を根拠とした、ボルシェビキの内的論理の、ボルシェビキ型プロレタリア独裁の帰着点であった。革命前のレーニンの労農同盟論はともかく、革命後にあっては、労農同盟は成立していなかったと見るべきだろう。

レーニンにとって、プロレタリア独裁下での労働者の、他の階級に対する優越性は明確であった。そこには、対等性は存在しなかった。今日、革共同が労働運動を強調して、「労働組合、ソビエト、党」の一体的論理を展開する場合、プロレタリアートの指導性を過度に強調する傾向が見られる。労働者階級の格別の存在意義を強調することと、他の階級に対する優越性を一方的に押し付けていくことは、区別されて理解される必要がある。後者の轍を踏んではならない。プロレタリアートの指導性とは、連帯、説得、支持、理解、共鳴、献身という脈絡で展開されるべきであろう。「プロレタリア性を強制的に刻印する」といった、他の階級階層への姿勢は、断じて排斥しなければならない。

その意味で、「暴力革命とプロレタリア独裁論」は、革命論として再考されねばならないだろう。プロレタリア独裁論は、労働者という前社会での大多数の階級に、圧倒的なプロレタリア民主主義を保証するかのような議論が普及しているが、必ずしもそうは言えない。本多書記長においても、プロレタリア独裁は党が指導する、と繰り返し強調しているのを見てもわかるように、一党独裁の傾向を持つのであって、ブルジョアジー以外の諸党派、諸階層、諸勢力に、民主主義を保証するとは限らない。

第二節　民族問題と革命政権

　さて、社会主義は、こうした新たな難題を、世界的に解決すべく登場したものといえる。一九世紀後半以来、すすんだ世界の分割と植民地化は、帝国主義的強国に対する、民族的抵抗の土壌を蓄積していたが、一九一七年のロシア革命は、植民地の解放を高らかにうたい上げ実現するべく、世界史に新しい希望の光を燦燦と注いだのである。その圧力の前に、世界的植民地体制を維持するには、国際連盟というブルジョアジーと帝国主義の世界支配クラブは、口先だけでも「民族の独立」の正当性を表明せざるを得なかったくらいである。

　ロシア革命の指導者であったレーニンは、早くも革命以前に隷属させられている被抑圧諸民族の自由と解放の問題に特段の注意を寄せ、帝国主義を打倒して諸民族の自由と平等を実現する理論的プログラムを準備していたのである。ツァーリの一掃は、ツァーリ支配圏で歓呼によって迎えられたばかりではない。世界において、民族解放闘争に新しい躍動を与えたのである。それは、民族解放ばかりではない。労働者階級が資本家階級の政治権力を打倒したという意味において、社会主義革命であり、「労働者が天下をとった」という、世界史上初の事件となったのである。その影響は、欧州、日本、米国の労働者階級を鼓舞した。日本では、当時の社会運動を描いた書物などで、貧困に喘ぎながらも、ロシアの「事件」を知った労働者が、子どもを抱きあげて、歓喜に雀躍した姿が紹介されている。

ロシア革命直後の一一月、レーニンは、スターリンと共に、「ロシア諸民族の権利の宣言」を発表した。そこでは、高らかに次のように宣言された。抜粋すると

「労働者と農民の一〇月革命は、奴隷解放という共通の旗のもとにはじまった。

農民は地主の権力から解放された。地主的な土地所有はもうない。それは廃止されたからだ。兵士と水兵は先制的な将軍の権力から解放された。……労働者は資本家のわがまま勝手から解放された。これからは工場と製造所は、労働者の監督を受けるからだ。……

残っているのは、ロシアの諸民族だけだ。かれらは抑圧と専制に苦しんで来たし、今でも苦しんでいる。かれらの解放に取りかからなければならない。この解放を、断固として徹底的におこなわなければならない。

ツァーリズムの時代、ロシア諸民族は、組織的に、たがいにけしかけられていた。この政策の結果は誰でも知っている。一方では虐殺とポグロム(*)、他方では諸民族の奴隷化であった。……

いまやこのような政策を、ロシアの諸民族の自発的でまじめな同盟の政策にかえなければならない。……

次の諸原則を置くことを決定した。

一、ロシアの諸民族の平等と主権

二、分離と独立国家の結成を含むロシアの諸民族の自由な自決権

三、ありとあらゆる民族的および民族宗教的な特権と制限の廃止
四、ロシアの領土に住む少数民族と人類学的グループの自由な発展……」
（『人権宣言集』岩波文庫）

実に格調高い、夢の膨らむような宣言である。

＊ポグロムはロシア語で、特に、ユダヤ人に対する虐殺などを含めた集団的迫害行為のことを指す。一八八〇年代前半、ロシア南部とウクライナで広範に起こった反ユダヤ人暴動によって、ポグロムという言葉が一般的に使われるようになった。

しかしながら、まことに遺憾なことに、諸民族の自決への過程は、内戦や飢餓などの様々な困難のなかで、「宣言」とは裏腹の錯綜した経過とならざるを得なかった。

そのひとつが、ウクライナ民族の問題である。ウクライナ民族の自決権は、革命後の内戦とブレスト＝リトフスク講和後のドイツの占領の時期に、錯綜した過程を辿る。

＊一九一七年一一月、ペトログラードでの革命直後、ウクライナのキエフでは最大勢力であったウクライナ中央ラーダが権力を掌握してウクライナ人民共和国を宣言した。ロシアのボリシェビキ政権は、このウクライナ独立に対して、ウクライナのボリシェビキ勢力だけではなく、中央からの軍隊派兵を含めて、ウクライナ人民共和国政府の転覆を策動したが、失敗。こうした中、中央ラーダのウクライナ人民共和国側は、一九一八年二月九日、交戦中であったドイツを中心とする「中央同盟国」（ドイツ帝国、オーストリア＝ハンガリー帝国、オスマン帝国、ブルガリア

王国）との間で講話条約（「第一のブレスト＝リトフスク条約」）を締結。中央同盟国側とともに反ボリシェビキの戦線強化をめざした。追い詰められたロシアボリシェビキ政権は、同年三月三日、中央同盟国側との間に、さらに悪い条件で講和条約を締結することを余儀なくされた（「第二のブレスト＝リトフスク条約」―この条約が通常言われるブレスト＝リトフスク条約である）。すなわち、第一次大戦からの撤退、フィンランド、ラトビア、エストニア、リトアニア、ポーランド、ウクライナその他の地域に対する権利を放棄し、事実上ドイツ軍等の支配下に入った。ロシアボリシェビキ政権は、新たに成立した「ウクライナ国」との間に休戦条約を締結せざるを得なかった。さらに、ドイツへの多額の賠償金支払いが課された。その後、同年一一月一三日、中央同盟国側の降伏、第一次大戦の終結で、ロシアボリシェビキ政権は、ブレスト＝リトフスク条約を破棄。このロシアの危機に、協商国側からの干渉戦争、ポーランドとの戦争があり、ボリシェビキ政権は困難な戦時共産主義期に入る。

一七年革命当時、キエフには、最大勢力の「ラーダ」側部隊（「ラーダ」とはソビエトの意）、ロシア臨時政府側の軍管区部隊、そして六〇〇〇名のボリシェビキ部隊が存在していた。ラーダが、首都ペトログラードの革命を非難するなかで、ボルシェビキ中心の労働者、兵士ソビエトの合同総会は革命支持を採択する。軍管区側は、ソビエト側の一部を逮捕。これに対してボルシェビキはキエフで蜂起する。ラーダ側の好意的中立などにより、ボルシェビキは勝利する。そこで三者会談が開かれて、中央ラーダが権力を掌握し、ウクライナ人民共和国を宣言した。そこでは、ロシア共和国との統一の維持と、平等で自由な諸民族の連邦、をうたいあげていた。

　一二月の全ウクライナ労農兵ソビエト大会では、ボルシェビキは少数派であり、エス・エルが多数派、ラーダ支持派が多かった。ところが、中央の人民委員会議から、ラーダのブルジョア政策の批判、ウクライナ人部隊の解散など、最後通牒が突き付けられた。この通知は、ウクライナのボルシェビキには事前に伝えられていなかった。ここに、ツァーリ時代と変わらぬ一方的な命令が下されたのである。不幸の始まりであった。第二の都市ハリコフにペトログラードからの遠征軍が到着するも、ハリコフのボルシェビキはその武力行使に反対し、自分たちの政治的軍事的力で革命を促進することを表明した。が、中央遠征軍司令官は、これを無視した。ラーダ側にはかなり動揺が広がっていたにもかかわらず、軍事方針が優先された。キエフでラーダ軍とボルシェビキが戦端を開き、ボルシェビキが打ち負かされてしまう中で、中央遠征軍は到着後、すぐにラーダ軍をキエフから一掃する。そのあと、征服者然としてふるまい、二〇〇〇名のウクライナ人を射殺したという。その中にはウクライナ人のボルシェビキもいたという。これは、ウクライナ民族に大きな傷跡を残す事件となる。

　一八年のドイツ革命の勃発は、ドイツ占領軍を当然にも弱体化した。ウクライナに権力の空白が生じたものの、ボルシェビキは人気が無く、権力をすぐさま掌握するには至らなかった。キエフではソビエトを宣言することができないので、ハリコフなどの都市でソビエト権力を宣言、キエフには一九年にようやくソビエト・ロシア軍が入り、ウクライナ社会主義ソビエト共和国の樹立をみる。

他方では、ウクライナ共産党というエス・エル左派がヘゲモニーを握る組織が成立していた。それはかなり農民を基盤にしていた。ウクライナ・ボルシェビキとの合同が課題となったが、ボルシェビキは拒否する。彼ら（ウクライナ共産党）を「ボロチビスト」という。彼らは、優勢になった反革命デニキン軍と独自に闘い続けた。それは、ロシア中央政府への最良の援軍であった。彼らは、独自にコミンテルンへの加盟を申請した。コミンテルン議長ジノビエフはウクライナ・ボルシェビキとボロチビストとの合同を勧告したが、ボルシェビキ指導者ラコフスキーは従わなかった。一九二〇年、ボロチビストはボルシェビキへの合流を決議したが、当初四〇〇〇名いた入党者は、二年後には一〇〇〇人に減っていた。ウクライナの民族性を無視したボルシェビキ唯一主義に嫌気が蔓延していたのである。

ウクライナ民族の民族独立をめざしていた勢力は何者であったか。白井朗氏は次のように鋭い指摘をしている。

「ほかならぬ共産主義者、社会主義・ロシアとの合流を求めるボロチビストとウカピストだった。二つの党はウクライナ民族の最大の階級たる農民に深く基礎を置いた共産主義者であり、またペトログラードのやり方に批判的なウクライナ・ボルシェビキの一部も合流した。彼らの国際共産主義運動への合流を求めたコミンテルン加盟の申請が真実のものであり、ロシア革命の「最大の味方」であったことはなんぴとも否定できない。たんに、ウクライナにとどまらず、民族主義が徹底的に自己を実現しようとして人民に基礎をおいてたたかうとき、それは一九一七年以降の世界歴史においては、ロシア革命に合流し社会主義と民族主義とのつよい結合が生まれる歴史的必然性がある。民族解放を真に求めるたたかいは、プロレタリア解放のたたかいに必ず合流するのだという歴史的趨勢を認識しなければならない。」（『二〇世紀の民族と革命』）

労働者の国際連帯論を語るとき、こうした立場性を尊重したうえで展開しなければならないと思う。私が強調してきたプロレタリア自己解放論とは、言葉も皮膚の色も歴史も違うそれぞれの民族性の尊重のうえに成立するものだと考えている。

だが、ウクライナ民族の抵抗は続く。ボロチビストが解散したその時、民族の独立を要求して新たなウクライナ共産党・「ウカピスト」が成立する。一〇年一月のことである。ウカピストは、ウクライナ・ボルシェビキを、民族的権利を侵害する組織であると批判、ラコフスキーを征服者と規定して弾劾している。その後、抵抗闘争を続けるが、二五年、解散を決議する。三三年、ウクライナ・ボルシェビキのスクルイプニクは、民族自決権を圧殺するスターリンに抗議して自殺する。農業の強制的集団化で犠牲者を一番多く出したのは、ウクライナであった。抵抗組織「ウクライナ反乱軍」はナチス、ソ連の双方と闘い、大勢力になりながら、なんと四六年まで闘い続けるのである。時が過ぎて、ゴルバチョフのペレストロイカの時代、ウクライナ人民は民族独立の道を選ぶことになる。今日のウクライナ問題を見る場合、こうした歴史を踏まえることが必須である。ひとつながりになっているのである。

他方、ロシア内戦期の一九一八年から二四年にかけて、「バスマチ運動」が起こっている。バスマチ運動は、中央アジアで起きた反ボルシェビキの闘争である。反乱には、在地有力者を中心に中央アジアのムスリム住民など広範な層が参加した。農業集団化への反発から、二〇年代後半に抵抗が再燃している。西トルキスタン地域のムスリムたちが起こした反乱に対し、ボルシェビキは、赤軍を派遣して鎮圧した。旧ブハラ＝ハン国のアミールなど旧支配層と結びついた反革命運動と見られていた。実態は、山賊ともいわれている。バスマチの運動の発端となったものは、一九一八年二月に、現地の赤衛隊とアルメニア人武装組織が、戦闘後に行った、ムスリムに対する略奪や破壊行為で虐殺が行われたところにあるだろう。こうして、フェルガナ盆地といわれるウズベキスタン東部、キルギス共和国からタジキスタン共和国の広大な一帯が、反乱地域となったのである。

こうした運動に対する、ボルシェビキの態度は、鎮圧を第一としていた。ウクライナやグルジア問題に見られたような、大国主義的な方針が慎重に検討されるべきであった。

グルジア問題はいかなる事柄であったのか。

グルジアでは、伝統的にメンシェビキが強かった。ジョルダニアを指導者とする政府は、一九年二月のグルジア憲法制定議会で、八一パーセントの圧倒的支持を得ていた。人民委員会議は、グルジア・ボルシェビキに事前相談することなく、ジョルダニアの政府を承認し、条約締結に至った。条約第一条には「ロシアはグルジア国家の独立性と自立性とを無条件に承認……」と記されていた。頭ごなしの条約締結は、現地のボルシェビキに混乱を生んでいた。条約で合法化されたものの、ジョルダニアの政府は弾圧した。

二一年二月、ソビエト赤軍は、首都トビリシを陥落させる。ジョルダニアは亡命する。グルジア・メンシェビキをどうするのかをめぐって、ロシア共産党では議論噴出したが、ザカフカズ方面軍の責任者オルジョニキーゼは、スターリンと組んで軍事侵攻を強行した。グルジア共産党の幹部マハラーゼによれば、「グルジアへの赤軍の進攻とソビエト権力の樹立は外国の占領という性格を持ってしまった」、ということになった。この占領は、グルジア人民に深い傷を残すことになる。

レーニンは、グルジア問題を、当初オルジョニキーゼ―スターリンに任せていたが、度重なる大国主義的横暴に対して、明確にスターリン批判に転じる。それは峻烈を極めたものであった。レーニンは、病に倒れたなかでの困難な闘争に打って出る。書記長であったスターリンの罷免をも要求していく。スターリンが「病人管理」を強める中で、その包囲網を食い破って、手紙攻勢でスターリンと対峙しようとした。しかし、トロツキーをはじめとしてレーニンの危機感を理解していたものはいなかったという。

レーニンは断言する。グルジアの「自治共和国化」構想は間違っている、と。レーニンの遺書である『レーニン最後の闘争』（モッシュ・レヴァン著）は、民族問題に関するレーニンの到達点を明示している。すなわち、「民族主義一般の問題を抽象的に提起しても何の役にも立たない、……。抑圧民族の民族主義と被抑圧民族の民族主義、大民族の民族主義と小民族の民族主義とを区別することが必要である。……強大民族にとっての国際主義とは、諸民族の形式的平等を守るだけではなく、生活のうちに現実に生じている不平等に対する抑圧民族、大民族のつぐないとなるような、不平等を忍ぶことでなければならない。……プロレタリアにとって重要であるばかりでなく是非とも必要なことは、プロレタリア階級闘争に対する異民族の最大限の信頼を確保することである。……」と火を吐くようなメッセージを送っている。

白井朗氏は次のように整理する。「被抑圧民族の民族主義とは、抑圧民族によって奪われた自らの民族性を、人間として必須不可欠のものとして奪還するたたかいである。帝国主義民族の言語、宗教、習慣を生命をも奪う国家暴力の脅迫をもって押し付けられ、人間の基本的人権を全面的に剝奪され人間の尊厳を奪われた被抑圧民族が自らの生きる権利を主張し、人間の尊厳を奪い返すたたかいが被抑圧民族の民族主義である。被抑圧民族の民族主義とは、他民族の民族性を奪う帝国主義的抑圧民族の民族主義とは一八〇度異なり、自分の民族性を奪還するという人間主義的なベクトルを持つ。……」（『二〇世紀の民族と革命』）

現実のレーニンは、この立場に到達するまで、試行錯誤を繰り返すが、この遺言がプロレタリア国際主義の精華として記述されるべきだろう。言い方を変えれば、大民族のプロレタリア主義の単純な普遍化、民族内部での他の階層に対するプロレタリア主義への従属の強制は、労農同盟等の枠組みを崩壊させるものであり、権力的独裁的に運用してはならないのである。今日、プロレタリア独裁論は、こうした観点からも柔軟に考察されねばならないだろう。

ここでは、民族問題の全貌を述べることが目的ではない。レーニン健在時代の、彼の限界およびスターリン主義の大ロシア排外主義に道を開く要素が垣間見られることを言いたいのである。レーニンは、ウクライナ問題に関しては、民族自決を推進するように動いていたという見解もあるが、そうはならなかったということは、グルジア問題のようにこれを重大視する要素が少なかったのではないか、と考えたくなる。レーニンは最大の権力者であったのだから。

スターリン主義とは、何も、彼が『レーニン主義の基礎』で一国社会主義を唱えたことで、いきなり発生したわけではないことを言いたいのである。スターリンの、数千万人が餓死したとされる農業の強制的集団化、九一年のソ連崩壊後のウクライナをはじめとする中央アジア諸国、カフカズ諸国の独立志向の背景には、スターリンの諸施策によっても解決せず、崩壊までの七〇年の間、その矛盾の爆発にさいなまれたソビエト時代の現実が横たわっているのである。その発端は、内戦期にあるといえよう。

理想は、直線的に実現されたわけではなかった。世界の解放とは裏腹に、国内で新しい民族抑圧を遂行した、という歴史の逆説である。ソビエトでは、民族問題は多くの場合、農民の問題でもあった。そして、労働者階級の実体は、ほとんどがペトログラード、モスクワ等々の都市部に集中しており、その民族構成は、抑圧民族に当たるロシア人たちであった。都市で権力を握ったボルシェビキは、国内の権力掌握を進めるために、地方都市へ展開する。地方都市への展開は、白色軍との政治戦争という現実と重なっていた。内戦と軍事的要請による強制徴発、戦時共産主義、そしてネップは、クレムリン権力による地方の制圧という抑圧色を帯びたものにならざるを得なかった。中央アジアでは、民族の精神であるムスリムは、ボルシェビキの弾圧に直面しなければならなかった。

帝国主義論の確立以降、レーニンの民族理論は新たな展開を見せた。その骨子は、次のようなものであった。革命政権は、他民族に社会主義を強制してはならない、もし強制した場合は、革命自体が崩壊する恐れがある。さらに、社会主義へとすすむ過程において、旧植民地の民族は、宗主国とその抑圧民族の革命に反対する行動すらとることがある。衝撃的発言である。すなわち、レーニンはここまで被抑圧民族の自主性、自発性、自由を尊重していたのである。この思想は、「被抑圧民族の宗主国からの分離の自由」の無条件肯定にも表れている。こうした思想は、一九二二年、スターリンの大ロシア民族主義と官僚主義との闘いにおいて一層鮮明になる。いわゆるグルジア問題ではスターリンを叱責し、その大ロシア主義を厳しく批判、書記長の解任を要求している。

ところが、ロシア革命後の内戦期、レーニンの民族政策は混迷を極めた。二〇年の第二回コミンテルン大会の民族・植民地問題テーゼでは、民族独立・自決権の問題は影が薄かった。この時期レーニンは、「プロレタリア階級の指導が民族の意志よりも優先する。ボルシェビキは民族独立よりも、他の政策を優先する場合がある」といっている。「世界社会主義実現のため、民族の融合と接近を促進し、究極的には英語又はロシア語により全世界民族を統一していく、そのため、先ず世界ソビエト共和国を実現する。よって、小民族への細分は反動的だ」という見解を取っていた。こうした見解の背景には、赤軍のポーランド進撃によって、ドイツ革命の勝利をも引き出し、もって世界ソビエト共和国の成立が可能ではないか、という楽観的な見通しが示されていた事情がある。

民族問題での問題性は、ムスリム人民の代表者であるスルタンガリエフに対してとった態度によく表れている。スルタンガリエフは、ロシア革命に勝利したボルシェビキに共感を抱き、民族問題人民委員部の機関である中央ムスリム人民委員部の初代議長に就任する。そして、ソ連内外の全ムスリム系諸民族を対象にした革命の宣伝活動を繰り広げる。一八年四月、モスクワで開催された第一回ムスリム共産主義者大会で、ムスリム共産党を独自に組織し、ロシア共産党との連合的協同関係を追求した。スターリンは、これを拒否している。スルタンガリエフの盟友でバシキール民族の指導者であるヴァリードフは、民族自決権を蹂躙するボルシェビキに絶望して、同志たちをボルシェビキから離脱させて、アジアの東方共産党を創設しようとした。その立場から、コミンテルンに独自加盟するという展望を抱いた。

そのころトルキスタンでは、コーカンドに樹立されたムスリムの自治政府を反ロシア的とみなして、ロシア赤衛隊などが激しい攻撃を加えていた。コーカンドでは、一万四〇〇〇人を超える人民が血の海に沈められたという。中央アジアのムスリム活動家たちは、ボルシェビキの弾圧に怒りを燃やし、バスマチ運動に参加した。この一大反乱は、その後二〇年も続いたのである。

他方、スルタンガリエフの指導するタタール民族とバシキール民族の民族独立の過程には、大ロシア主義が介入した。タタール民族は、ムスリム諸民族の中で活力ある民族として尊敬されてきた。スルタンガリエフは、バシキール民族をも包含する広大な共和国を建設しようとした。だが、レーニンは、タタール民族はバシキール民族に対しては抑圧民族であるからと称し、小さい範囲にとどめた。この介入を、ムスリム諸民族は、「共産主義といったって、帝政ロシアの後継者ではないか」と捉えた。レーニンは、双方の民族が大ロシアの被抑圧民族であるという把握ができていなかったようだ。

失意しつつも不屈に闘うスルタンガリエフは、「反革命活動」を理由に二三年に除名され、その後四〇年にスターリンによって処刑された。悲劇である。

前節で展開した農業における飢餓と弾圧は、地方・民族問題と重複している事柄でもあった。虐殺した農民五〇〇万人、餓死者五〇〇万人、総計一〇〇〇万人に上る人民に死者が出た。農村と地方は崩壊し、党組織もまた崩壊した。しかし、それは隠ぺいされた。

一九二四年のスターリン「一国社会主義論」によって、突然ソ連の変質が始まったわけではない。ロシア革命直後から、歪曲が進んでいたのだ。

レーニンを真に世界史を変えた巨人として評価するならば、レーニンの「左翼空論主義」(『共産主義における左翼小児病』)に表された見解を、レーニンの原則と柔軟性の高さとして美化することをしてはならないと考える。後に、かのスターリンによってひとつの著作として蒐集された著作を、レーニンの一貫性のあらわれたものとして美化すべきではない。この著作を、現実の動揺、先を読めない状況に立ち往生している、生々しい姿として読むべきなのである。レーニンの苦しみ、レーニンの苦渋を共有すべきなのである。そう、世界真実なのである。レーニンは、死の間際になってそれに気づいたが、時間は待ってくれなかった。革命は未完である。レーニンにも誤りがあったと、今日指摘することは、少しも右側からのキャンペーンに唱和することを意味しない。レーニンを「神聖巨人」にしてはならない。それが、歴史の巨人に対する現代人の礼儀というものではないか。レーニン廟の主はそんな狭量を求めているわけがない。レーニンが自ら数年の間に事実化した権力構造が、スターリンのそれに道を開いたことは紛れもない。

第二章 「沖縄奪還」論再考

第一節 「沖縄奪還」論の思想

革共同の「沖縄奪還」論は、六〇年代の沖縄人民の「本土復帰・基地撤去」の切実な要求を基にしている。本土復帰の思想とは、基地の重圧、分離支配の矛盾などに対する長年の怒りと闘争に根拠を置いている。本土復帰とは、沖縄での主権の回復、基地撤去による平和への障害の除去、すなわち「日本国憲法体制への復帰」に目的があった。革共同は、それを無条件に支持、併せて平和の担保として沖縄人民の切実な要求である基地撤去、核基地化の反対をめざしたものである。すなわち沖縄奪還論を因数分解すれば、「沖縄奪還＝本土復帰・基地撤去、永久核基地化粉砕」ということになる。

当時、革命的左翼の内部では、このスローガンに反対の声が大きかった。つまり、佐藤内閣の沖縄返還とは、沖縄の本土復帰要求を逆手にとった、日本帝国主義の沖縄併合であり、日本のブルジョア支配の強化になるから反対だ。そうではなく、米日いずれの支配にも反対する、

「沖縄解放」のスローガンが正しい、とされた。

革共同は、それは一般的な最大限綱領でしかなく、沖縄人民の具体的意向から遊離した抽象論であると切り返した。当時の八派共闘集会では、中核派の学生代表が「沖縄奪還！」と発言すると、他党派から一斉に判で押したように「ナンセンス！　民族主義！」とやじられたものである。沖縄奪還論は、「沖縄奪還、安保粉砕・日帝打倒」という、ひとつながりの日本革命への過渡的綱領であった。革共同は、「民族主義」との批判に対しては、日帝打倒に連なるものであり、社会主義日本への合流であるから、十分プロレタリア的だと応えた。

私は、この沖縄奪還論こそ、現実に責任を取る、抽象的理論を振り回さない、唯物論的合理性にのっとった正しい立場だと強く感じたし、他党派の先輩たちとの論争でも、奪還論に関してだけは負けなかった。本当に、古い民族主義的志向性が宿っていたとすれば、その後数年にわたり、沖縄闘争を強力に推進する立場はとれなかったであろう。

六九年二月四日、沖縄の全島ゼネストは中止になった。そうした状態を見て、革共同は、社会党的合法主義(*)の限界だと指摘、それを突破する道は、六七年以来の日本階級闘争の戦闘的地平を沖縄に持ち込むことだ、との戦略を構築した。いわゆる「革命の輸出」である。六九年八月、神聖不可侵の基地、嘉手納基地に学生・中核派の三人の戦士が、金網フェンスを乗り越えて基地深く侵入したのである。タブーを打ち破ったその闘いは、衝撃を与えた。沖縄での中核派のデビューである。以降、白ヘルメットの中核派は、基地労働者、学生に急速に影響力を獲得していった。基地労働者の組合の内部に、左からの戦闘的翼である全軍労反戦が鮮烈に登場する。

＊敗戦後、米軍政府支配下の沖縄では多くの独自地域政党が結成されたが、復帰以前には、自民党、社会党が本土の支部政党となっていたほか、地域政党として沖縄社会大衆党（社大党）、沖縄人民党などがあった。六〇年代の復帰運動の基軸を担った復帰協は、社大党、社会党、人民党などの政党と沖縄教職員組合はじめ労働組合勢力を中心にあらゆる種類の団体が結集した組織であった。復帰協では沖縄教職員組合が大きな役割を果たし、社会党の影響力が強かった。社会大衆党は復帰後も地域政党として存続し、地方議員を選出しているだけでなく、国政選挙でも統一戦線で革新系候補を当選させている。二〇〇四年に社大党ほか野党統一候補として参議院選で当選し、現参議院議員である糸数慶子氏が二〇一〇年から社大党委員長となっている。沖縄人民党は、米軍政府下では共産党が非合法であったため、非合法共産党の指導下に沖縄人民党という合法政党の形で政党活動を展開してきた。共産党の指導・影響下にあるということで沖縄人民党は米軍政府からしばしば大弾圧を受けてきたが、復帰後、共産党が合法化されたのに伴って支部政党として日本共産党に合流した。

沖縄返還協定の内実は、いわゆる密約を含めて沖縄人民の意向に沿ったものではなく、基地の固定化、核には手を付けないないし、逆に「核はないことにする」というペテン的内容が暴かれていった。他方では、七〇年一二月二〇日、当時のコザ市（現沖縄市）で反米暴動が自然発生的に爆発した。これは、同年九月、糸満市で主婦が米軍に轢き殺される事件が発生、その判決が無罪であったことでたまっていた怒りが、当日の現地での交通事故でついに爆発、選別的に七〇台の米兵私用車のみが焼き討ちになった。

七一年六月、返還協定が調印される。条約は国会批准案件であるから、その秋の臨時国会で批准がめざされた。沖縄では、五月一九日と一一月一〇日の二度にわたりゼネストが打ち抜かれた。「返還協定粉砕」がスローガンである。本土復帰でめざしたものとあまりにも違う内容であるから、当然協定粉砕となる。一一月のゼネストは、一種暴動と化した。こうしたぎりぎりの状況の下で、政府与党への〝最後の上申〟に出向くべく羽田空港にいた屋良朝苗氏（当時・琉球政府行政主席）を待っていたのは、国会での強行採決であった。

しかしその直後から、革マル派との党派間戦争が始まり、現地の中核派組織は、極めて困難なかじ取りを求められることとなった。

第二節　二〇一三年「四・二八」をめぐって

私が、居住地を沖縄に移した二〇一三年初め、東京では沖縄の全首長、市町村議会議長が参加して一月二七日、「建白書実現、オスプレイ配備反対」の行動が行われた。前年の九月には、オスプレイ反対の九万人県民集会が開かれていた。普天間基地の野嵩ゲート前では、連日阻止行動が闘われていた。激動の予兆は明白であった。この東京でのデモ行進に対して、沖縄人民に対するヘイトスピーチが右翼勢力によって組織された。悪罵の数々である。これは後に、翁長知事の決意に繋がっていったと感じられる。

この段階では、当時の知事である仲井真氏は、辺野古新基地の建設に反対していた。三月ごろになると、沖縄人民の感情を逆なでするような動きが、中央で始まった。四月二八日に、GHQ支配が終了して、日本が「独立」したことを祝う集会を挙行するというのである。沖縄からすれば、この日はサンフランシスコ講和条約第三条によって、日本から切り離され、米軍の直接統治が始まったときであるから、この日を「屈辱の日」と呼んでいた。この日程が公表された当日、仲井真氏は思わず「意味不明です」と反応した。その後は側近の意見もあって、知事が中央の行事に公然と反対するのは刺激的すぎるとの理由で、沈黙を決め込んだが。しかし、沖縄人民は、各界そろって中央の祝典化を取り下げるように要求した。安倍は、口先で「沖縄に寄り添う」と弁明したものの、予定を強行する。

当日、武道館でとりおこなわれた式典に、天皇アキヒト列席のもと、三権の長も招待されていた。多くの議員、知事たちが参加していた。沖縄は、高良副知事を派遣している。式典の最後に、何ものかが「天皇陛下万歳」と誘導すると、ほぼ全員が唱和した。異様な雰囲気が伝わってくる。

二日前の二六日、琉球新報社主催の、「屈辱の日」の政府式典に抗議する大規模なシンポジウムが開かれた。沖縄の二大紙は、連日反対キャンペーンの論陣を張った。紙面のパネラーたちは、沖縄の生活、生命、人権が日々脅かされているというのに、よくも日本の主権が回復されたといえるものだ。沖縄は日本ではないのか。憲法はどうなったのか。話は進んで一九世紀の琉球処分以来、ヤマトにとって沖縄は捨て石だったのだ。植民地意識がまるだしではないか。併合したり、分離したり、外交上都合のいいように弄んできたのだ、と喝破した。同時に、辺野古新基地建設問題が前面に取り上げられた。およそ全首長が反対しているのに、新基地建設を強行するなんて、民意を何だと思っているのか、と厳しい批判があいつだ。

四月二八日、式典当日、同時刻に、宜野湾市で、「四・二八政府式典に抗議する『屈辱の日』沖縄大会」が開かれた。開会前からすでに会場は押すな、押すなの超満員。通路や最後段のスペースも人で一杯。移動するのも難しいくらいの密集度であった。青空の下、天にも届けと憤怒の声が会場に響き渡った。名護市、北谷町、浦添市などからは会場とつなぐ回遊バスが設けられた。名護市庁舎には集会に賛意を表す緑の旗、那覇市庁舎には政府式典に対し抗議の意を示すとして、「屈辱と無念の弔旗」を意味する紺色の大きな幟が掲揚された。

当日朝の『琉球新報』は、次のように報道している。七一年の返還交渉に当たり、サンフランシスコ講和条約発効以前の沖縄での人身損害、軍用地の復元、漁業、潰れ地、基地公害など十項目に関して対米請求権を放棄する、旨の事実が暴露されていた。地上戦で地獄を見ながら生き延びた沖縄人たちが、次には米軍占領下で被ったおびただしい基地被害、土地の強制接収などに対して何の補償もされないというのである。そもそも、土地の強制接収は、ハーグ陸戦条約によれば、戦勝国の行為として禁じられているものである。アメリカのダブルスタンダードが垣間見える。であるならば、今度は日本政府が、補償や土地の返還責任をとってしかるべきではないか。奪う以前の、原状回復をするのが筋ではないか。

それどころか、佐藤政権は、数百億円もの金員をアメリカに提供して返還に至るという合意内容。しかも、核兵器の扱いも密約で承認する。返還前とまったく変わらない基地の運用、存在が明らかになったのである。実際は、返還後、基地面積は拡大した。何ということであろうか。本土における反基地闘争の「解決」の手段として、それまで本土で運用されていた海兵隊などの基地が、沖縄に統合移転となったのである。それが、今日の、国土の〇・六パーセントの沖縄に米軍基地の七五パーセントが集中する、という現実に繋がっているのである。

サンフランシスコ講和条約に先立ち、一九四七年、天皇が五〇年ないし一〇〇年以上の長期の租借をアメリカに申し出る。潜在的主権を日本に残しておけば、少しはその非を弁明できると考えたのであろうか。

米軍の運用や権限、日本政府の義務を定めた日米地位協定は、日本の領土をどこであれ、米国の都合で必要なだけ、必要な時、自由に使用できると規定している。これは、沖縄が軍事植民地状態であることを示している。潜在的には、本土も同じなのだ。憲法の上に安保条約があり、更にその上に日米地位協定があるという構造である。横田基地からは、米兵やアメリカの政府要員がパスポート無しに自由に出入国している。これが、独立国家といえるのであろうか

（『日米地位協定入門』前泊博盛）。少なくとも、対米関係は従属的関係に他ならない。沖縄では、毎日のように米軍関連の事故などが発生している。同様に毎日のように、当該市町村議会が抗議決議を採択、再発防止を訴えているが、米軍に直接抗議するのではなく、沖縄防衛局に伝えているに過ぎない。しかしながら、年中行事で、改善されたためしがない。

こうした動きのなかで、抗議大会は開催された。発言者は口々に政府式典を非難し、「差別的な日米行政協定がある以上、日本は主権国家とは言えない」と強調した。注目したのは、押すな押すなの人混みなのに、暑い太陽をものともしない、参加者の集会への集中力の高さである。雑音やおしゃべりはほとんどない。その意識の高さ、発言が、己の人生を決めていくかのように、耳を澄まして聞いている。合いの手も多い。指笛も。

「主権の回復の日」をめぐる動向は、「沖縄の主権」という根源的問題を提起した。建白書要求、オスプレイ導入配備問題、辺野古新基地建設問題等は、本土政府に対して、「民意が通らない国日本」というイメージを一気に高めた。住民の総意が無視されるという事態は、主権が住民に無いという、重大な民主主義制度の根幹にかかわる問題がむき出しになったということである。それは、「沖縄には、歴史的にも、現在的にも主権が保証されていない」、という捉え方につながっていった。

同日の宮古大会の決議文には、「米従属は亡国」との文言がある。宜野湾会場の決議文はうたう。「県民総意を否定するこの国の在り様は果たして民主主義といえるのか。国民主権国家としての日本の在り方が問われている」、と。誠にしかりである。

そのことは、新たな沖縄の切り捨てという認識に繫がった。琉球国は、一九世紀半ばまでは、欧米諸国と外交関係を持つ独立主権国家であった。尚王朝をかしらとする封建国家であった。それを、明治新政府が廃藩置県などの経過をとおして、「廃琉置県」に踏み込み、あの手この手で圧力をかけ、抵抗する琉球を屈従させた。一八七〇年代、琉球と明治政府は、清国も交えて、琉球の処遇を巡ってつばぜり合いがあった。

「分島解約」といって、明治政府が清に対し、大陸本国で内国通商権を提供する代わりに、琉球を三分割するのはどうかと提案している。その際、先島諸島(*)を清の領土とするとしていた。この提案は、最後の段階で、当時の外交官李鴻章の拒絶態度があり、さたやみになっている。私は、この扱いの中に、日本政府の琉球への基本的態度が現れていると思う。明治の話ではなくして、今のこととして。すなわち、日本政府は、自らの外交政策のために、琉球をどうにでも扱うということである。天皇の沖縄切り離しメッセージにも、あまり罪の意識はなかったのではないかと察せられる。

＊ 琉球諸島は、南西諸島の一部を形成するものであるが、先島諸島は琉球諸島のうち、南西部にある宮古列島、八重山列島の総称である。宮古列島には、宮古島、池間島、大神島、來間島、伊良部島、下地島、多良間島、水納島などがあり、八重山列島には、石垣島、竹冨島、小浜島、

黒島、新城島、西表島、鳩間島、由布島、波照間島、与那国島などがある。戦時中、八重山諸島は、直接戦場にはならなかったが、四五年に入ると空襲・艦砲射撃が行われ、八重山諸島ではマラリアの恐れがある山岳地帯への移住命令が出て、多数の被害者を出した。宮古島では米軍の空港建設防止のため三万の兵士が駐留したが、約一割が戦病死した。

そもそも、一九世紀の琉米条約や琉仏条約の原本が、今なお東京の外交史料館に安置されているのはどうしてなのか、不思議であろう。

こうした事実は、一八七九年の「琉球処分」なるものが、国内に対する処分や懲罰ではなくて、強制的な併合であったことを物語っているのである。

さて、政府式典は、こうした歴史的経過を甦らせたのである。それは、一五〇年前まではれっきとした独立国家であった、尊厳の在る一国家であったという誇りに繋がっているもの、と私には思えた。以降、沖縄では、「琉球処分」の歴史が、「韓国併合」と同じ「琉球併合」と称されている。一八七九年、明治政府の松田処分官は、軍隊と警察隊で首里城を包囲占領、力づくで退去を迫ったのである。その理由たるや、「不忠を働いた」というものであった。罪を犯したという口上である。その後、尚泰は、東京住まいを命じられ、事実上人質となる運命に。

今日、翁長知事をはじめ、「アイデンティティー」が巷間語られる。この意識の契機の一つになったものの中に、一五〇年前までは独立国家であったという誇りの復活がある、と私は考える。沖縄人民は、ただ被害者であっただけではなく、寄り添うべき国があったということから、それが一つの自信につながっていると思われる。いまや沖縄人民は、「本土に追い付け、本土を見習え」から、「しまくとうば」(島言葉)教育、琉球文化の振興などの流れになりつつある。

第三節　沖縄の自己決定権をめぐって

沖縄の自己決定権という言葉には、百万個の思いが詰まっている。琉球処分、明治・大正時代の施策、沖縄戦と皇民化教育、米軍統治、七二年の返還後の基地問題の数々、日米地位協定の問題、教科書からの集団自決の削除、オスプレイ導入、辺野古新基地建設など、沖縄人民の頭ごなしに、中央政府が強引に推進してきた数々の政策がある。

沖縄の主権は、何度も何度も踏みにじられてきた。そういう歴史を清算して、人間性を回復して、新たな沖縄版「権利章典」を確立しようという願いが込められている。特に戦後、沖縄には日本国憲法が規定する国民主権、平和主義、基本的人権の適用がなされてこなかった。憲法外の地域であった。この国は、こうした地域を抱えていながら、戦後平然と時間を刻んできたのである。自民党政府ばかりか、本土の国民も、そのことに無自覚であった。「戦後は平和だ」という場合に、沖縄の人々の基地重圧は忘れられているのである。それは、大きな瑕疵である。その結果、基地被害だけでも、幾人の人々が生活を破壊され、土地を奪われ、家を焼かれ、事故被害で死亡者を記録し、米兵の犯罪行為によって人生を台無しにされてきたか。

構造的に、このような関係に置かれているのである。「構造的差別」と言わずして何と言おうか。なにしろ面積としても、たとえば本島の一九パーセントが米軍基地で占められているのである。どれだけ経済発展の阻害物になっているのだろう。精神的苦痛はいかばかりのものか。自己決定権の確立は前節で述べたが、琉球併合の史実を問い直す努力とあいまって進んできた。

明治政府の対外政策の原型は、吉田松陰の対外論に示されている。それは、当面欧米には従うが、その限りでは開国することを方向性としつつ、他方では、その損失を、近隣諸国に対する侵略的収奪関係を構築することによって補完するというものであった。沖縄に対する侵略は、政権中枢では異論はなかった。明治政府は、併合政策を推し進めたが、琉球王朝時代の清との朝貢=冊封関係をよく理解していた。薩摩との二重支配を認識していたのである。それゆえ、大国=清との戦争になる事態を回避しつつ、慎重を期して進められた。先に触れた、「分島解約」提案などが指摘される。その過程で、琉球とは、明治政府の富国強兵=帝国主義的政策のための道具、という方向性が形成されていく。あの沖縄戦の原点が、ここにある。

沖縄人民のアイデンティティーの確立とは、戦後の主権なき政治へのアンチを示しており、また、琉球併合以来のすべての無念を取り込んだ思想性なのではないだろうか。辺野古新基地の原点を、菅官房長官が、九六年の橋本＝モンデール会談だといい、翁長知事が、普天間の原点は敗戦直後の無断での土地収用だという時、かくも認識に差があるのだ。橋本＝モンデール会談説それ自体も誤りであるが。

沖縄戦の見直しがなされつつある。

第二次大戦中、対米戦争で敗退著しい日本は、本土への米軍上陸を少しでも遅らせ、時間稼ぎをするために、沖縄に戦場を設定した。勝つための計画ではなく、参謀本部は明確に「捨て石」作戦と捉えていた。不十分な正規軍を補うものは、住民の戦時動員であった。成人は防衛隊、少年たちは護郷隊、鉄血勤皇隊、女子学生は看護隊等々に組織された。大田昌秀元県知事は「軍事動員を根拠づける法制度は当時なかった」（『沖縄戦の深層』）といっている。それは、一片の通知で命令された。法制度がないのはまずいと思ったのか、動員を正当化する規則を、沖縄戦がほぼ終結した、一九四五年の六月二三日に制定した模様である。

六月二三日は、沖縄戦での日本軍司令官牛島が自決した組織的戦闘終結の日であり、いわゆる摩文仁司令部の解散である。現在は「慰霊の日」である。なお、牛島は、組織的戦闘が不可能と判断したにもかかわらず、米軍に降服せず、「最後の一兵まで戦う」ことを強要したのである。だから、絶望的な抵抗がその後も繰り返され、多くの悲劇が生まれた。降伏調印はなんと、九月七日であった（日本の降伏文書調印は九月二日）。居丈高に命令はするが、責任はとらない日本国家、その官僚たちの体質が良く表れているではないか。

それに先立つ四五年三月末、慶良間諸島に上陸した米軍は、すぐさま制圧しつつ、四月一日には、読谷の平坦な砂浜に無血上陸した。持久戦作戦をとっていた日本軍は、上陸阻止作戦を放棄し、内陸地点に抵抗線を定めた。今の普天間基地の南側、嘉数台地の手前辺りである。米軍は苦心の末制圧し、首里のシュガーヒルに進んだ。地下に砦を築く日本軍を馬乗りになって米軍が攻め、日本軍は敗退、シュガーヒルは草木も家屋もなく、焼き尽くされた。

首里地下壕の第三二軍司令部は、南部への撤退を決定する。それ以前にも、中部ははやばや米軍支配下に入り、北部山岳地帯に逃げのびた住民は、米軍の砲弾、日本軍の食糧調達など利己的な行動もあり、飢えや栄養失調により犠牲者を生み出した。昼は山地に潜み、夜になると自宅へ戻り、食糧を確保するなどしていた。多くの住民がガマに隠れ、逃げ惑った。なにしろ、「生きて虜囚の辱めを受けず」という戦陣訓が、住民をも縛っていたのである。みるみる犠牲者は増えた。

日本軍は住民を信用しておらず、米軍と入り乱れた地域では、自宅に帰ったりした住民をスパイ視することが横行した。スパイとみなされた住民は、日本軍によって処刑された。それは、さらにガマでの集団自決＝強制集団死を生み出した。ガマからは追い出され、食糧は徴発されて、生きるすべを失う。そのうえ投降＝捕虜になることを禁じられた彼らに、何が残されていよう。スパイ説については、次の指摘が大事だと思う。

歴史的な薩摩の琉球異民族視政策、また琉球併合以降の海外移民の多さなどは、日本軍将兵の猜疑心に繋がっていたと指摘しつつ、沖縄派遣軍の多数が中国戦線からの移動の部隊によってなされたことを指摘している。そして、大田昌秀氏は次のように指摘しておられる。

「守備軍将兵の中には、沖縄を日本の一部とは考えずにあたかも国外の植民地同様に見ていて、彼らはその住民をまるで異人種並みに錯覚してそれなりに処遇しているのです。つまり、異国人に対する猜疑心をそのまま同国民の沖縄住民に移し替えているのです。……」（『沖縄戦の深層』大田昌秀）と述べ、慶良間諸島の戦闘に参加した自衛隊教官、馬淵氏の「沖縄戦の悲劇は……日本軍が、外地の戦争でやってきた慣習をそのまま国土戦に持ち込んだために起こったものだ」という言葉を紹介している。沖縄守備軍・長参謀長は、五月に「沖縄語で談話する者は、間諜として処分する」と示達《じたつ》（命令）している。

ガマでの投降の呼びかけに応じない場合、米軍は容赦なく手りゅう弾を投げ込み、火炎放射器で攻めたてた。南部のあるガマには、いまでも黒い跡が残っている。

南部での無謀な抵抗。現糸満市、八重瀬町、知念・佐敷・具志頭などからなる現南城市では、住民が逃げ惑い、次から次へと犠牲者を生み出していった。南部の険しい崖から身を投げた者も多い。八重瀬町は、なんと住民の半分の七〇〇〇人が犠牲になったのである。米軍の写真に、崖から飛び込んで倒れている人々の姿が残されている。

一家全滅の家族の跡地は、七〇年たった今でも、そのまま空き地になっているケースが多い。そこには近隣の人がつくった祠があり、時々お供え物がなされている。「平和の礎」での氏名の記載は、下の名前まで周囲の人が覚えていない場合は、○○の四男とか、○○の三女とかになっている。平和の礎にはこうした記載がたくさんある。沖縄戦は、よく知られているように凄惨なものであった。孤児は四〇〇〇人近くに及んだ。民間人九万人が死に至らしめられた。戦闘員も入れれば、一四万人が死亡している。全人口の四分の一ほどである。

南部のあるガマでは、日本軍兵士が、幼児の泣き声がうるさい、何とかしろといったために、若い母親たちが次々と順番に、付近の沼に自分の子どもを投げにいったとのことである。あとからいった母親は、前の子どもが「助けて」、ともがいているのを見ている。失語症になった母親がいるという。こうしたことを、住民に強いたのが沖縄戦であった。

水をちょうだいと、助けを求められても、手を差し伸べる力は失われていた。自分が生きることに精いっぱいであった。近隣同士で逃げたので、お互いの行動を知っている場合も多い。生き延びて地元に帰った人は、お互いの運命や経験を共有している場合も多い。多くの人は、戦後、口にすることができなかった。それはつらい経験であるばかりでなく、助けることができなかった罪の意識にさいなまれてもいたから。そして、忘れたいのに忘れられない体験の数々。

八重山の戦争もある。対馬丸の犠牲もある。現代日本は、旧ドイツ領の接収をとおして南進政策を積極的に推進した。特に、沖縄の住民がその担い手となった。ソテツ地獄時代、沖縄人民は海外移民や南洋諸島への移転に応じていたのである。戦況の悪化とともに、南洋からの帰国者の船が撃沈されて、何と七〇〇〇人もの人が水面に消えている。サイパン島の玉砕時、崖から身を投げた人々には沖縄出身者が多い。

いままで長い間取り上げられてこなかったが、PTSDを発症している例がある。突然体が震えたり、不眠症になったりと、症状は様々であるが。このPTSDは、イラク帰還兵の間での社会問題でもあるが、二〇一七年発行の新沖縄県史では、戦争トラウマや心的外傷後ストレス障害（PTSD）を取り上げるとのことである。

人間にとって、本来は安心感を取り戻し、心の安定の拠り所となるのが、家族であり生活の場である。そこが戦場となった。すると、PTSDや不眠など、様々なトラウマ反応が発生する。大震災後もそういうことが起きうるし、沖縄戦でも不眠症となったりして、戦争ストレスを体験した子どもは、感情や衝動コントロール能力の発達を妨げられるという。

また、精神科医の蟻塚亮二氏は、戦後六〇年以上を過ぎてからPTSDその他のトラウマ反応が発症したのは何故なのか、と問いかけて次のように指摘している。

「……戦争によるトラウマ記憶は通常の生活の枠内の刺激によっては再想起されにくい。……幼いころのトラウマ記憶が、成人以後の実生活体験によって隠ぺいされるという。……しかし、そのトラウマ記憶は消えたわけではないので、晩年に定年退職とか、息子に家業を譲るなどして『寝たふり』をしていた記憶を凌駕していた実生活体験が縮小すると、近親死などの激しい衝撃や体験によって、容易に表面化してくるのである。……老いるということが、過去の痛み体験に再度直面する過程のことである。…老いるということは、友人や肉親を失うということ、喪失のプロセスを受け入れるということである。……（こうして）幼いころに戦場で体験したトラウマ記憶を持つ人は…戦場の記憶に向き合わないわけには行かない」（『沖縄戦と心の傷―トラウマ診療の現場から』蟻塚亮二）。

こうした沖縄戦は連続して、敗戦国という点だけが沖縄に引き継がれ、「新生日本」とは程遠い米軍統治となり、銃剣とブルドーザーで土地が暴力的に取り上げられていった。伊佐浜と伊江島は、その頂点をなすものであった。伊江島では、退去しない住民を米兵が追い出し、民家は焼き討ちにあったのである。一九五〇年代のことである。伊佐浜では一坪コーラ一本分の「補償」とか、代わりに与えられた土地は、湿地に近い土地であった。伊佐浜の住民は地元を出て生計を立てたが、安定した職をうることができなかった。少なからぬ人々が海外移民の道を選んだという。

ここでは、戦後沖縄史を書くのが目的ではない。先を急ごう。米軍統治は、高等弁務官の絶対的支配下にあった。「民主主義は沖縄には幻想である」と公然と言い放たれた。琉球政府が何を決めようと、高等弁務官の一片の通知でひっくり返った。米兵の犯罪が生活を脅かした。

軍用機や軍用車両の事故が日々襲いかかった。戦車が、子どもをひき殺したという例もある。一九五九年には、当時の石川市宮森小学校に嘉手納飛行場の戦闘機が墜落、児童ら一二人（うち一人は事故後死亡）を含む一八人が犠牲となり数百人が負傷した。それは昔のことではない。二〇〇四年にも、普天間基地南側にある沖縄国際大学にヘリコプターが墜落した。大惨事寸前であった。

七二年の沖縄返還は、こうした軍事的植民地状態が解消される、との期待が込められていた。しかし、それは裏切られた。それどころか、本土からの移転分などで、逆に沖縄への基地の集中は膨れ上がったのである。

次の文章に注目してもらいたい。小学生の作文である。

「ばくおんがひびく町　小五年　男子

ーゴーと毎日鳴りひびく飛行機のばく音。そのうるさい音を聞いて、僕は育ちました。ひどい子守歌だと思います。

僕の住んでいる嘉手納町は、朝、昼、夜と時間に関係なくうるさいです。

特に屋良小学校は、滑走路に近いのでジェット機の音と言ったら大変なものです。

教室では先生の声が聞こえなくなったり、体育の時間は、耳が痛くなったりで、ちっとも気持ちが集中できません。

僕は時々、どうして沖縄にアメリカ軍基地があるのだろう。基地ってなんだろう。戦争しなければいらないものじゃないのかな。

どうして戦争をするのだろう。あんなにたくさんの人が死んでしまうのに、と思ったりします。……なぜみんなの大切なお金を、人殺しをするための道具に使うんだろう。……

世界中には、食べ物や薬がなくて死んでいく人がたくさんいます。そのお金をそういう人たちのために使えば命をすくうことができるのに。……」（一九九五年、大田知事の代理署名拒否訴訟での県側準備書面より、『沖縄戦後子ども生活史』野本三吉より重引）

理不尽、不条理の極みである。

沖縄人民が、「沖縄の自己決定権」を主張するのは、けだし当然のことであろう。

それには、次の事情も重なっている。沖縄は長い間、反基地を主張するのは革新、保守は基地を容認し、もっぱら振興策にこだわるという政治関係が続いていた。だが、本土復帰以来、本土資本が沖縄になだれ込むなかで、一向に沖縄の経済的浮揚が実現できない、個人所得は全国最低、失業率は最高、という構造が定着してしまった。他方では、九五年の少女暴行事件と抗議の一〇万人集会、二〇〇五年の教科書問題での一〇万人県民大会、二〇一二年のオスプレイ反対県民大会など、党派を超えた統一行動が成立してきた。一三年一月には「建白書」東京行動が実現している。

こうした実績が、「オール沖縄」と称するところの陣形を生みだしている。

また、県民総所得のうち、基地からの収入の占める割合は、近年五パーセントになった。低下しているのである。米軍基地は、経済発展という点からも最大の阻害物になっている。

こうした一連の事情、政治社会経済の変化が、「沖縄の自己決定権」という、もはや後戻りの無い政治理念をも生み出したのである。それは、中央政府がいかなる杭を心に打ち込もうとも、打ち砕かれることの無い不滅の思想である。

第四節　革共同の「沖縄の自己決定権」論批判

沖縄の自己決定権の確立に至る経緯を見るとき、その必然性に引き付けられる。革共同の沖縄奪還論の主要な内容は、本土復帰と軍事施設の撤去である。そう分解してみると、今も有効でありそうであるが、やはり本土復帰をスローガンとすることは、もはや当たっていない。その意味で、時宜をえていないというべきだろう。

沖縄奪還論は、七〇年当時は革命的スローガンであり、なんといっても、沖縄人民の根源的要求を体現していた。当時の、帝国主義的併合反対の議論にも関わらず、民衆的スローガンであった。だが、いつごろから適合性を失ったかはともかく、九〇年代以降の今日では、それは古いスローガンであり、沖縄人民の根源的要求を満たしていない。沖縄自民党の立ち位置は、「天皇万歳、日本万歳、沖縄県万歳」である。独立論はまだ極小勢力でしかないが、自立論の政治舞台への登場に恐怖しているのがうかがわれる。

ところが、である。今日革共同は、沖縄の自己決定権を、「沖縄自立」論だとして厳しく批判している。その理由は、自立論、独立論に連なるものであり、本土と沖縄の労働者を分断するものだというのである。しかも、沖縄の資本家と一緒になった運動は、労働者性を希薄にするか解体するものであり、有害であるという。

筆者はそうは思わない。沖縄の自己決定権要求は、反動的なものではなく、政府の安保政策、沖縄政策、沖縄を構造的差別下においた戦後の日本国家の成り立ちを、問うているものである。そこには、当然、戦後日米関係、対米従属という日本国家成り立ちの特殊な事情をも問題にしていく内容を持っている。琉球併合という歴史とその後の沖縄政策、捨て石としての位置づけなど、沖縄は、日本国家の帝国主義政策のために翻弄され、使い捨てにされてきたのである。よって、独立論が起きたとしても、それを誰が反動的と言いうるだろうか。それは、彼らに選択の自由がある。現在、独立派は少数ではあるが。日米安保体制の最大実態である沖縄が、反基地で総反乱を起こしているのである。これが持つ、「日本帝国」への打撃力に感動するしかないではないか。

したがって、労働者階級といえども、真空の中での闘争はないわけだから、この沖縄人民の反基地闘争に最大限寄り添い、その最良の推進役となることによって、労働運動の正しい復権を成すことができるのではないか。レーニンの「労農民主独裁」論の、基本精神を学ぶべきだろう。労農民主独裁論は二段階革命論であり、その後のプロレタリア独裁論によって止揚されたかのごとき議論が一部にあるが、むしろその後のロシア革命の経緯を振り返えるとき、「止揚」されたのではなく「後退」だったのではないか、という趣もないではない。

労働者階級は、常に人民と共にあるのだ。資本家との共闘は、こうしたケースでは二義的問題である。共闘するということは、階級的対抗性を失うということを意味するわけではない。革共同が、辺野古情勢に対して対置している、自称「革命的」スローガンは、「全島ゼネスト」

方針である。過渡的スローガンというよりも、戦術的方針というべきだろう。だが、誰がそれを主導するのか。革共同沖縄県委員会には、そのような力量はない。こうした、具体的に沖縄情勢に噛みこまないような幻想的スローガンを掲げていいほど、現地情勢はのんびりしていない。

現在必要とされているのは、「オール沖縄会議」の強化である。それを、労働者勢力が成し遂げていくことである。自己決定権を主張する翁長知事を批判することではない。連合沖縄の大城会長が、全国の連合会議で辺野古取り組みを訴えた、こうした動きをもっともっとやることではないのか。そもそも、辺野古の現地大集会で、革共同の活動家が本土のビラはまくけれども、辺野古を中心にした沖縄ビラを作成できないようでどうするのか。辺野古独自ビラが無くて、本土の一〇・二一ビラだけをまいて平然としている感性は、何なのか。毎日、ゲート前座り込みメンバーを派遣しているのか。琉大学生会は毎日汗を流している。革マル派がいるから座り込みができないというわけでもあるまい。

労働者の分断ということについていえば、独立論は、いったん労働者を国境で分け隔てする。が、もともと労働者に国境はないというのが基本思想である。目くじらを立てる話ではない。分断されるということは、労働運動がそのような攻撃に対抗できなくなった時、境が引かれて、連帯が不可能になるということである。それが分断である。沖縄は併合された。併合されて一五〇年しかたっていない。一九九三年、ハワイの併合をクリントン大統領が謝罪したごとく、琉球の場合も一緒である。自立するのかしないのか、それは沖縄の選択の自由である。

労働者の分断論は、ロシア革命時のクレムリンによる、ボルシェビキへの統合をすべてに優先させた方法を思い出す。「革命の輸出」はよほど慎重でなければ、それは抑圧に転化してしまうのである。民族問題の原点は、宗主国からの分離の自由と、その上での自由な選択による連帯統合ではなかったのか。冷静な議論をしていただきたいものである。

もう一点指摘したいことがある。それは、高橋哲哉・東大教授の、基地の「本土引き受け」運動論である。教授は、戦後の米軍統治時代はもとより、復帰以降に基地が本土から移転されたことなど、構造的差別下にある沖縄の軍事植民地状態への深い人間的反省から、安保には反対だが、当面無くすことができないなら本土で引き受けることにするべきだ、その方が早道だ、との主張をされているようである。私はその良心、沖縄への思いについて敬意を表したい。特に、沖縄と日本の歴史的関係を若干なりとも理解している層には、訴えるものがある。沖縄の運動家に支持者がいるのも事実である。

だが、運動論として成り立つか、というと別である。安保体制に反対しながら、基地を自分たちの生活圏に招き入れるという運動が成立しうるものなのか。これは二律背反であり、大衆運動にはなりえないと考える。現在の情勢は、そうした方向に力量を割くよりも、辺野古の情勢を全国世論化することであろう。そして、沖縄人民が教えてくれているところの安保体制の告発に転じていくことではないだろうか。

しかも、辺野古新基地は、米軍の軍事的合理性という点でも、すでに時代遅れとなったことを米軍当局者が幾度となく認めている。いわゆる海兵隊不要論である。現在、すでに海兵隊は、佐世保（強襲揚陸艦ボノム・リシャールの母港）、グアム、カリフォルニアと、本拠点を常に移動するという展開を示している。一年の内、半分の六カ月は海上にあるという。中国のミサイル着弾の範囲内であること、また米軍が中国への殴り込み作戦などとらない戦略である以上、海兵隊の海外固定基地は不要なのである。日本政府が、海兵隊を引き留めているのが真相である。それは、後々、自衛隊が使うためであろう。現在、与那国島をはじめ、先島諸島を軍事要塞にする策動が加速している。また本年一六年冒頭、航空自衛隊那覇基地ではF一五イーグル戦闘機がなんと倍増され、四〇機からなる第九航空団へと改編強化されている。辺野古新基地は、米軍への提供に名を借りた日本政府自身の将来計画の問題なのである。

同時に、沖縄の全民意が反対を明示しているにもかかわらず、あくまで強行しようとするその姿勢には、沖縄をより一層構造的差別下に置き、軍事植民地状態を固定化させようとする伝統的意図を感じざるをえない。その思想は、捨て石作戦を強行した沖縄戦に通じるものがある。「それが沖縄の運命である。差別を受忍せよ」、と。事実、辺野古新基地をめぐる沖縄県と首相官邸のやりとりを見るとき、官邸の諸々の行政法や地方自治法、日本国憲法等を無視した「解釈による強行」の連続は、「沖縄特別法の体制」を感じざるをえない。沖縄は、返還復帰以降も、特別法体制下に置かれているのである。超法規的施策の連続なのである。

こうした状況を鑑みるとき、辺野古新基地阻止を主張することが普天間基地を固定化することとなるという、政府による宜野湾市民と名護市民の分断策動を打ち破って、辺野古新基地阻止、普天間即時撤去を同時主張するのが正解だと考える。オール沖縄への合流こそ、沖縄闘争勝利への道である。

第五節　ある校歌

ここに、琉球政府立（現・沖縄県立）宜野座高校の校歌を紹介したい。

作詩　仲里朝章
作曲　城間辰蔵

一、青らん西に連なりて
太平洋の波寄する
山水明眉の故里に
若人我等の血は躍る
いざ立て友よ黎明の

鐘鳴りひびく時来る
二、筆執る我等に希望燃え
鍬持つ我等に力満つ
正義と愛の誠もて
我等の使命果さなん
いざ立て友よ永遠の
平和の業にいそしまん
三、歴史に誇る南海の
文化の華を咲かせたる
遠き祖先の跡を追い
世界に築かん平和境
いざ立て友よ諸共に
理想の岸に進まなん
（一九四七年制定）

作詩した仲里朝章氏の思いがあふれている。仲里氏は、一八九一年、那覇市の首里に生を受けている。琉球時代の士族の子孫である。そのころは、琉球併合以来一〇年ほどしか経過しておらず、琉球内では、清に服すべきとの頑固党と、日本に帰属すべきとの開花党に分かれて、激しい抗争を繰り返していた。仲里家は開花党であったらしい。その後、沖縄第一中学で、後の日本共産党指導者徳田球一と知り合う。その後、鹿児島の第七高等学校から東大経済学部へ進学し、在学中に東京・富士見教会で洗礼を受ける。この時代は、沖縄がソテツ地獄の時代、朝章はその後、一九三九年に沖縄へ帰り、那覇市立商業高校の校長となる。クリスチャン教師である朝章は、憲兵の監視の対象であった。沖縄戦では、軍の要請にこたえて、教え子たちを鉄血勤皇隊に送り出す。多くの生徒が戦死した。朝章は、四五年六月、南部喜屋武で捕虜となる。そして、宜野座村の収容所に送られたのが宜野座との縁であろう。

沖縄戦への痛苦の反省、生徒を戦場に送り出した自責の念から、原水爆禁止運動など平和のためのたたかいに関係する。伊江島の闘いでは支援を求められたものの、直接の支援とは距離をおいたようだ。また、米軍とも距離を置いていたようだ。沖縄県立宜野座高校の初代校長となり、さらにその後、キリスト教学院の創設に尽力している。

こうした朝章がいかなる思いで、校歌を書き上げたか、万感に迫るものがある。いわば収容所生活の失意の中で、自らを叱咤激励するように書き上げている。ヤンバルに連なる峰々、筆と鍬で故里を再建しよう、「歴史に誇る南海の」という三番の下りは、遠き琉球を忍ばせる。

最後の結びは「平和境」である。

一行一行を、かみしめて頂ければと思う。

あとがき

筆者は、七〇年闘争のスケールの大きさを紹介しながら、その過程の主流党派であった革共同に光を当ててきた。革共同は、語られることも少ない党派である。組織内部への統制力の強さを示すものである。

本論で、ほんの一部のことしか紹介できていないのは事実である。しかし、今となっては全体の事実関係を素描しながら記述することは不可能である。

個人編は、ともすれば堅苦しい書物になりがちな話を、分かりやすくするために書いている。ブラジル移民は特殊な経験だとしても、私の場合も、多くの同世代の方々と同じ思想上の系譜をたどったに過ぎなかったことが伝わるのではないかと思う。この時代、私とは比べ物にならない位のドラマが多くの人々にともなっていた。

革共同に関する記述は、周知のこととはいえ、一定の暴露性を持っている。こうした点が、筆者への誹謗中傷を呼び起こす危険性を持っているが、それをおそれては何も書けないと感じた。

第Ⅲ部「いくつかの理論問題と課題」、第一章は、レーニン教条主義への批判であり、教条主義はレーニンの意図ではないことを伝えたかったので、全体とは趣を異にする内容であるが、敢えて追記した次第である。また、第二章の沖縄論は、私の沖縄への思いを基に、近年の動向を記述した。

この文章は、中心に、故・本多書記長批判を置いている。党から離れた方々でも、本多書記長批判には反対される向きもあるだろう。だが、先制的内戦戦略を検討すると、本多書記長論文に原基を求めざるを得なかった。

「アラブの春」、オキュパイ運動、一五年安保法制とのたたかいなど、闘う新しい潮流が生み出されつつある。新自由主義及び格差社会、特にタックスヘイブンの動きなど、支配階級は、ますます己を「打倒されるべき階級」として標的となる道を歩んでいるようだ。この新しい搾取階級を、いかなる闘いがその地位から引きずり落とすのか、回答は与えられていない。確実にいえることは、徹底した大衆行動に依拠することの中に、確かなヒントが与えられていると感じる。本書のテーマは、一見、この大衆的課題と距離があるように見えるが、七〇年闘争に登場した数百万の力がどのような軌跡をたどったのか、を知っていただくのは有益だと感じている。

膨大な内容を短くまとめることの難しさを感じながら、ともかく書いたというのが実感である。果たしてどれだけ伝わるのか、自信などとてもないが、あとは読者にお任せするしかない。

いうまでもなく、革共同の綱領に代わる新しい変革の理論を提示するのが、本書の目的ではない。そんな力量も時間もない。基本的に問題点を指摘したにとどまっている。議論が深まることを期待している。

二〇一六年八月一五日

尾形史人

尾形史人（おがた　ふみひと）

1950年　茨城県土浦市に生まれる。
1959年　一家でブラジルへ移民。
1962年　ブラジルから一家で帰国。
1966年　神奈川県立横浜緑ヶ丘高校に入学。
1968年　「反戦高協・神奈川県委員会」結成に参加。
1969年　法政大学法学部政治学科に入学。
1971年　中核派系全学連・副委員長に選出される。
1985年　三里塚闘争に関連した容疑で逮捕される。
1987年　裁判で、「現住建造物放火」罪等で懲役七年の判決、確定。新潟刑務所に下獄、服役。
1992年　満期出所。党活動に復帰。神奈川県委員会に所属。
1999年　革共同を離党。
2012年　10年計画で本の執筆活動のため会社を退職。
2013年　沖縄に移住。
2014年　５月、大腸に進行したがんが発見され、同月末手術。
2015年　十二指腸と肺に転移したがんが見つかり、３月に手術するも、大腸、肺、肝臓などへの転移、再発が判明し、手術不能とわかる。沖縄のたたかいに大きな影響を受けて闘病中も関わっていたが、５月末、沖縄での闘病生活を断念し、本土に戻る。
2015～16年　闘病のため様々な治療法を検討し、抗がん剤治療、漢方療法、食事療法など幾つかの治療法を採用。
2016年　前年からこの年１月にかけ、構想していた本の内容の最低限を書き上げ、以降副作用に苦しみながら本著の完成に尽くす。
８月26日、製本された本著を見ることなく逝去。

写真説明

① カバー：1971年9月16日。成田空港建設のため機動隊と重機械を動員して強行された駒井野団結小屋への第二次強制代執行。

② 第Ⅰ部扉：三里塚芝山連合空港反対同盟の結成集会は、北総台地の農民、支援団体など4000人が集まり「徹底抗戦」が決議された。各収用予定地に続々反撃の砦が築かれた。

③ 第Ⅱ部扉：1968年4月28日。沖縄闘争、新橋駅に向かって線路上をデモ行進する中核派全学連の部隊。

④ 第Ⅲ部扉：2016年6月19日、那覇。アメリカ人軍属による沖縄の女性殺害に抗議する沖縄県民大会。

①③④は毎日新聞社データベースセンター提供

②は福島菊次郎『戦場からの報告—三里塚・終わりなきたたかい』（社会評論社、1977年11月刊）より収録。

「革共同五〇年」私史
——中核派の内戦戦略＝武装闘争路線をめぐって

2016年9月15日　初版第1刷発行
2017年1月20日　初版第2刷発行

著　者：尾形史人
装　幀：吉永昌生
発行人：松田健二
発行所：株式会社 社会評論社
東京都文京区本郷2-3-10　☎03(3814)3861　FAX 03(3818)2808
http://www.shahyo.com/
組　版：スマイル企画
印刷・製本：倉敷印刷

RED ARCHIVES

▼既刊

1 奥浩平 青春の墓標

レッド・アーカイヴス刊行会編集

遺書はなかったが、生前に書き記したノートと書簡をもとに、兄・奥紳平氏によって『青春の墓標―ある学生活動家の愛と死』（文藝春秋、1965 年 10 月）が刊行された。本書の第 1 部はその復刻版。第 2 部　奥浩平を読む。〈Ⅰ：同時代人座談会「奥浩平の今」　Ⅱ：幻想の奥浩平（川口顕）。Ⅲ：『青春の墓標』をめぐるアンソロジー等を収録。〉

四六判 416 頁／定価：本体 2,300 円＋税

2 近過去《near past》 奥浩平への手紙

川口 顕

愛と革命に青春の墓標をきざんだ奥浩平。個に死し類に生きた本多延嘉。『無知の涙』を贖罪の書とした永山則夫。かれらとの出会いの火花がKの実存に光をあてる――。

四六判 288 頁／定価：本体 2,000 円＋税

▼続刊

3 奥浩平がいた――私的覚書

斉藤政明

奥浩平とともに横浜市大の学生運動をつくりあげ、卒業後に革共同九州地方委員会のリーダーとして、1970 年代の過程を闘い生きぬいた記録。この時代の詳細な「九州政治地図」が描かれている。

4 地下潜行―高田裕子のバラード

高田 武

高田裕子は「爆取」違反で 7 年の獄中生活。武は 15 年間の地下生活を貫き、権力の追手を退ける。中核派はなぜかかれらを排斥する。闘い抜き、愛し合い、そい遂げた、たぐいまれな 2 人の物語。（2012 年 7 月高田裕子病没）